Decision Optimization and Coordination of Seller's
Consumer Credit Service Supply Chain

# 卖方消费信贷服务供应链
# 决策优化与协调

经有国　王迪　著

中国财经出版传媒集团
经济科学出版社
Economic Science Press

图书在版编目（CIP）数据

卖方消费信贷服务供应链决策优化与协调/经有国，
王迪著. -- 北京：经济科学出版社，2022.6
ISBN 978 - 7 - 5218 - 3709 - 4

Ⅰ. ①卖… Ⅱ. ①经…②王… Ⅲ. ①消费贷款 - 信
贷管理 - 供应链管理 - 经营决策 - 研究 Ⅳ. ①F830. 589

中国版本图书馆 CIP 数据核字（2022）第 094820 号

责任编辑：杨 洋 卢玥丞
责任校对：郑淑艳
责任印制：王世伟

卖方消费信贷服务供应链决策优化与协调
经有国 王 迪 著
经济科学出版社出版、发行 新华书店经销
社址：北京市海淀区阜成路甲 28 号 邮编：100142
总编部电话：010 - 88191217 发行部电话：010 - 88191522
网址：www.esp.com.cn
电子邮箱：esp@ esp.com.cn
天猫网店：经济科学出版社旗舰店
网址：http://jjkxcbs.tmall.com
北京季蜂印刷有限公司印装
710×1000 16 开 14.75 印张 220000 字
2022 年 6 月第 1 版 2022 年 6 月第 1 次印刷
ISBN 978 - 7 - 5218 - 3709 - 4 定价：58.00 元

# 序

本书主要是作者在国家自然科学基金管理科学部项目"需求依赖利率和服务水平的卖方消费信贷合作与协调机制"（71461014）资助下的研究成果总结，该项目的结题绩效评估为"优"。同时，本书受到了教育部人文社会科学研究项目"信息不对称下的供应链策略性库存与渠道入侵行为研究"（21YJC630049）和云南省基础研究计划资助项目"基于消费者选择行为的易逝品租售混合渠道供应链协调策略"（2019FB087）等项目的资助。

在宏观层面上，消费信贷有助于扩大内需、促进消费升级，是增强国民经济的内生发展动力；在微观层面上，消费信贷已成为企业占领市场、增加销售的主要手段之一。在汽车、消费电子品等多个行业，消费信贷与供应链管理已形成相互融合、相互促进的格局，因此很有必要从供应链的角度对消费信贷政策加以深入研究。卖方消费信贷是通过供应链企业（制造商和零售商等）与金融机构（包括商业银行和相关金融公司）合作开展的允许消费者以分期付款的形式购买产品，先由金融机构支付零售商货款，再由消费者分期偿还银行贷款的信用销售模式。

本书主要针对供应链企业与金融机构的卖方消费信贷合作与协调问题，考虑确定型和随机型两种需求，且需求依赖于消费信贷手续费率、服务水平及促销努力水平等因素，应用数学优化理论和博弈理论，首先研究了零售商的消费信贷政策决策模型，其次研究了零售商与金融机构两者之间的博弈模型，最后研究了制造商、零售商及金融机构三者之间的博弈模型，分析了各个主体的决策行为和利益冲突，提出了不同情形下的协调契约机制，结合数值分析和算例分析，得到了一系列重要的结论和管理启示。

本书的主要章节安排如下：第 1 章是绪论，阐述本书的研究背景和研究内容等；第 2 章对本书所涉及的相关理论文献进行综述；第 3 章讨论零售商的消费信贷政策决策问题；第 4 章～第 11 章讨论零售商与金融机构两者之间的协调问题，其中第 4 章～第 7 章讨论确定型需求情形，第 8 章～第 11 章讨论随机型需求情形；第 12 章～第 15 章讨论制造商、零售商与金融机构三者之间的协调问题；第 16 章是本书的研究总结和未来展望。

本书主要由经有国和王迪撰写和统稿。昆明理工大学管理与经济学院秦开大教授、代建生教授、罗治洪副教授，以及徐洋、梁昊、李哲、刘震等硕士生参加了与本书相关的项目研究工作，研究生任君玲对本书进行了校对，在此表示衷心的感谢！

本书的编写和出版得到昆明理工大学管理与经济学院的大力支持，在此表示诚挚谢意！

此外，本书在写作过程中参考了大量文献，已尽可能地列在书后的参考文献中，但其中仍难免有遗漏，特别是一些资料经过反复引用已难以查实原始出处，这里特向被漏列文献的学者表示歉意，并向所有的学者表示诚挚的谢意！

由于时间仓促及作者水平有限，本书不足之处在所难免，敬望读者批评指正。

经有国　王　迪
2021 年 12 月

目 录

*Contents*

**第1章　绪论　/　001**

1.1　研究背景　/　001

1.2　研究目的及意义　/　008

1.3　研究内容、思路及技术路线　/　009

1.4　研究方法　/　014

1.5　研究特色与创新之处　/　015

**第2章　相关理论研究现状　/　017**

2.1　消费信贷的相关研究现状　/　017

2.2　供应链契约协调的相关研究现状　/　021

2.3　现有相关研究现状评述　/　038

**第3章　复合泊松需求与库存约束下零售商消费信贷政策　/　039**

3.1　引言　/　039

3.2　问题描述与符号假设　/　041

3.3　模型建立与分析 t　/　042

3.4　算例分析　/　047

3.5　本章小结　/　048

**第4章 确定性独立需求下零售商与金融机构协调 / 049**

4.1 引言 / 049

4.2 问题描述与假设 / 051

4.3 基本决策模型 / 052

4.4 考虑独立需求的收益共享契约协调模型 / 054

4.5 数值分析 / 057

4.6 本章小结 / 060

**第5章 确定性需求单向转移的零售商与金融机构协调 / 061**

5.1 引言 / 061

5.2 问题描述与假设 / 062

5.3 基本决策模型 / 063

5.4 基于收益共享契约的协调模型 / 065

5.5 数值分析 / 067

5.6 本章小结 / 071

**第6章 确定性需求双向转移的零售商与金融机构协调 / 073**

6.1 引言 / 073

6.2 问题描述与假设 / 073

6.3 基本决策模型 / 074

6.4 考虑需求相互转移的收益共享契约协调模型 / 077

6.5 数值分析 / 079

6.6 本章小结 / 083

**第7章 确定性需求下考虑赖账风险的零售商与金融机构协调 / 085**

7.1 问题描述与假设 / 085

7.2 基本决策模型 / 086

7.3 考虑赖账风险的收益共享契约协调模型 / 089

7.4　数值分析　/　090

7.5　本章小结　/　092

第 8 章　随机需求依赖手续费率的零售商与金融机构协调　/　**094**

8.1　引言　/　094

8.2　问题描述及假设　/　095

8.3　基本决策模型　/　097

8.4　收益共享与两部收费组合契约协调模型　/　100

8.5　数值分析　/　103

8.6　本章小结　/　107

第 9 章　随机需求依赖服务水平的零售商与金融机构协调　/　**108**

9.1　引言　/　108

9.2　问题描述和假设　/　109

9.3　基本模型　/　110

9.4　收益共享和成本共担契约协调模型　/　113

9.5　数值分析　/　116

9.6　本章小结　/　118

第 10 章　随机需求依赖促销努力的零售商与金融机构协调　/　**120**

10.1　引言　/　120

10.2　基本假设与参数说明　/　121

10.3　模型建立和分析　/　122

10.4　数值分析　/　127

10.5　本章小结　/　129

**第 11 章　随机需求依赖手续费率与服务水平的制造商、零售商及金融机构协调 / 130**

11.1　引言 / 130

11.2　问题描述与假设 / 131

11.3　集中式卖方消费信贷系统的最优决策 / 132

11.4　分散式情形下的最优决策 / 135

11.5　卖方消费信贷系统协调契约 / 137

11.6　数值分析 / 140

11.7　本章小结 / 141


**第 12 章　随机需求下制造商、零售商及金融机构协调 / 143**

12.1　引言 / 143

12.2　问题描述及假设 / 145

12.3　基本决策模型 / 147

12.4　数值分析 / 155

12.5　本章小结 / 158


**第 13 章　随机需求依赖手续费率的制造商、零售商及金融机构协调 / 160**

13.1　引言 / 160

13.2　问题描述与假设 / 161

13.3　基本决策模型 / 163

13.4　基于收益共享和消费补贴的卖方消费信贷系统协调模型 / 167

13.5　数值分析 / 171

13.6　本章小结 / 174

**第 14 章　随机需求依赖服务水平的制造商、零售商及金融**

**机构协调 / 175**

14.1　引言 / 175

14.2　问题描述和假设 / 176

14.3　基本模型的建立 / 178

14.4　基于收益共享和成本共担契约的卖方消费信贷系统

协调模型 / 182

14.5　数值分析 / 185

14.6　本章小结 / 188

**第 15 章　随机需求依赖促销努力的制造商、零售商及金融**

**机构协调 / 190**

15.1　引言 / 190

15.2　基本假设与参数说明 / 191

15.3　模型建立 / 193

15.4　数值分析 / 201

15.5　本章小结 / 205

**第 16 章　研究总结和未来展望 / 206**

16.1　研究总结 / 206

16.2　未来展望 / 209

**参考文献 / 211**

第1章 〈〈〈

# 绪　论

## 1.1　研究背景

近年来，随着我国经济的飞速发展和互联网时代的到来，在越来越开放的社会大环境中，国内消费者坚守的"储蓄型"消费日渐减少，"信贷化"消费的趋势已经越来越明显。在全球信贷化、互联网消费金融涌现的当下，中国不可能与世界其他国家脱节而独自发展，发展消费信贷就是我国适应金融国际化发展趋势和金融体制改革的一项重要举措，并且对推动我国市场经济快速发展起着非常重要的作用。1999 年 3 月，中国人民银行颁布了《关于开展个人消费信贷的指导意见》之后，我国的消费信贷才得到较快发展，但仍处于发展的初始阶段。自 2011 年以来，我国经济增长的"三驾马车"——出口、投资、消费中，出口和投资一直以来都呈现相对低迷的状态，消费成为拉动国民经济增长的第一驱动力。根据商务部数据显示，2016 年上半年，社会消费品零售总额达 15138 亿元，同比增长 10.3%，扣除实际价格因素实际增长 9.7%，其中 6 月份同比增长 10.6%。受对外贸易和投资减缓而消费开支增加的影响，最终消费对经济增长的贡献率达到 73.4%。[①]

---

① 最终消费对经济增长贡献率超过七成 ［EB/OL］. 中国经济新闻网，2016 – 07 – 20.

而在 2016 年 3 月,《政府工作报告》中更是明确强调了"消费增长拉动经济增长的基础作用",同时也提出"政府要大力的鼓励和扶持金融机构自主创新消费信贷产品",并要在全国范围内广泛开展消费金融公司试点工作①。可以看出,宏观环境为我国消费信贷的稳步增长提供了有力的支撑。根据 2017 年 4 月发布的《中国消费金融创新报告》中的数据显示,我国当前消费金融市场规模将接近 6 万亿元,国内居民短期消费贷款近年一直保持 20% 以上的高速增长,到 2020 年我国消费信贷的规模或可赶超 12 万亿元②。即便如此,国内消费信贷水平与发达国家相比仍有相当大的差距。报告显示,截至 2016 年 10 月,我国国内人均消费信贷余额只有 516 美元(约合人民币 3568 元)。当前中国这一水平只有美国的 5%,不到日本的 1/3③。因此,从长远角度来看,消费"信贷化"有望进一步释放市场潜力。

面对"互联网 +"的普及深化以及消费环境、发展政策的不断完善,消费信贷在越来越深刻地改变城乡居民的消费行为的同时,对线上和线下相融合的消费方式也产生了显著影响。近年来,我国的消费信贷市场变得越来越拥挤,除了传统的商业银行和小额贷款公司外,拥有大数据资源的互联网巨头,例如,BAT(百度、阿里巴巴、腾讯)、京东商城、苏宁等,亦纷纷完成了其战略布局,试图在消费信贷市场领域分得一杯羹。而相当一部分的 P2P 网上贷款平台,更是将消费信贷视为其业务转型的发展方向。

在家电行业,2006 年苏宁电器就开始联合创维、海尔等厂商与招商银行等八大金融机构合作开展消费信贷试点工作,到 2009 年其消费信贷销售额占总销售额的比例已经接近 10%;2010 年苏宁电器又推出了"家电易购"活动,允许消费者 0 首付 0 利率、在 0 手续费的情况下分期付款买家电④;之后国美电器也推出了类似的家电分期购活动。

---

① 政府工作报告——2016 年 3 月 5 日在第十二届全国人民代表大会第四次会议上 [EB/OL].中国政府网,2016 – 03 – 05.

② 《中国消费金融创新报告》:预计 2020 年消费信贷规模超 12 万亿元 [EB/OL].凤凰财经,2017 – 04 – 25.

③ 中国消费信贷基础建设极度匮乏 [EB/OL].和讯新闻,2016 – 12 – 16.

④ 五年内家电信贷消费比例有望达到 30% [EB/OL].和讯新闻,2010 – 04 – 14.

在汽车行业，汽车消费信贷在西方发达国家已是一个非常成熟的消费金融产品，而在我国，这一业务正式开办的时间较短，但随着我国经济的迅速发展及汽车家庭普及化的不断升级，消费者对汽车的需求迅速增长，越来越多的汽车金融公司相继成立，个人征信体系逐渐健全，消费信贷已经成为我国汽车消费的发展趋势。2017 年 4 月，路虎与工商银行等四家金融机构合作，针对揽胜极光车型推出了四种不同的消费信贷购车方案：（1）首付 20%，分期 12～36 个月，年利率 0～2.88%；（2）首付和尾款各 30%，贷款 40%，分期 24～36 个月，年利率 3.88%～4.88%；（3）首付 40%，按揭分期 24 个月，0 利率；（4）首付 60%，分期 36 个月，0 利率。2017 年 5 月，丰田金融推出"保客贷"产品，针对皇冠、RAV4 车型可享首付 5 成车款，无尾款，两年内 0 利率。① 越来越多的汽车厂商开始通过消费信贷的方式销售汽车。

除了传统的汽车和家电等耐用消费品外，特别是，随着电子商务、网购平台和互联网金融的迅速兴起，零售行业（如苏宁易购、亚马逊、天猫、京东等电商）也在加速"触网"。2011 年，苏宁易购对虚拟网络商店进行了强化，使之与实体店面同步发展，网络市场的份额不断提升，已经覆盖了传统家电、3C 产品、服装、图书、日用百货等各种品类。2015 年 5 月，苏宁推出了其第一款消费金融产品——任性付，它为消费者提供小额消费信贷，消费者可以通过"任性付"享受先购物消费后分期还款、30 天内免息贷款消费、购物 0 首付低利息等消费信贷金融服务②。2015 年 12 月，苏宁消费金融联合南京电信推出"全网通 任性付"的战略升级业务，苏宁利用其 O2O 的渠道优势，实现了互联网金融与通信服务业的跨界融合，使消费者节省了现金开支，同时营造了更加健康的信贷消费环境③。事实上，苏宁的"任性付"产品并不是零售行业的首例，此前在 2013 年，京东也推出了业内的第一款互联网消费金融产品——京东白条，为消费者提供赊购服务及信用消费贷款服务。天猫、亚马逊、国美等电商平台都建立了自身的消费金融

---

① 2017 年 4 月汽车信贷消费一览（2）[EB/OL]. 搜狐新闻，2017 - 04 - 24.
② 苏宁加入"消费金融"运动 [EB/OL]. 新浪科技，2015 - 05 - 30.
③ 苏宁消费金融联手南京电信 推出"全网通 任性付"[EB/OL]. 新浪新闻，2015 - 12 - 17.

产品，发展态势都十分迅猛。根据前瞻产业研究院的统计数据显示，2014年我国消费信贷市场交易额已经超 15 万亿元，据艾瑞咨询预计，未来三到五年我国的消费信贷市场规模的年复合增长率将维持 20% 以上，按照这一增长速率，到 2022 年，消费信贷规模将有望达到 50 万亿元①。

　　近年来，随着我国消费市场潜力的逐步释放，各大消费金融公司和商业银行等金融机构不断创新个人信贷产品，使之嵌入多元的消费场景，将消费信贷业务成功应用于旅游、教育、租房、装修等领域，并针对校园和乡村人群专门给予了消费信贷支持。例如，为在北上广打拼奋斗的毕业生提供租房白条服务、为想要装修新房的年轻人提供装修白条服务等，帮助他们解决生活上的各种难题，弥补收入短板。此外，几大互联网企业（苏宁易购、京东等）还将互联网金融引入到线下门店，打通了 O2O 的布局，为更大范围的消费者提供服务。2016 年 9 月，京东正式推出了"白条闪付"功能，为消费者提供线上线下的"白条"服务，用户可以将"白条"添加到 Apple pay、华为 pay 等手机钱包中，即可在线下通过 pos 机在全国范围内的上万家商户中使用。"白条"还与光大银行、中信银行联合推出了联名信用卡——小白卡，不仅拓宽了商业银行在消费信贷领域的盈利渠道，还更加关注用户需求，使之享受到"银行 + 互联网"的组合权益②。此后，各大公司纷纷推出自己的消费信贷产品：新浪微博推出"微博借钱"、百度推出"有钱花"、美团上线"美团借钱"和"美团月付"等。与此相对应的是，越来越多的消费者开始养成使用分期付款方式购物的习惯，各种消费信贷产品已成为年轻人和中低收入群体的日常支付工具。消费信贷服务覆盖面的不断扩大和消费金融产品的不断创新，一方面拓宽了个人融资渠道，让居民生活更加殷实、更有质量；另一方面还对提高企业竞争力、变革消费者的消费理念、拉动消费增长、促进产业升级、改善民生产生积极影响。

　　虽然在我国经济和互联网金融迅猛发展的环境下，消费信贷模式正在成为一种新的发展趋势深刻影响着大众的生活，然而这种消费模式的实施

---

① 2007 - 2014 年我国消费贷款规模数据 ［EB/OL］. 前瞻产业研究院，2015 - 07 - 23.
② 京东消费金融战略升级 进一步"走出京东"拓展场景 ［EB/OL］. 网易财经，2016 - 03 - 27.

也面临着诸多的挑战和障碍。如贷款利率的设定与获取客户之间的冲突，商业银行、消费金融公司等金融机构如何在尽可能扩大利差的同时抢占市场先机，获取更多的客户，从而找到二者之间的平衡点？另外一个明显的阻碍在于信贷金融服务的专业化水平与服务成本控制的问题。金融机构只有提升自身的专业化程度，提高放贷审批效率，并且针对不同消费者的需求提供更为丰富的信贷消费产品，不断进行创新，才能更大程度上惠及各种类型的客户，增强客户黏性，但是这势必会造成金融机构信贷服务成本的增加。

尤其是在消费信贷模式下，当金融机构与供应链企业（制造商和零售商等）合作时，不可避免地会遇到利益冲突的问题：假设当制造商和零售商存在协调关系，且二者在协调其订货决策时，对金融机构的利益会产生什么影响？金融机构设定的贷款利率的高低和其信贷服务水平的高低会如何影响零售商的订货决策，又会如何影响其自身利益和供应链企业的利益？在什么样的条件下才能发挥合作优势，达成金融机构与供应链企业的共赢？这些问题是消费信贷在我国经济不断发展的形势下企业供应链管理所必须面对和解决的新挑战，同时也是撰写本书的根本出发点。

由于金融机构和供应链企业是利益相互独立的完全个体，他们之间通过合作关系组成了卖方消费信贷系统（见图 1 - 1），在分散决策时，整个系统的最优决策无论是对于金融机构还是供应链企业往往并不是最优的。这是因为当系统中的各成员都以最大化自身利益为目的进行决策时，会使得其在合作过程中出现利益冲突，这势必会导致系统整体效率的缺乏，此时就会出现双重边际化效应（Spengler，1950）。特别是对于卖方消费信贷系统而言，当不考虑金融机构的信贷利率和其服务水平的决策成本及其利益时，即使零售商倾向于采购的产品数量与制造商利润最大化时的决策相一致（即实现供应链内部的协调），最终结果也将不可避免地使系统利润受到损失。

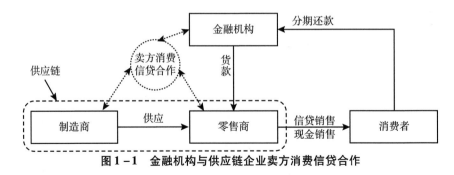

**图 1 - 1　金融机构与供应链企业卖方消费信贷合作**

供应链企业与商业银行、消费金融公司等金融机构开展消费信贷合作的目的就是为刺激更多的潜在消费者，以满足其信贷消费需求，究其本质是将供应链企业的产品与金融机构的消费信贷业务进行捆绑销售。当产品的价格在一定时期内保持相对稳定时，刺激消费最有效的手段就是收取尽可能低的消费贷款利率，同时提高金融机构的专业化服务水平。类似于商品的定价，消费贷款利率实际上是金融机构针对消费信贷业务的定价①。而金融机构的专业化服务水平是指金融机构为顾客办理消费信贷业务时的便捷程度和响应速度、放贷的审批效率、消费信贷产品的丰富性和还贷方案的可选择性等。金融机构可以通过以下几种方式来提高自身的信贷服务水平：雇用更多的专业化人员、对员工进行专业的消费信贷业务培训、对企业的消费信贷系统进行升级优化、针对不同需求的客户创新消费信贷产品等。金融机构的专业化服务水平越高其服务成本就会增加，但与之对应的消费信贷需求的增长却具有不确定性，因此金融机构要承担一定的利润损失风险。在缺少有效激励的情形下，即使供应链企业（制造商和零售商）总是希望金融机构尽可能降低消费贷款利率、提高服务水平，但金融机构在最大化自身利润的决策原则下，其所选择的利率势必会高于系统利润最优时的利率而低于系统利润最优时的服务水平，因此会损害共同利益，造成系统整体效率的损失。

而解决"双重边际"造成的效率缺乏的有效办法就是明确制造商、零

---

　　① 自 2013 年 7 月 20 日起，我国已全面放开金融机构贷款利率管制，金融机构可自主确定贷款利率水平。

售商与金融机构三者之间的利益协调机制，在对系统各成员进行有效激励的同时保证系统利润的合理分配，使得各成员决策结果与系统目标相一致，从而实现分散式的卖方消费信贷系统的整体利润尽可能地与集中决策下的系统利润相等。也就是说，有必要设计一个良好的契约协调机制。一方面，供应链企业与金融机构之间签订的消费信贷合作契约是金融机构与供应链企业进行协调与合作的基础。双方一旦达成契约协议后，消费信贷合作契约会在相当长的一段时间内发挥关键性的作用（因为更换合作企业的代价会非常高）（Wei，2000）。另一方面，消费信贷合作契约是供应链企业和金融机构合作关系维系的基础和利益分配的依据。设计合理的消费信贷合作契约可以有效地协调和缓解系统成员的利益冲突，同时也是金融机构降低利率、提高信贷服务水平的动力，为激励制造商、零售商和金融机构共同创造三方共赢（即 win-win-win）的局面。但设计一款足够好的消费信贷合作契约是具有一定挑战性的，目前从系统协调与合作的角度研究供应链与金融机构间契约制定与利益分配问题的理论相对缺乏，研究文献也相对较少。此外，值得关注的是，金融机构制定的贷款利率和其提供的信贷服务水平不仅会直接影响供应链企业，更是对信贷消费业务的消费者产生直接的影响（Dan and Norrman，2002）。较低的消费贷款利率和更加专业化的信贷服务水平可以增加消费者对产品的需求，而产品市场需求的增加则会带动零售商订货量的增加，从而实现供应链各节点企业利润的增长。然而，相比消费信贷在拉动经济增长和释放市场潜力中起到的关键性作用，研究消费信贷利率和信贷服务水平对供应链企业及其产品市场需求的文献就显得相当缺乏。

针对以上问题，本书主要在确定性需求和随机需求两种情形下，研究零售商的单方决策、零售商与金融机构的两方协调、零售商与金融机构，以及制造商的三方协调。激励金融机构降低信贷服务的手续费率，或（和）提高服务水平，激励零售商提高订货数量和促销努力水平，从而实现系统利益的最大化。

# 1.2 研究目的及意义

本书的主要研究目的是：针对卖方消费信贷合作实践中供应链企业（制造商和零售商）与金融机构缺乏良好合作与协调的问题，以实现系统利润最优和多方共赢。第一，消费者购买行为受到支付能力和感知价值的影响，消费者的到达过程服从泊松分布，通过以实施消费信贷政策的固定成本、期初库存量、销售周期及单位顾客补贴为关键指标，研究零售商单方实施消费信贷政策的条件。第二，在信贷消费需求确定、信贷消费需求依赖金融机构的利率或（和）信贷服务水平的情形下，分别研究零售商与金融机构两方如何设计有效的消费信贷契约，协调订货决策与利率决策、订货决策与信贷服务水平决策。第三，假设信贷消费需求为随机需求，研究制造商、零售商与金融机构三方的契约协调问题。通过设计相应的契约协调机制，研究分析不同情形下实现系统协调时的契约协调条件、利润分配及可执行性，并对不同的协调契约作比较分析。

本书的研究意义主要有以下两个方面。

一是在理论上可拓宽、丰富供应链协调和消费信贷两个研究领域的理论体系。本书研究的内容属于供应链协调和消费信贷的交叉领域。一方面，目前绝大多数关于消费信贷领域的研究文献都是从战略角度针对宏观经济形势或是针对消费信贷风险防范等方面的实证研究，而从微观视角进行量化的理论方面的研究显得相对匮乏（Zeldes，1989；Andrade and Thomas，2007）。另一方面，目前已有的关于供应链协调问题的文献大多是针对供应链上下游企业的，而金融机构可以理解为独立于供应链企业之外的第三方服务机构（Weng，1995；李乐德，2005；王迎军，2005；Hou et al.，2009；Cachon，2003）。在本书的研究中，主要运用动态博弈和纳什均衡理论，通过识别影响消费信贷合作关系中的关键因素，探讨和建立可能的协调契约机制，从而解决供应链企业和金融机构之间存在的利益冲突问题。因此，本书对于解决双重边际效益造成的系统整体绩效的损失问题、丰富供应链协调和消费信贷两个研究领域的理论体系起着重要作用。

　　二是在实践上可为供应链企业与金融机构开展卖方消费信贷合作提供理论依据和决策参考。在销售过程中，零售商销售产品的数量不仅与市场需求有关，同时也受到期初库存量的约束；消费信贷的利率和金融机构的专业化服务水平①是影响最终信贷销售量及各方利润的关键因素。现实中，对于零售商而言，在销售的过程中需要决策是否实施消费信贷政策；对于金融机构而言，制定合理的消费信贷利率可以获取更多的潜在消费者，从而增加合作零售商的产品销售量，获得更多与零售商合作的机会。同时，供应链企业采取有效的激励措施，提高金融机构信贷服务的专业化服务水平，增强顾客的消费黏性，实现供应链企业、金融机构及整个卖方消费信贷系统利润的增长。

　　本书就以上问题提出了相应的协调契约，并分析论证了契约的协调条件、利润分配及可执行性。因此，本书对企业开展卖方消费信贷合作时的订货决策、利率决策及服务水平决策提供了新思路和新方法，利于卖方消费信贷合作关系的进一步发展。综上所述，本书的研究具有重要的理论意义和实践价值。


# 1.3　研究内容、思路及技术路线


## 1.3.1　研究的主要内容

　　本书在综合分析评述消费信贷和供应链契约协调研究文献的基础上，从供应链协调的视角研究不同情形下金融机构与供应链企业之间的契约协调机制。本书共 16 章，主要内容安排如下：

---

　　①　根据《2011 中国汽车消费信贷调研报告》，利率和办理手续效率是信贷消费者首先考虑的因素。

第 1 章为绪论。介绍本书的研究背景，引出研究的问题；明确研究的目的和意义；阐述本书研究的主要内容、思路与技术路线，以及研究的特色与创新之处。

第 2 章为相关理论研究现状。主要介绍了有关消费信贷和供应链契约协调的国内外相关理论研究。本书主要涉及个人消费信贷和供应链契约协调两个研究领域。首先，从消费信贷的基本概念出发，对国内和国外有关消费信贷领域的研究文献进行了系统全面的综述，从而对消费信贷研究领域的现状有一个清晰的认识；其次，对供应链契约协调领域的研究文献也进行了比较详细的评述，包括需求依赖价格的供应链契约协调、需求依赖努力水平的供应链契约协调等。

第 3 章为复合泊松需求与库存约束下零售商消费信贷政策。针对单个零售商与外部金融机构合作实施消费信贷政策进行分析，消费者的到达过程服从泊松分布，并且其购买行为受到支付能力和感知价值影响。除市场需求外，零售商的期望销售还受到期初库存制约，分别从零售商始终不实施、始终实施和择时实施三种情形分析。研究表明：当固定成本、期初库存及销售周期属于合适的阈值区间时，实施消费信贷政策会始终改善零售商收益；零售商在始终实施消费信贷政策时的最优单笔信贷补贴存在两种情形；若不存在固定成本且库存合理，则零售商将从销售周期的某刻起实施消费信贷。最后通过算例验证了理论的正确性和有效性。

第 4 章为确定性独立需求下零售商与金融机构协调。本章考虑了由单个零售商、单个金融企业组成的消费信贷系统中，信贷消费需求主要受利费率和服务水平的影响，金融企业以利费率和服务水平作为决策变量，零售商以向消费者提供的利费补贴作为决策变量，分别建立了分散决策模型、集中决策模型及收益共享契约模型，并进行了数值算例分析，验证了本次研究的正确性。

第 5 章为确定性需求单向转移的零售商与金融机构协调。针对卖方消费信贷下利费率的变动会引起信贷消费需求向现金消费需求转移的现象，研究了零售商和金融机构关于利费率的决策与协调问题。金融机构处于主导地位并以利费率作为决策变量，零售商处于随从地位并以利费补贴作为决策变量,分别建立了分散决策模型、集中决策模型及收益共享契约模型。通过对模型的求解和逻辑推理分析,得出了以下重要结论:随着需求流失系数的增大,金融机构制定的利费率和零售商提供的利费补贴同时随之增大,而信贷消费者实际支付的利费率随之减小;当零售商将其全部的信贷消费收益分享给金融机构时,收益共享契约可实现信贷消费系统的协调,但需要金融机构进一步将协调后的部分利润分享给零售商,才能实现系统的完美共赢协调。最后应用数值分析方法验证了上述模型和结论的有效性。

第6章为确定性需求双向转移的零售商与金融机构协调。本章在单一零售商和单一金融机构组成消费信贷系统的基础上,以及消费信贷需求与现款需求相互转移的情况下,进行契约协调的研究。采用数值算例分析验证了本次研究的正确性。

第7章为确定性需求下考虑赖账风险的零售商与金融机构协调。本章在考虑单一零售商和单一金融机构组成消费信贷系统的基础上,以及消费信贷存在客户赖账风险的情况下,进行契约协调的研究。采用数值算例分析验证了本次研究的正确性。

第8章为随机需求依赖手续费率的零售商与金融机构协调。本章主要研究在需求受手续费率影响的情形下,由单个零售商和单个金融机构开展卖方消费信贷合作的订货决策和手续费率决策问题。假定现金消费需求为确定需求,而消费信贷需求依赖金融机构制定的手续费率的情况下,提出收益共享与两部收费的联合契约模型,并通过与分散决策情形的比较,分析该联合契约机制下零售商与金融机构的协调条件、利润分配及契约的可执行性。

第9章为随机需求依赖服务水平的零售商与金融机构协调。主要研究由单个零售商和单个金融机构构成的卖方消费信贷系统的订货决策和信贷服务水平决策问题。假定现金消费需求为确定需求,而零售商产品的消费信贷需求为随机需求,并且依赖金融机构的信贷服务水平;假定金融机构为主从博弈的领导方建立收益共享和成本共担组合契约模型,研究卖方消费信贷系统的协调问题。

第10章为随机需求依赖促销努力的零售商与金融机构协调。本章考虑在零售商的促销努力水平对信贷需求造成影响的情形下,探讨由零售商和金融机构组成的卖方消费信贷关系的二级服务供应链，并研究零售商的最优订货策略和最优促销努力水平的决策问题。以此为目的分别建立集中决策模型、分散决策模型、两部收费契约模型和基于两部收费契约和努力成本共担的组合契约模型、收益共享契约模型和基于收益共享契约和努力成本共担的组合契约模型。最后，采用具体的数值分析对模型及契约的实用性和有效性进行了验证。

第 11 章为随机需求依赖手续费率与服务水平的制造商、零售商及金融机构协调。针对由单个金融机构和单个零售商所组成的卖方消费信贷系统，其中信贷消费的市场需求是随机的，且同时受到手续费率和信贷服务水平的影响。假设信贷消费需求采用加法模式，设计一种收益共享与成本共担联合契约对卖方消费信贷系统的协调问题进行研究。

第 12 章为随机需求下制造商、零售商及金融机构协调。本章针对由单个制造商、单个零售商和单个金融机构组成的消费信贷系统，研究了零售商的订货决策及制造商与金融机构对零售商的激励行为，以使三者组成的卖方消费信贷系统实现总体最优。本章分别建立了分散决策模型、集中决策模型和由收益共享模型、回购契约模型等构成的组合式契约模型。研究表明，组合式契约能够实现系统协调，且契约参数在一定范围内取值时，系统利润可以在零售商和制造商之间任意分配。并通过数值分析，验证了所提出的组合式契约模型和上述结论的有效性。

第 13 章为随机需求依赖手续费率的制造商、零售商及金融机构协调。考虑到信贷消费产品的市场需求受到金融机构制定的手续费率的影响，本章主要研究随机需求在依赖手续费率的条件下由单个供应商、单个零售商和单个金融机构组成的三级供应链的协调问题。假设金融机构参与由制造商和零售商所构成的供应链，制造商和金融机构分别处于主导地位，在零售商和金融机构及供应链上下游企业间（制造商和零售商）同时使用收益共享和消费补贴策略来实现整个卖方消费信贷系统的协调。

第 14 章为随机需求依赖服务水平的制造商、零售商及金融机构协调。考虑到金融机构的服务水平决策对信贷消费需求及卖方消费信贷系统利润有着直接的影响，但在现实中，这些决策一般都是金融机构独立决策的，没有考虑制造商、零售商及系统整体的利润，因而往往不是系统的最优决策。另外，当金融机构加入供应链中时，零售商扮演着协调者的角色，制造商和金融机构之间并不存在直接的转移支付关系。针对这一问题，本章研究如何建立有效的契约机制能够同时协调零售商的订货决策和金融机构的服务水平决策。

第15章为随机需求依赖促销努力的制造商、零售商及金融机构协调。在第10章的基础上引入制造商，从而建立由"制造商—零售商—金融机构"构成的三级供应链。并且两两成员之间建立有效的契约关系，使卖方消费信贷系统达到协调，并在一定的契约参数范围内，实现供应链成员利润的帕累托改进。最后，采用具体的数值分析对模型及契约的实用性和有效性进行了验证。

第16章为研究总结和未来展望。主要对本书的研究内容进行总结，指出研究中存在的局限性和不足之处，并对后续的研究进行了展望。

## 1.3.2 研究思路及技术路线

在对已有文献分析的基础上，指出现有研究的不足，结合信贷消费的现实背景和供应链企业与金融机构合作的特征，提出符合实情、有利于信贷消费合作关系协调发展的契约协调机制，实现卖方消费信贷系统的协调。

本书按照由易到难、由浅入深的原则，首先通过文献研究进行理论查新与追踪。其次在假设消费者到达并且购买服从复合泊松分布且零售商的期望销售还受到期初库存制约时，研究零售商单方实施消费信贷政策的条件；最后在假设信贷消费需求为确定需求、信贷消费需求为随机需求且零售商面临报童问题的基础上，先分别研究金融机构对零售商激励行为的扩展报童模型及其协调问题、需求依赖利率或（与）服务水平时零售商与金融机构两方的协调问题；再基于扩展报童模型，分别研究需求依赖利率或（与）服务水平时制造商、零售商与金融机构三方的协调问题。针对上述协调问题，建立制造商、零售商与金融机构的分散决策博弈模型；依次建立金融机构与零售商、制造商与零售商的协调契约模型；研究分析实现系统协调时的契约条件、利润分配及可执行性；并对不同协调契约作比较分析。

本书的技术路线如图1-2所示。

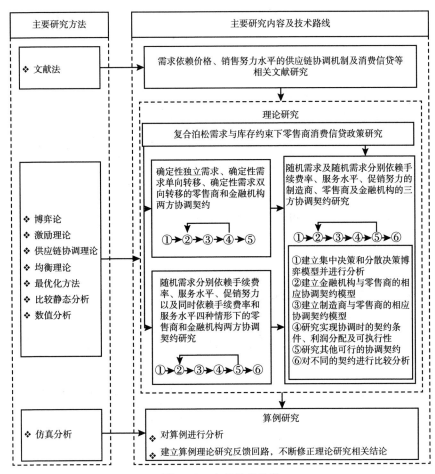

**图1-2　本书技术路线**

# 1.4　研究方法

本书主要在定性分析的基础上，建立数理模型，具体研究方法如下。

（1）采用文献分析法，对消费信贷、需求依赖价格或（和）努力水平的供应链协调的相关文献进行系统的查阅和整理分析；并应用微观经济学中消费者需求的相关理论，使所建模型更加贴近现实情况。

（2）应用 Stackelberg 博弈方法和均衡理论建立金融机构和供应链企业的分散决策模型，对金融机构、制造商及零售商之间的博弈情况进行分析；运用供应链契约理论、激励理论建立金融机构和供应链企业的协调模型，并定义相应的转移支付函数，研究不同情形下卖方消费信贷系统的协调问题。

（3）运用微积分求利润函数最大化的一阶条件和二阶条件，采用最优化方法对分散决策博弈模型、协调契约模型进行求解并对结果进行分析。

（4）在模型结果的分析上应用了比较静态分析的方法，如比较分析契约参数的变化对系统各方利润分配的影响、不同协调契约之间的对比研究等，尽可能地实现协调结果最优。

（5）对模型结果进行数值模拟仿真，通过 maple 和 matlab 等软件对各契约参数的调整和变化进行模拟仿真，以验证模型的有效性和相关研究结论的正确性。

## 1.5　研究特色与创新之处

目前有关消费信贷的研究文献大多是运用实证分析和相关概念理论模型从消费信贷对宏观经济、需求增长的影响和消费信贷的评级体系、风险控制等角度来开展研究的，很少从供应链协调的视角建立量化模型进行研究。本书将金融机构引入传统的供应链中，将消费信贷的手续费率或（和）信贷服务水平视为内生决策变量，考察所建立的契约机制对卖方消费信贷系统协调、绩效与决策的影响。本书的创新点主要体现在以下几个方面。

（1）从支付能力和感知价值两个维度对消费者的购买类型着手，零售商销售产品的数量受到期初库存量的约束，研究零售商实施消费信贷政策的条件。

（2）建立制造商、零售商及金融机构三者的分散决策博弈模型，研究三者的决策行为和博弈结构，求解并分析博弈模型的纳什均衡。

（3）将标准报童模型进行扩展，构建包含金融机构对零售商激励行为的扩展报童模型，并对该扩展报童模型的协调机制进行研究。

（4）在考虑需求依赖利率或（与）服务水平的基础上，构建金融机构与零售商、制造商与零售商的协调契约模型；研究不同契约的协调条件、利润分配及可执行性，使理论研究进一步贴近实际，为供应链企业与金融机构开展卖方消费信贷合作提供可靠的理论依据和指导。

# 第2章

# 相关理论研究现状

## 2.1 消费信贷的相关研究现状

### 2.1.1 卖方消费信贷的概念

消费信贷于 19 世纪末 20 世纪初正式在欧美发达国家产生。目前在西欧、美国等发达国家和地区，已成为很多金融机构的主要收入来源，并且已经形成了十分丰富的消费信贷产品体系。关于消费信贷的定义和概念非常之多，美国联邦储备委员会的统计分类将消费信贷定义为：由正规的商业渠道发放的中期或短期信贷，用来购买支付供个人消费的商品、服务或用于偿还由此目的而产生的举债。这个定义涵盖了几乎全部的可以提供消费信贷的机构，且规定了消费信贷的用途和期限。而在《西方经济学大辞典》中，指出消费信贷的定义为：能够让消费者先消费后付款，并用于立即支付购买商品或劳务的信贷。此定义强调了消费信贷仅供消费者个人或家庭用于购买商品或服务，而不具有生产性。此外，按照 2002 年中国人民银行货币政策司印发的《中国消费信贷发展报告》中指出，消费信贷是由商业银行或专门的金融机构对消费者个人提高即期消费水平，使其合理安排终生消费而提供的一种信贷服务产品，它是经济水平和货币信用关系发展到一定阶段的产物。

综合以上对消费信贷的定义，本书将消费信贷（consumer credit service）定义为：由商业银行、消费金融公司或其他非银行金融机构等正规商业渠道向消费者个人提供的，以个人消费（商品或服务）为目的信贷服务。值得注意的是，这里提及的消费者为自然人，而非法人或组织，且消费信贷的用途仅为个人消费，而非用于经营目的。根据接受贷款服务对象的不同，其中对购买商品或服务的消费者个人发放的贷款称为买方消费信贷，对销售商品或服务的零售商发放的贷款称为卖方消费信贷。本书中卖方消费信贷是指供应链企业（制造商和零售商等）与金融机构（包括商业银行和相关金融公司）合作开展消费信贷业务，消费者以贷款的形式购买零售商的产品和服务，货款由金融机构先行垫付给销售消费品的零售商，而后再由消费者以分期还款的方式将货款偿还给金融机构的一种消费方式。

## 2.1.2　国外相关文献综述

国外对消费信贷领域的研究开始得较早，在第二次世界大战之后，消费信贷更是得到飞速发展和大规模的普及，消费信贷理论体系也逐渐完善。目前，国外关于消费信贷的研究主要涉及以下几个方面：消费信贷与需求增长的关系、消费信贷对宏观经济的影响、影响消费信贷的因素、消费信贷评级体系、风险控制、信用风险评估等。

史密斯（Smith，2011）对贷款者的信用情况进行了等级的划分，对消费信贷可能存在的欠款进行预估。安德拉德等（Andrade et al.，2007）研究了期权理论和消费者信誉价值的关系，建立了一个消费信贷风险的结构性模型。玛雅等（Maja et al.，2009）提出了一种基于神经网络的消费信贷评价模型，使金融机构的数据得到合理的应用，并得出了寻址问题的变量选择方法。图尔塞马（Toolsema，2002）建立了一个集合数据结构评估模型，研究了荷兰的消费信贷市场的竞争程度，指出荷兰的消费信贷市场是完全竞争的，不存在垄断竞争或串通行为。塞尔德斯（Zeldes，1989）研究对比了严格贷款约束条件和优化贷款约束条件两种情形下的长期收益假设模型，得出了贷款约束条件对消费的影响。研究结果显示，消费信贷与消费需求呈正相关，因此消费信贷在一定程度上可以拉动经济增长。布雷迪（Brady，2008）针对普遍存在的消费者无法平滑消费的现象，指出消费信贷的结构性变化可以使得消费更加平滑，而消费平滑的证实也直接体现了货币和财政政策的效力以及宏观经济波动率下降的讨论，此外，作者提出了一种消费增长的结构方程，验证了与以往的"永久性收入假说"的实证检验结果的一致性，这对经济研究有重要的启示作用。王等（Wang et al.，2006）探讨了美国消费债务的现象，并从以消费者为中心的角度探讨了信用卡债务的问题。科克伦（Cochrane，1988）的研究指出消费信贷在某种程度上可以通过正式或非正式的机制有效地保障或缓冲突发事件对消费者收入或财富的特殊冲击，作者通过对影响消费增长的各种外生变量的横向回归测试验证了消费增长应该是跨部门性，且独立于消费者之外的特殊变量。斯图尔特（Stewart，2011）提出了一种基于利润的信用卡计分系统，并将其用于解决建模收入和收购策略中，最终达到平衡收支、收入和交易量之间平衡的目的。查特吉等（Chat-terjee et al.，2008）基于消费者信用评分在消费信贷和汽车保险市场中的特殊作用，研究了一种无担保消费者债务的理论，在个人信息的基础上探讨了两种不同的机制，研究结果表明，在这两种机制下，消费信贷市场的还款行为与保险市场的低风险状况呈正相关关系。汉德等（Hand et al.，2010）对消费信贷中信用评分的统计方法进行了评述，并对信用评分背景下出现的问题进行了分析，指出现有的信用评级统计方法仅侧重于构建和提高判别评分规则等初级问题。

在关于消费信贷利率和服务水平的研究中，克鲁克（Crook，2001）考察了决定一个家庭是否可能被拒绝或不鼓励申请贷款的因素，运用美国消费信贷调查数据进行了分析，结果认为，家庭负债情况与预期的贷款利率是固定相关的。麦克休等（Mchugh et al.，2011）指出银行的财务能力与消费者的信贷成本相关，并提出了一个存款和贷款利率的寡头模型，研究表明均衡的利率是信贷成本确定贷款、生产效率的瓶颈。利斯（Leece，2000）建立了一个简化形式的抵押贷款需求方程，比较研究了固定利率和浮动利率两种情况对家庭住房抵押贷款行为的影响。格雷弗等（Graeve et al.，2007）讨论了从市场利率到零售银行利率的通过率，研究认为，银行贷款政策的差异及差异化的定价策略很大程度上可以由银行贷款渠道和相对市场权力假说来解释。

## 2.1.3　国内相关文献综述

消费信贷方面，徐和刘（Xu and Liu，2006）基于我国信用卡行业市场的巨大发展潜力，探讨了消费信贷风险管理和风险控制工具的重要性。汤向俊和任保平（2011）研究了消费信贷对经济增长结构的影响，利用中美两国数据，将个人工作期分为两期，建立了一种增长模型，验证了消费信贷市场的完美程度对经济增长结构产生显著影响。蔡明超和费一文（2007）研究了我国商业银行开展消费信贷业务中的提前还款风险管理，采用实证方法探讨了影响住房抵押贷款中的提前还款行为的因素，提出了用延时服务对此前征收罚息的有效替代性。周显志和夏少敏（2000）比较分析了英国和美国的消费信贷法律制度和法律体系，并指出了对我国消费信贷法律制度的健全和完善提供借鉴的重要意义。郭慧和周伟民（2007）将中国和美国的个人消费信贷业务现状进行了对比分析，认为美国个人消费信贷业务发展的主要经验就是信用体系和相关法律制度的完善，同时针对我国个人消费信贷的发展指出了不足和相应的发展建议。臧旭恒和李燕桥（2012）对消费信贷和流动性约束与我国城镇居民消费行为关系进行了实证分析，研究认为收入和信贷条件的变动对居民的消费行为影响最大，呈过度敏感性，并且探讨了不同收入水平的消费者对信贷消费条件改变的敏感程度。江世银（2000）针对信息不完全性导致的消费信贷市场的供求失衡现象，设计了一个消费信贷市场的均衡模型，根据所提出的模型分析了导致失衡的根本性原因，并提出了实现均衡的解决措施。

在消费信贷的利率和服务水平的研究方面，易伯明（2010）研究了小额消费信贷利率的定价合理性问题，从收益与风险和成本两个角度分析了小额消费信贷实行市场化定价（利率）的可行性。徐灵超（2012）基于向量自回归（VAR）模型和误差修正（VEC）模型，探讨了我国消费信贷市场利率和经济波动之间的关系，通过实证分析发现，投资和消费对信贷市场利率的冲击和影响是非常有限的，它们之间保持长期的均衡关系，最后给出了一些相应的政策建议。龙菊（2004）对我国商业银行在消费信贷定价，即利率水平决策的问题进行了探讨，指出商业银行消费信贷的收益主要受贷款规模和利率的影响。何楠（2012）研究了天津滨海新区各银行开展消费信贷的实际情况，提出了改善金融服务水平的相关建议。国胜铁和刘文勇（2011）探讨了居民中长期消费信贷的影响因素，将消费性信贷与利率水平、通货膨胀率及房价进行了协整检验和 Granger 因果分析，研究指出，消费性信贷的主要影响因素为贷款利率水平。王光玉（2004）分别从营销服务、流程创新和技术运用的角度探讨了我国消费信贷的运作机制。

对国内外学者的已有研究进行总结，可以发现，关于消费信贷的研究文献大都是从社会经济运行的宏观层面出发，或以金融机构风险管理的角度进行研究，并从战略层面给予一些定性的管理建议，而从微观角度将消费信贷与供应链协调有机结合的研究卖方消费信贷系统及其协调机制的文献还未见报道。另外，在研究影响居民消费信贷决策因素的文献中可以观察到，贷款利率水平和金融机构的服务水平都可能是影响消费信贷行为的主导性因素。并且在现实中，当金融机构与供应链企业合作开展消费信贷合作时，必然会面临手续费率和信贷服务水平的决策问题，因此本书的研究可以为供应链企业和金融机构提供相关的理论支撑和借鉴。

# 2.2　供应链契约协调的相关研究现状

## 2.2.1　供应链契约协调的相关概念

协调（coordination）是指引入一些行动或条件使参与组织活动的人达成共同行为的过程，或组织一个活动让参与其中的人在相互协调的状态下一起工作并取得好的结果的过程（Webster，2003）。马蒂西克和蒙西（Mattessich and Monsey，2001）指出协调意味着具有更多的正式关系和共同使命的协议，在制订计划、区分相互之间的角色及渠道交流等方面有着非常严格的要求，但各协调组织仍然拥有独立的决策权。

目前，有很多国内外的学者对供应链协调进行了相关定义。国外的学者中，西马图庞等（Simatupang et al.，2002）认为供应链协调就是对供应链中各成员的一系列行动、信息、知识、资源等进行协调整合，使其决策目标相一致，从而达到整个供应链目标的实现。罗马莫（Romamo，2003）在对供应链管理对物流过程的影响的研究中指出，协调机制是一种在供应链成员间的信息、目标和决策等交互的状态，可以对计划、组织、联合、调整和控制整个供应链系统中的各种资源（人员、设备、资金财产、信息资源、服务和技术方法等）起到一定的协助作用，它是支撑供应链各节点企业在经营过程中的关键。此外，甘等（Gan et al.，2004）研究了一个由风险中性的供应商和厌恶风险的零售商组成的供应链与供应合同相协调的问题，并指出实现供应链协调需要满足三点：（1）供应商和零售商的转移支付要高于他们各自所保留的支付；（2）在零售商的下跌风险约束之内；（3）供应链系统的期望利润实现最优，达到这三个条件需要二者进行合作，并在供应链内部设计合理的利润分配方案，并找到使得各企业成员分别实现帕累托改进的最优解。除此之外，国内的很多学者也对供应链协调的定义进行了概括和总结。谢巧华（2006）指出供应链协调的定义为：通过设计一种合适的机制，在博弈理论的研究范式下使得供应链网络节点上的各企业成员的决策行为与系统整体利益相一致，即实现各成员决策的均衡，同时使供应链整体的期望利润最大化。刘永胜（2006）也对供应链协调进行了定义，他认为供应链协调就是指在供应链成员之间建立一种合适的激励机制，以协调其中的物流、服务、资金流以及信息流等要素资源，为了使供应链系统达到协同状态，通过对系统中的序参数加以控制，使其从无序的状态转换为有序，从而实现利润的合理分配、信息资源共享度的提升、风险成本的降低、库存数量的减少等，供应链的协调可以创造更多的合作关系，并最终实现"1 + 1 > 2"，即整体绩效优于各节点企业的绩效总和。李莉英（2013）将供应链协调概括为：供应链成员为了实现供应链系统整体收益最优化的目标，通过采用合理的激励机制，而达成的相互认可的决策行为。

对以上关于供应链协调的定义进行概括总结，供应链协调就是指建立一种可以合理配置系统资源的协调激励机制，使得供应链各成员之间的收益或风险可以相互分担、补偿和共享，从而使组织成员的决策行为符合供应链系统整体绩效最大化的目标。

但是当交易各方都追求自身收益最大化时，不可避免地会导致供应链内部不同阶段的目标发生冲突，此外，当供应链内部信息不对称时，即信息在从上到下的传递过程中发生信息扭曲，也会给供应链协调带来阻碍，从而引起供应链的失调（公彦德，2009）。这就需要在供应链节点企业间引入供应链契约来实现供应链的协调。供应链契约，又被称为供应链合约（合同）。陈祥锋和朱边立（2002）把供应链契约定义为：一个由交易各方达成的具有法律效力的文件，交易的其中一方承诺在一定的条件下（如数量、质量、价格、送达时间、采购时间、信用条件和付款条件等）向另一方提供产品或服务（劳务），而另一方则按照合同中的规定（包括合同的激励和惩罚因素）向提供商品、服务的一方支付相应数量的报酬，或为其提供其他方面的商品或服务。特赛（Tsay，2001）指出供应链契约的内容和形式可分为定价和订货量两大类，也可根据规范决策权、定价权、最少购买协议、柔性采购、回购、配额规则、订货提前时间和产品质量协议分为八个小类。

综合以上定义不难发现，供应链上的节点企业通过契约可以建立战略合作伙伴关系，即实现风险共担和收益共享，提升系统绩效。因此，可以说供应链契约是实现供应链协调的重要手段。而契约协调机制是在供应链管理的发展过程中，在信息结构给定的状态下，为供应链中的合作参与者提供一些制度上的安排，即通过契约的形式明确权利和责任的划分等，以降低交易成本、分散市场风险。契约协调机制可以在一定程度上解决供应链的理性参与者由于外部性而导致的双重边际化（Spengler，1950；Krishnan，2004；赵天智和金以慧，2001）问题。

而针对供应链契约协调，卡雄（Cachon，2003）等对之进行较为系统的研究，他指出：如果某种契约能够使得整个供应链系统的最优决策行为构成各参与成员的一个纳什均衡，即没有任何一个交易成员想要偏离这个均衡，那么该契约则被认为能够协调供应链。但是当系统的最优决策行为有多个纳什均衡解时，供应链成员最终达成的协调状态可能并不能实现系统最优。

根据卡雄（Cachon，2003）对供应链契约协调的定义以及最大化系统绩效的目的，在设计供应链协调契约时应遵循以下五条原则：

（1）个体理性约束，即交易的任何一方在协调契约下所获得的期望利益不能小于不接受协调契约时所获得的最大期望利益。

（2）激励相容约束，可以防止或减少逆向选择或道德风险行为。

（3）决策分散化，即交易各方保持决策独立性、追求自身利益的最大化。

（4）帕累托改进原则，即在协调契约的条款约束下，交易的任一方获得的利益都将优于其在没有接受契约时能够得到的利益。

（5）系统整体的利益最优或更优，即在协调契约条款约束下，系统整体利益将优于其在原有条件下所获得的利益。

## 2.2.2 相关供应链契约综述

目前国内外关于供应链契约的研究已经非常的成熟，可以说已经形成了一套较为完整的研究体系，研究的类型大致可以分为以下几类：批发价格契约、收益共享契约、回购契约、数量柔性契约、回馈与惩罚契约、销售回扣契约和数量折扣契约等，本章仅对与本书研究相关的几种契约类型进行综述，并着重对收益共享契约进行综述。

### 1. 批发价格契约（wholesale price contract）

批发价格契约是最为简单也是最为常见的一种契约形式，在实际运作过程中也得到了广泛的应用。这种契约首先由零售商根据市场需求和制造商的批发价格决定订货量，制造商根据零售商的订货量进行生产，最终由零售商进行销售。不难发现，在批发价格契约下，零售商承担了全部的市场风险，而且执行难度小、成本低，因此更受制造商的青睐。但是帕斯特纳克

（Pasternack，1985）在研究中发现，批发价格契约不能实现供应链的协调，即当零售商面临报童问题，并根据制造商给定的批发价格决定库存水平时，其决策结果要低于集中决策下的系统最优水平。这说明批发价格契约不能克服和解决最早由斯彭格勒（Spengler，1950）发现的双边垄断带来的两重边际加价的问题。阿努平和巴索克（Anupindi and Bassok，1999）研究了由一个制造商和两个零售商构成的供应链模型，比较分析了每个零售商分别持有库存和两个零售商合作将库存集中化两种系统。该文章对批发价格契约进行了扩展运用，指出在零售商们共享库存的情形下，制造商利润的增加与否取决于供应链的"市场搜索"水平，此外，该文章还对两种系统在多周期和单周期下的批发价格模型性能做了对比分析，结果表明，多周期的批发价格契约要优于单周期的情形。拉里维埃和波特乌斯（Lariviere and Porteus，2001）研究了随机变量的方差相关性对供应链绩效的影响，他们发现相关性越低，零售商对价格的敏感性越差，则批发价格上升，最终使得供应链整体绩效提升。此外，他们还论证了绝大多数的随机分布（正态分布、均匀分布、指数分布等）均满足于递增失效率（increasing failure rate）。吉尔伯特等（Gilbert et al.，2003）考虑了当一家企业增加其对产品的创新投入时，可以降低其合作伙伴的可变成本或刺激产品需求，但其合作企业有可能会趁机抬高自身产品的价格。他们针对这一现象研究了几种简单的批发价格机制，来讨论一个公司的渠道合作伙伴在面临可以通过对价格做出预先承诺（降低成本）以鼓励创新和保持批发价格的收益灵活性以应对需求的不确定性之间做出的一个权衡取舍。董和鲁迪（Dong and Rudi，2004）探讨了在外生性批发价格和内源性批发价格两种契约机制下，库存转移利益分配对制造商和零售商的影响。研究发现，在库存转移利益分配的情形下，制造商可以通过收取更高的批发价格而更受益，但零售商只能获得较少的收益。

**2. 收益共享契约（revenue sharing contract）**

收益共享契约是指制造商或供应商以低于其边际成本的单位批发价格将其产品出售给零售商或分销商，在销售季节末零售商或分销商将其销售收益分享给制造商（供应商）以作为其获得批发价格折扣回报的一种契约协调机制。它最早被应用于影碟租赁行业，后来在其他领域也得到了推广。它有一个教科书式的案例（Cachon and Lariviere，2005）：1998 年，百视达（Blockbuster）租碟公司与电影公司之间成功运用收益共享契约解决了新上市影碟缺货而导致的顾客抱怨问题，并且将每张影碟的批发价格从 65 美元降低到 8 美元。之后收益共享契约得到了越来越多的研究者的重视和关注。莫蒂默（Mortimer，2002）建立了一个结构计量经济模型详尽地分析了在音像租赁行业收益共享机制相对于线性定价合同对供应链企业的利润及消费者福利的影响。研究表明，当采用收入共享合同时，供应链上下游企业的整体利润增加了 3 ~6 个百分点，同时消费者的利益也大大增加。另外，作者发现在此协议下若实施库存限制措施，那么相对于没有限制的情况而言，会增加上游公司的收益而减少下游公司的利润。德纳和施皮尔（Dana and Spier，2010）对收益共享契约在影像租赁行业中的应用以及纵向限制做了进一步的研究，他们指出在需求随机或可变的情形下，相对于两部收费合同，收益共享合同显得更具有价值，它可以在不扭曲零售商的库存决策的情形下有效缓解下游零售商之间的价格竞争。格查克等（Gerchak et al.，2001）针对影碟租赁公司在更新碟片时对订购量和影碟持有时间的双重决策问题，将收益共享合同进行改进，提出了"价格＋收益共享合同"和"许可费/补贴＋收益共享合同"，结果表明，后者能够在满足个体理性要求的前提下实现供应链的协调。格查克和王（Gerchak and Wang，2004）考虑了需求不确定情况下装配业务供应链中收益共享与批发价格契约的对比协调分析问题。他们在收益共享契约的基础上引入了一种收益加补贴的激励机制，并论证了这种机制协调供应链和提高成员利润的有效性。王等（Wang et al.，2004）研究了需求依赖价格时的收益共享寄售合同，作者认为在此契约条件下，供应链的整体绩效与个体参与成员的表现都取决于需求的价格弹性和零售商在渠道成本上的份额。与集中系统相比，随着需求价格弹性的增加，零售商的成本份额降低，其所获取的利润增加，而供应链的预期利润损失却与之相反。詹诺卡罗和蓬特兰多尔福（Giannoccaro and Pontrandolfo，2004）在随机需求且价格为外生变量的情形下提出了一种基于三级供应链的收益共享契约协调模型，并通过调整该模型的合同参数，使系统的效率得到了提高，同时也提高了所有供应链参与者的利润。卡雄和拉里维埃（Cachon and Lariviere，

2005）对收益共享契约做了较为系统全面的研究，并与其他供应链合同进行对比分析，例如，回购合同、价格折扣合同、数量—弹性合同、销售折扣合同，特许经营合同和数量折扣，指出了收益共享契约的优点及局限性。他们发现收益共享契约不仅可以协调单个供应商与零售商面临典型的报童问题情形下的供应链系统，而且可以协调在零售价格固定的零售商之间存在竞争条件下的供应链，同时可以任意分配供应链的利润。此外，他们还指出了收益共享契约的几个局限性，例如，在随机需求依赖努力水平的条件下，该契约就不能实现供应链的协调。卡雄和拉里维埃（Cachon and Lariviere，2005）比较分析了收益共享契约与回购、价格折扣和数量折扣等契约，指出收益共享契约能够实现价格固定和零售商制定价格两种情况下的供应链协调。乔汉和普罗斯（Chauhan and Proth，2005）假设顾客需求取决于零售价格，且零售价格趋向于无穷大时，提出了一种基于利润共享的供应商—零售商合作伙伴关系模型，并分析了分享利润与风险的比例对合作伙伴利润的影响。姚等（Yao et al.，2008）研究了随机需求下的收益共享契约，将该契约应用于由单个制造商和两个相互竞争的零售商组成的供应链模型。研究发现，在收益共享契约下，供应链利润受需求变异性和价格敏感性因素的影响；此外还分析了需求变化对制造商与零售商之间最优零售价格、订单数量和利润分配的影响；最后，还探讨了两个零售商之间的竞争因素如何影响供应链成员的决策问题。陈等（Chen et al.，2010）论证了供应商决定预留产能、零售商决定订货和价格时的基于风险和利润共享的协调机制。杨等（Yang et al.，2011）提出了广义收益共享契约，即在分享收益的同时也共同承担成本的一种协调方式。李等（Li et al.，2009）建立了一种收入共享的寄售（委托）合同，制造商选择交付数量和零售价格，而零售商设置收益分享的份额，结果证明了该合同能够协调单一制造商和单一零售商构成的供应链。昆特（Kunter，2012）考虑了消费者需求同时受到价格和非价格因素的影响，指出渠道协调受制造商和零售商的收入分享率和营销努力的参与率影响，并证明了存在一个持续有效的合同，但为了保证合同的有效实施，管理者需要在制造商和零售商信任关系的基础上建立一种全新的特许使用费支付方式。柏等（Bo et al.，2010）针对多级供应链提出了一种新型的收益共享协调机制，讨论并演示了随机需求下在所有相邻下游买家之间实施这种新型收益共享契约机制的优点。

国内也有很多学者对收益共享契约做了大量深入的研究。柳键和马士华（2004）对由单一上游制造商和多个下游供应商构成的博弈模型进行了深入分析，分别得出了在收益共享和批发价格契约下的均衡结果，并将两种契约进行比较分析，并探讨了在信息对称情形下收益共享契约的优越性，但同时指出，在批发价格契约下系统效率随供应商个数的增多而提高，而在收益共享契约下情况却相反。熊中楷等（2006）假定价格为内生变量且需求为指数函数时，分析了收益共享契约的协调条件。陈菊红等（2008）建立了在产品价格为内生变量，且剩余产品残值与生产成本相关的条件下的收益共享协调契约，证明了供应链的绩效受需求价格弹性的影响，借助报童模型分析了供应商和零售商的决策行为，并确定了使供应链协同的契约参数的取值范围。吴庆和但斌（2009）研究了针对低值易逝品，客户企业的订货决策会受第三方物流服务提供商（3PL）物流服务价格的影响这一问题，建立收益共享合同，验证了契约的有效性，并论证了实现供应链完美协调的合同参数范围。林略等（2010）探讨了基于收益共享的鲜活农产品三级供应链协调问题，研究结果表明，需求价格弹性增加，则供应链的期望收益随之减少，收益共享契约可以实现供应链成员的互利共赢。徐广业等（2010）在电子商务的背景下设计了一种两方收益共享契约，并论证其在需求具有价格敏感性的条件下实现了双渠道供应链的协调。柏庆国等（2016）利用收益共享契约实现了易变质产品供应链系统在有限计划期内系统的完美协调。对于单纯的收益共享契约不能同时协调零售商的订货与定价决策的情况，马慧等（2011）通过建立回购与收入共享联合契约模型，实现了在供应链节点企业存在缺货惩罚时的供应链协调。李绩才等（2013）针对一个一对多型的二级供应链，考虑单一供应商为风险中性，下游多个零售商为风险厌恶型，建立了收益共享契约协调模型。研究表明，零售商的个数和其风险厌恶程度是影响订货决策的两个因素，并在此基础上找到了唯一能使系统达到协调状态的"批发价—收益共享系数"的比值。此外，王勇（2005）、高文军（2010）、庞庆华（2010）、胡本勇（2012）等学者也对收益共享契约做了相关研究。

从以上研究可以发现，收益共享契约可以较好地克服供应链系统中的订货和定价扭曲问题，因此可以考虑在卖方消费信贷系统的协调问题中应用该契约。零售商可以考虑将其信贷消费的部分销售收入分享给金融机构，以激励其降低消费信贷的手续费率。

**3. 回购契约（buyback contract）**

回购契约指的是供应商在零售商销售期末时以一定的价格回购后者的剩余库存的契约协调方式。回购契约也叫作退货政策，然而这两种称呼都暗含有零售商销售季末会将未售出的剩余货物全部退回给供应商，因而存在着误导。上述情况仅仅在供应商的净残值大于零售商的净残值时发生，而当零售商的净残值大于供应商的净残值时，供应商会向零售商的剩余货物采取补救措施即实行回购价格补贴（Tsay，2001）。一个非常重要的经验假设前提是，供应商能够核实剩余货物的数量以及回购补贴成本小于由回购契约带来的收益。

李等（Lee et al.，2000）研究建立了非常类似于退货政策的价格保护政策模型。在第一个模型中，尽管需求发生在两个时期，零售商仅做出一次订货决策。价格保护提供类似于回购契约的协调作用，作为第一个时期期末所剩余的每个库存的信用保证。在第二个模型中，零售商在各个时期初始时即做出订货决策，价格保护政策再次提供类似于回购契约的协调作用，即作为第一个时期末所剩余的每个库存的信用保证。价格保护政策减少了零售商的总超额成本。而泰勒（Taylor，2002）建立的价格保护政策模型却不同于回购契约模型。在此模型中，零售商在销售季末既可以增加订货又可以向供应商退回剩余库存货物。价格保护此时即为每个剩余库存货物的信用保证。因此，价格保护是对保留库存的一种补贴，而回购则是对处理库存的一种补贴。两次研究结果不同的原因在于，当零售价格随时间的增长而降低时，收益的任意协调分配除了要求回购契约协调之外还需要价格保护政策的协调。埃蒙斯和吉尔伯特（Emmons and Gilbert，1998）研究了基于零售价格报童模型设定的回购契约协调模型。帕斯特纳克（Pasternack，1985）基于报童模型问题对回购契约做了详细研究。泰勒（Taylor，2000）在需求依赖销售努力水平的情况下，合并研究了回购契约和销售回扣契约所组成的组合式报童协调契约模型。多诺雷（Donohue, 2000）基于多次生产机会和提高需求预期的假设，研究了回购契约模型。阿努平迪和巴索克（Anupindi and Bassok, 1999）对回购契约能够协调供应链中两个不同的零售商作出了解释，而消费者会在这两个零售商之间寻找库存。在其模型中，供应商对剩余库存的存储成本进行补贴，这与回购契约非常相似。帕德马纳班等（Padmanabhan et al., 1997）研究发现一个供应商可以使用回购契约来操纵调整零售商之间的相互竞争。帕德马纳班等（Padmanabhan et al., 1995）描述了报童模型中所没有包括的几个退货政策的动机。供应商期望通过回购契约来阻止零售商打折出售剩余货物，由此保护供应商的品牌形象。例如，时尚服装供应商投入大量的营销预算来提高其服装品牌的流行度。如果消费者在销售季末的打折货架上发现了该品牌的衣服，将很难被说服该服装品牌是流行品牌。另外，供应商希望各个零售商能通过接受回购契约来达到库存的再平衡。有大量文献对库存再平衡做了进一步的研究，例如李和罗森布拉特（Lee and Rosenblatt, 1986）、塔加拉斯和科恩（Tagaras and Cohen, 1992）研究了集中决策系统中的库存再平衡。鲁迪等（Rudi et al., 2001）、阿努平迪等（Anupindi et al., 2001）则考虑分散决策系统中的库存再平衡。泰勒（Taylor, 2002）研究发现当需求受零售商销售努力的影响时，无法使单一的契约达到协调，而设定适宜的销售回扣契约和回购契约能实现协调和双赢。

国内文献对回购契约的部分研究成果如下。徐最与朱道立等（2008）研究了通过限制回购产品的数量的限制性回购契约。徐贤浩与原白云（2008）设计了一种基于回购策略下的期末销售量激励契约。贾涛与徐渝等（2006）研究了随机需求依赖零售商货架展示量时基于回购加零售货架的线性补贴的协调策略。

### 4. 成本共担契约（cost sharing contract）

通常情况下，零售商促销努力可以提升产品的销售量，但促销成本的增加会导致其缺乏促销努力的积极性，而在供应链中应用成本共担契约通常可以改善供应链绩效。克里希南等（Krishnan et al., 2004）证明了在零售商促销影响需求的情形下，单纯的回购契约不能实现供应链的协调，还会给供应链利润带来不利影响，但当同时实施回购与促销成本共担或者对回购实施附加约束时，可以使供应链达到协调状态。姬小利（2006）针对市场需求受零售商促销努力影响的情况，建立了回购与促销成本共担的联合契约协调机制，并通过比较分析验证了此联合契约的有效性。杨鹏等（2007）设计了成本共担契约下促销努力水平同时影响顾客需求和退货率的协调机制，并给出实现无质量缺陷退货供应链协调的最优订货和销售努力策略的上界。刘鹏飞（2012）考虑需求为乘积形式时的零售商和制造商共同分担滞销成本的 VMI 供应链协调策略。萨那（Sana，2013）针对随机需求对促销努力敏感的问题，研究了能够使供应链成员的激励行为保持一致的退货政策，促销努力成本共担合同以及价格折扣等策略。

对大量国内外文献进行研读后发现，在卖方消费信贷系统的协调问题中可以应用成本共担契约，即零售商可以考虑为金融机构分担部分消费信贷努力成本，以激励金融机构提高信贷服务的专业化水平，提高系统利润，实现共赢。

**5. 两部收费/定价契约（two-part tariff）**

两部收费制最初被应用在电信行业的定价中，两部收费顾名思义，即在销售产品时，首先向购买者或消费者收取一部分定额费用，此部分费用用来支付产品和服务的购买、使用权，其次按照产品和服务的购买数量来收取另一部分费用。例如，通信公司向消费者收取一定的月租，再按通话时长收取月租外费用；游乐场入园时，游客首先支付固定门票，然后为所选择的各项游乐项目支付费用，等等。

目前两部收费契约在供应链协调上已经运用得较为广泛和成熟。国内已经有较多学者将两部收费契约运用在如传统二级、三级供应链，闭环供应链及双渠道供应链等方面。邱若臻和黄小原（2007）运用两部收费合同协调了由供应商主导的具有产品回收的闭环供应链。包晓英等（2010）提出一种基于两部收费合同的定价策略，协调了由供应商和零售商构成的闭环供应链。在二级供应链的基础上，庞庆华（2010）对考虑分销商的三级供应链的订购决策进行了研究，并采用两部收费合同实现了协调。刘南等（2011）采用两部收费合同协调了由供应商、物流服务商及零售商组成的考虑物流服务水平的三级供应链。易余胤和梁家密（2012）考虑惩奖机制会影响成员企业决策的情况下，构建了制造商、零售商和回收商三方闭环供应链模型，证明在惩奖机制情形下的闭环供应链中两部收费契约的协调性强于其他供应链契约。刘志成（2012）研究了由一个供应商和两个零售商组成的供应链，并发现在信息不对称程度较高时，在两部收费合同下，努力程度与产品销量正相关。在上述文献的基础上，有学者提出相关组合契约。张成堂和杨善林（2013）提出了一种两部收费与收益共享的组合契约，在新产品与翻新产品存在价格差异的情况下，研究了产品的定价策略，同时也实现了闭环供应链的协调。但斌等（2013）在考虑了消费者存在产品偏好情况下，采用两部收费契约实现了双渠道供应链的协调。牟宗玉等（2013）通过对两部收费合同中的批发价格的改进，探索了在突发事件下应该如何实现闭环供应链协调。韩小花等（2015）考虑了在生产成本扰动下由零售商主导的闭环供应链系统，并在两部收费契约下优化了生产决策。

国外有关两部收费契约的研究也有较多成果。萨姆范等（Somefun et al.，2006）提出了销售人员和客户之间采用两部收费合同合作的新方法，并研究相关谈判策略，使双方达到共赢的效果。赖辛格（Reisinger，2010）运用两部收费契约有效调节和分配了交易产生的成本。施勒雷特等（Schlereth et al.，2010）研究发现两部收费制中的非固定部分对服务商和消费者都产生很大的影响，并提出一种非线性规划的优化方法，来对两部收费中非固定部分做出利润最大化的决策。在此基础上，坎德拉等（Candela et al.，2009）考虑将两部收费制运用到旅游行业，发现两步收费制可以改善目前假期长度逐渐缩短的问题。慕克吉和特赛（Mukherjee and Tsai，2015）研究发现在两部收费合同下企业的利润更高，在固定收费的情况下会导致社会福利相对更高，而当技术转让成本高昂时，企业和社会都倾向于两部收费合同。杨和马（Yang and Ma，2015）研究了信息不对称下由两个供应商和一个零售商组成的两阶段模型，并采用两部收费合同优化了零售商的利润。白等（Bai et al.，2017）研究了考虑碳排放限制下的二级可持续供应链系统，并运用两部收费合同及收入、促销成本分担合同进行协调，比较发现两部收费合同比收入、促销成本分担合同更加有效。通过国内外的文献检索，可以发现，两部收费契约所能运用的范围非常广，调节能力较强。国内外学者围绕两部收费契约及其应用已经取得了较多的学术成果，本书拟提出的正是改进情形下的两部收费契约，通过两部收费契约和其他策略的结合，从而达到更好的协调效果。

综上所述，对于金融机构与供应链企业之间本书将采用收益共享、回购、两部收费、成本共担以及它们之间的组合契约模型进行协调，以使卖方消费信贷系统的利润接近或等于集中化决策时的最优利润，并实现系统各参与者的互利共赢。

### 2.2.3　需求依赖价格的供应链协调机制

正如价格体现的是产品的价值，消费信贷的利率体现的是消费信贷服务的价值，价格和利率分别对现金消费需求和信贷消费需求有着类似的影响作用。因此，有关需求依赖利率的卖方消费信贷合作与协调机制的研究，可以借鉴需求依赖价格的供应链协调机制理论。一般而言，关于随机需求依赖价格的供应链协调机制问题的研究，实际上是要研究一种能够同时协调零售商订货决策与定价决策的转移支付契约机制，以使节点企业的目标与系统的目标相一致。国内外文献主要基于报童模型，对此问题已作了较深入的研究，这些研究可归纳为以下两种类型。

一是对单契约协调机制的研究。卡雄（Cachon，2003）研究了回购、数量弹性、销售回扣、价格折扣、收益共享及数量折扣等契约在随机需求依赖价格时的可协调性及其协调条件，研究表明当中仅有数量折扣契约能够很好地实现供应链协调。后来，卡雄和拉里维埃（Cachon and Lariviere，2005）在此基础上进一步研究了收益共享契约的协调条件及其局限性。王勇和裴勇（2005）研究了需求函数为乘法模式时收益共享契约的协调条件。于辉和陈剑（2007）研究了供应链应对突发事件的两阶段收益共享契约。格拉诺特和尹（Granot and Yin，2005）研究了回购契约对制造商和零售商利润的影响。姚等（Yao et al.，2005）研究了基于利润共享契约的协调机制。劳等（Lau et al.，2008）研究了零售商处于支配地位时的两部收费契约。姚等（Yao et al.，2008）研究了需求的价格敏感度对回购契约利润分配的影响。姚等（Yao et al.，2008）研究了基于收益共享契约的协调机制，并分析需求变化及价格敏感度对利润分配的影响。陈菊红等（2008）研究了产品残值与生产成本相关时的收益共享契约。徐最等（2009）提出了限制性回购契约。拉比亚德和贝杜里等（Labiad and Beidouri et al.，2012）对回购契约、收益共享契约、数量折扣契约及数量弹性契约进行了综合比较分析。伯恩斯坦和费德格鲁（Bernstein and Federgruen，2005）研究了单个供应商对多个竞争性零售商的价格折扣契约。姚和梁等（Yao and Leung et al.，2008）研究了一个供应商对两个竞争性零售商供应链的收益共享契约。黄河与徐鸿雁等（2007）研究了短生命周期产品的两周期动态定价的收益共享契约、数量价格折扣契约。李（Li，2008）指出在等弹性和线性需求函数的假设下存在唯一的收益共享契约能够协调供应链；庞庆华等（2015）针对突发事件导致市场需求分布发生改变的情况，提出了基于数量折扣的收益共享策略，并与纯粹形式的收益共享契约进行比较研究，研究发现这两种改进的契约形式都具备抗突发事件性。

二是对组合式契约协调机制的研究。鉴于单个基本契约难以同时协调零售商的订货决策与定价决策，一些文献研究了更有效的组合式契约。何勇等（2004）研究了结合回馈与惩罚契约、回购契约的组合式契约。何勇等（2005）研究了基于回馈与惩罚策略的弹性数量契约。王道平等（2009）研究了结合部分回购与增量返利的综合策略。陈等（Chen et al.，2010）研究了供应商决定预留产能、零售商决定订货和价格时的基于风险和利润共享的协调机制。邱等（Chiu et al.，2011）提出了联合批发价、回扣及退货等三种策略的协调机制。陈和贝尔（Chen and Bell，2011）研究了考虑顾客退货时为剩余库存和顾客退货产品设置不同的回购价格的协调策略。雷和李等（Ray and Li et al.，2005）研究了运输时间不确定时的价格和订货决策及多种契约相结合的协调机制。

总的来说，国内外有关随机需求依赖价格的供应链协调机制的研究已颇为成熟，针对一些较为复杂的情况，单一契约有时并不能协调供应链，这就需要对契约之间进行组合或改进，本书在实现需求依赖手续费率的卖方消费信贷系统的协调时也将参考并使用这种策略机制。

## 2.2.4　需求依赖努力水平的供应链协调机制

在实际经营活动中，零售商通过提高销售努力水平可以提高产品的市场需求，例如，增加广告支出和货架展示空间、雇用更多的销售人员、为销售人员提供更加专业的培训等。而在卖方消费信贷模式下，同样可以通过雇用更多的消费信贷业务人员、为员工提供更多的专业培训、在零售商店面派驻业务人员现场受理消费信贷业务、提供在线消费信贷业务等提高金融机构的消费信贷服务水平，从而增加信贷消费需求。而信贷消费需求的增加能够让金融机构和供应链企业都从中获得更多的收益。但就一般问题而言，零售商促销努力会使其付出更多的成本，如果在没有激励的情况下就会造成其与制造商之间的利益冲突，而解决此问题的方法就是设计一种转移支付机制，能够同时协调零售商的订货决策与促销努力决策，以使供应链各节点企业目标与系统目标相一致。

许多国内外的学者对有关需求依赖努力水平的供应链协调问题做了大量的研究。大多数关于努力水平或服务水平影响市场需求量变化的国内外文献主要研究了供应链上下游企业的协调问题。比较有代表性的有，卡雄和拉里维埃（Cachon and Lariviere，2005）研究了零售商努力水平影响市场需求下的收益共享契约。耐特辛和鲁迪（Netessine and Rudi，2004）研究了一种供应商和零售商之间的成本共担契约，采用二者共同分担广告费用的策略实现了系统的协调。王和格查克（Wang and Gerchak，2001）提出了需求受零售商的货架展示空间影响时基于存货补贴的批发价格组合契约，并证明了联合契约机制的可行性。泰勒（Taylor，2002）证明了单独的目标返利策略、线性返利策略、回购策略均不能达到供应链协调的目标，为此他设计了一种目标返利和回购契约的联合契约实现了供应链的协调。克里希南和卡普钦斯基（Krishnan and Kapuscinski，2004）的研究进一步证明了在销售努力成本可观测的情况下，单一的回购契约不能实现系统的协调，并提出了回购加促销成本共担的协调策略；在需求是可观测但是不能证实的情况下的回购加单边减价补贴的协调策略；以及在需求是可观测并且可证实的情况下的限制性回购的供应链协调策略。伯恩斯坦和费德格鲁恩（Bernstein and Federgruen，2007）针对多个零售商之间基于价格竞争以及同时基于价格与服务水平竞争的协调机制进行了研究，并对两种情况下的供应链绩效和参与者的决策行为进行了对比分析。徐最（2008）提出了通过限制回购产品数量的两种限制性回购契约来实现供应链协调，并分析了单独的回购合同不能协调供应链的原因。曲道钢和郭亚军（2008）研究了混合渠道中销售努力水平仅影响总需求在两渠道间的分配时的收益共享协调契约。何勇等（2006）研究了基于回馈与惩罚策略的收益共享协调契约。泰勒（Taylor，2002）研究了结合回购与目标回扣（target rebate）的组合协调契约。胡本勇等（2010）研究了基于收益共享与努力成本共担的供应链期权销量担保契约。何等（He et al.，2009）研究了市场随机需求同时受销售努力和销售价格影响下报童模型的协调问题。胡本勇和王性玉（2010）在委托代理框架下研究了一种基于收益共享契约的演化契约。张廷龙和梁樑（2012）在何等人的基础上进一步研究了不同渠道权力结构和信息结构下零售商和制造商的分散决策问题。庞庆华等（2013）研究了在随机的市场需求情形下且市场需求受到供应链成员努力行为因素的影响下，基于收益共享契约的三级供应链（由制造商、分销商和零售商组成）协调问题。邢和刘（Xing and Liu，2012）研究了单一制造商对单一电子零售商和单一传统零售商时，电子渠道需求受传统渠道努力水平的影响（即"搭便车"）的双渠道协调问题，提出了价格匹配与选择性补偿性回扣的综合策略。庞庆华和蒋晖等（2013）在随机市场需求受到供应链成员努力行为因素的影响下，研究了基于回馈与惩罚策略的收益共享契约。曹二保和郑健哲等（2014）提出了能够协调突发事件下需求受到市场扰动时的分散化双渠道供应链的收益共享机制。此外，时茜茜和朱建波等（2017）建立了分散决策和集中决策两种博弈模型，并比较了不同模式下合作双方的最优努力决策与供应链的系统最优收益。与以上文献研究供应链上下游企业的协调不同，吴庆和但斌（2008）针对第三方物流企业服务水平影响客户企业产品需求的情形，研究了第三方物流企业及其客户企业的协调问题，设计了收入共享与服务成本共担的组合式协调契约。

上述研究主要针对零售商的促销努力水平影响市场需求的情况，对本书研究卖方消费信贷下金融机构的信贷服务水平具有一定的借鉴价值。同时已有文献表明，常见的单一契约不能实现促销努力水平影响市场需求的供应链协调时，需要采用组合式契约或对单一契约进行改进，本书在分析信贷服务水平影响信贷消费需求的卖方消费信贷协调策略的设计问题时，也将借鉴这种契约设计方式，从而更加深入地对金融机构和供应链企业的合作协调机制进行研究分析。

### 2.2.5 需求同时依赖价格和努力水平的供应链协调机制

关于"需求依赖价格与销售努力水平的供应链协调机制"的研究是对以上两小节中所述研究内容的扩展和深化，目的是要研究一种能够同时协调零售商订货决策、价格决策及销售努力决策的转移支付契约机制，以使节点企业的目标与系统的目标相一致。国内外文献在报童模型的基础上，对随机需求依赖价格与销售努力水平的供应链协调问题进行了较为深入的研究。何和赵（He and Zhao，2009）研究了结合退货策略的回馈与惩罚契约；张廷龙和梁樑（2012）针对销售努力可证实和不可证实两种情况，分别设计了成本分担与相机定价策略组合契约、限制性回购与价格组合契约。徐慧和达庆利等（2012）建立了具有顾客退货的供应链协调模型，设计了一种基于回馈与惩罚策略的差别回购契约；禹爱民和刘丽文（2012）研究了制造商同时拥有零售渠道和网上直销渠道，直销需求为确定需求，零售需求受直销价格、零售价格及促销努力影响的双渠道供应链协调，研究表明回购与促销成本分担组合契约不能使供应链协调，但可以实现帕累托改进；吉里等（Giri et al.，2013）分别研究了利润共享契约、两部收费契约及批发价折扣三种协调契约。胡本勇和陈旭（2012）分析了努力水平和决策风险偏好双重因素对制造商和零售商的决策及供应链协调的影响，建立了销售担保期权的供应链契约模型，提出了结合收益共享和努力成本共担策略的期权销量担保协调契约。何丽红和廖茜等（2017）在需求受广告努力水平和直接价格折扣联合影响的条件下，得出了不同博弈类型下供应商和零售商的最优广告努力水平和价格折扣策略。王勇和李莉英（2013）将第三方物流引入供应链中，研究了外包物流渠道的协调问题，设计并论证了收益共享与努力成本共担合同协调供应链的有效性。以上文献主要研究供应链上下游企业的价格和促销努力水平对需求影响的系统协调问题，对本书研究有一定的借鉴价值。

## 2.3　现有相关研究现状评述

综上所述，国内外相关研究大多以供应链为对象研究了零售商的价格和销售努力水平对市场需求的影响及供应链协调机制，尚未发现有文献以卖方消费信贷系统为对象研究金融机构的利率、服务水平对信贷消费需求的影响及其合作与协调机制，故存在以下不足和亟须深入研究的问题：

（1）卖方消费信贷作为供应链企业与金融机构长期合作且在国内外广为普及的一种销售模式，有必要将金融机构引入到供应链中，从而把卖方消费信贷系统作为一个统一的整体来进行研究，以实现系统的决策优化和整体利益最大化。消费信贷体系在我国金融经济体系中发挥着举足轻重的作用且占有重要地位，也有大量学者对消费信贷领域进行了深入的研究，但大部分文献侧重从社会经济运行的宏观层面研究消费信贷与宏观经济和需求增长之间的关系，或以金融机构风险管理的角度进行研究，尚未涉及以供应链系统的视角研究金融机构和供应链企业的合作情况。

（2）在金融机构和供应链企业合作开展卖方消费信贷合作时，金融机构的利率决策、服务水平决策对信贷消费需求及卖方消费信贷系统利润有着直接的影响。此外，零售商的订货决策也对制造商、金融机构的利润及系统的总体效益产生着直接的影响，但在现实中，利率决策、服务水平决策一般都是金融机构独立决策的，没有考虑制造商、零售商及系统的利润，而订货决策也是由零售商单独进行决策，没有考虑金融机构的利润，因而往往都不是系统的最优决策，有必要从系统的角度研究如何协调零售商和金融机构的上述决策，并设计相应的协调机制。

# 第3章

# 复合泊松需求与库存约束下
# 零售商消费信贷政策

## 3.1 引 言

在 2013~2017 年的 5 年时间里，我国消费金融迅速发展，除去住房贷款的消费信贷余额规模增速一直保持在 20% 以上，年均复合增长率达到了 24.7%。特别是在 2017 年，消费信贷余额达到 9.6 万亿元，同比增长 62.2%，呈现爆发式增长的态势。2018 年消费信贷余额达到 14.3 万亿元。[①] 消费金融之所以有如此规模，是因为在宏观层面，我国 2017 年社会消费品零售总额 36.62 万亿元，绝对规模保持增长趋势；而微观层面，持牌消费金融公司、电商平台、P2P 平台、分期购物平台纷纷发展消费信贷业务。消费信贷无疑推动了产品销售，但是也增加了企业的成本支出（固定成本、信贷补贴以及业务成本），因此零售企业必须合理决策是否实施消费信贷政策以及信贷补贴水平。

卖方消费信贷是通过供应链企业（制造商和零售商等）与金融机构

---

① 2018 年中国消费信贷市场规模预测：市场规模将突破 13 万亿（图）[EB/OL]. 中商情报网，2018-07-13.

（包括商业银行和相关金融公司）合作开展的允许消费者以分期付款的形式
购买产品，先由金融机构支付零售商货款，再由消费者分期偿还银行贷款的
信用销售模式。目前，国内对于消费信贷的研究主要集中于如何影响消费
（李广子和王健，2017；李江一和李涵，2017；邱立黎源和胡小平，2018），
对经济增长提质增效的传导关系（马利军，2017；张艾莲等，2018；朱明月
和李海央，2018）以及借贷风险的控制（张峣，2018；刘洋和王会战，
2017）。区别于上述研究，杨蓬勃等（2018）基于实证分析发现在农业信贷
方面，低层次需求的农户对农资赊销可得性较高，并且农资赊销能有效缓解
农户资金约束。而汽车信贷方面，李等（Li et al.，2018）以绿色汽车补贴
计划会增加政府财政负担为背景，检验了新能源汽车信贷计划和公司平均油
耗管制（双重信贷政策）的有效性，研究表明双重信贷政策能有效地促进
新能源汽车的发展。而本章旨在从更加微观和具体的层面对消费信贷实施展
开研究，基于零售商视角对实施消费信贷政策的条件和最优补贴水平进行
考察。

在供应链中，面对不确定的市场需求，大量文献采用的是"报童模型"
的假设，而对于复合泊松需求的研究较少，并且主要集中在库存控制领域
（Johansen and Thorstenson，2014；Katehakis et al.，2015；Shi et al.，2014）。
例如，卢和史（Lu and Shi，2018）通过研究一个具有恒定生产速率和复合
泊松需求且连续审查的生产库存系统，从四个不同维度（时间、体积、频
率和百分比）系统量化了库存风险，研究显示降低库存风险的代价惊人，
尤其是在风险相对较低的情况下；当需求分布具有较高的波动性时，风险值
对库存风险水平更敏感。比杰万克和约翰森（Bijvank and Johansen，2012）
讨论了具有复合泊松需求的基本库存模型，并提出了确定基本库存水平的近
似方法。在此基础上，库基（Kouki，2018）通过开发一个递归公式实现了
完全拒绝和部分拒绝情况下，更一般的复合泊松需求过程的最优成本驱动下
基本库存策略计算方法。另一篇相近的文章是斯特纽斯（Stenius，2016）的
研究，他们提出了具有时间装运合并和复合泊松需求的多零售商库存系统的
库存水平分布、补货率和预期成本的精确分析方法。

本书从支付能力和感知价值两个维度对消费者的购买类型着手，零售商

销售产品的数量不仅与市场需求有关，同时也受到期初库存量的约束。通过实施消费信贷政策的固定成本、期初库存量、销售周期及单位顾客补贴为关键指标，研究零售商实施消费信贷政策的条件，并为企业实践提供理论指导。

## 3.2　问题描述与符号假设

研究单一零售商通过与外部金融机构合作实施消费信贷政策的情形。消费者的到达过程服从泊松分布，并且其购买类型受到支付能力和感知价值的影响，因此消费者的到达过程及购买情形（现付购买、信贷购买、不购买）服从复合泊松分布。零售商在一个销售季节中受到自身期初库存条件约束，所以他只能利用现有库存进行销售，同时在销售的过程中需要决策是否实施消费信贷政策。若不实施消费信贷政策，则零售商面临失去感知价值偏高但购买力不足的顾客。若实施消费信贷政策，则零售商会增加固定成本、单位顾客补贴及单笔业务成本。该固定成本代表了零售商与金融机构合作或者设立相应部门所需要支出的费用。对于零售商而言，合理的决策消费信贷政策的实施对自身收益至关重要。

符号及参数说明：$q$ 表示期初库存产品数量；$c$ 表示单位产品成本；$r$ 表示单位零售价格；$T$ 表示一个销售周期的时间长度；$t$ 表示推出消费信贷政策的时间，且满足 $t \in [0, T]$；$K \geqslant 0$ 表示零售商实施消费信贷政策时的固定成本；$h$ 表示顾客以消费信贷的方式购买产品时需要额外支付的利息（或手续费）；$b_1$ 表示零售商为每一位使用信贷购买的顾客提供的补贴，$b_2$ 表示零售商受理单笔消费信贷业务所产生的成本，令 $b = b_1 + b_2$ 表示单位顾客消费信贷总成本。

假设 3.1：零售商为理性人且风险中性，即以自身收益最大化为目标。

假设 3.2：每位顾客的支付能力服从均匀分布 $U(\underline{a}, \overline{a})$，顾客对产品的感知价值服从均匀分布 $U(\underline{v}, \overline{v})$，且顾客的支付能力和感知价值互相独立。

假设 3.3：顾客到达过程服从泊松分布 $p(k, t) = \dfrac{(\lambda t)^k}{k!} e^{-\lambda t}$，单位时间

的平均到达率为 λ；每位到达的顾客最多购买一个产品，具体分以下三种情形：现付购买、信贷购买、不购买，现付购买的概率为 $\alpha = \dfrac{(\bar{a} - r)(\bar{v} - r)}{(\bar{a} - \underline{a})(\bar{v} - \underline{v})}$，信贷购买的概率为 $\beta = \dfrac{(r - \underline{a})(\bar{v} - r - h + b_1)}{(\bar{a} - \underline{a})(\bar{v} - \underline{v})}$，不购买的概率为 $1 - \alpha - \beta$。具体如图 3 - 1 所示。

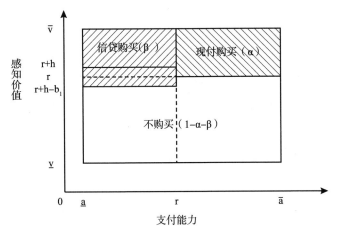

图 3 - 1　顾客的三种类型及购买的概率

## 3.3　模型建立与分析 t

为考察零售商实施消费信贷政策的最优策略。首先，分析零售商始终不实施消费信贷政策的基准模型，这就成为传统的"报童模型"问题。根据"报童模型"的求解思路和泊松分布的概率函数，得到零售商在面对复合泊松需求和库存产品数量约束下，期望销售量 $E[\min(q, m)]$ 为：

$$S(q, t) = q \sum_{m=q}^{\infty} p(m, t) + \sum_{m=0}^{q-1} mp(m, t) \qquad (3-1)$$

其中，$S(q, t)$ 表示当库存为 q、时间长度为 t 时的期望销售量。为了方便阐述，根据中心极限定理的特征利用正态分布近似泊松分布，同时由两种分布的特征得到正态分布的均值和方差：$\mu = \lambda t$，$\sigma^2 = \lambda t$，则期望销售量可以表示为：

$$S(q, t) = q - \int_0^q \Phi(x, t)\,dx \qquad (3-2)$$

其中，$\Phi(x, t)$ 表示正态分布的累计分布函数。根据公式（3-2）可以得到当库存为 q 且始终不实施消费信贷政策时，零售商的利润为：

$$\Pi(q, t=T) = \alpha r S\left(\frac{q}{\alpha}, T\right) - cq \qquad (3-3)$$

式（3-3）中 $\alpha r$ 表示每位到达的顾客可为零售商带来的平均收益；$q/\alpha$ 可称为名义库存，名义库存表示了期初库存量 q 能够满足到店并且进行购买的顾客数量。

其次，分析零售商始终实施消费信贷政策的情形。与始终不提供消费信贷服务的情形类似，需要先求出该情形下的期望销售量，区别在于每位到达的顾客可为零售商带来的平均收益变为了 $\alpha r + \beta(r-b)$，并且实施消费信贷政策后的名义库存变为了 $q/(\alpha+\beta)$。平均收益的增加表明实施消费信贷增大了顾客的购买概率。同理，可以得到当库存为 q 且始终实施消费信贷政策时，零售商的利润为：

$$\Pi(q, t=0) = [\alpha r + \beta(r-b)] S\left(\frac{q}{\alpha+\beta}, T\right) - cq - K \qquad (3-4)$$

命题 3.1：若 $K < \beta(r-b)\lambda T$，则存在 $\bar{q}$，使得当 $q > \bar{q}$ 时，零售商应始终实施消费信贷政策；若 $K \geqslant \beta(r-b)\lambda T$，则零售商应始终不实施消费信贷政策。

证明：当且仅当 $\Pi(q, t=0) - \Pi(q, t=T) > 0$ 时，零售商始终实施消费信贷政策会改善自身收益。令式（3-4）减去式（3-3）得到固定成本 K 的阈值 $\tau_1(q) = \alpha r[S(q/(\alpha+\beta), T) - S(q/\alpha, T)] + \beta(r-b) S\left(\frac{q}{\alpha+\beta}, T\right)$。根据正态分布的 $3\sigma$ 原则，即 $p\{|x-\mu| < 3\sigma\} = 2\Phi(3) - 1 = 0.9974$，表明客户到达主要集中于正态分布均值的 $\pm 3\sqrt{\lambda T}$ 范围之内。因此当 q 足够大时，期望销售量等于正态分布均值 $\lambda T$，即 $\max \tau_1(q) = \beta(r-b)\lambda T$。因为期望销售量关于 q 递增直至接近 $\lambda T$，所以存在 $\bar{q}$ 满足 $q > \bar{q}$ 时 $\tau_1(q)$ 大于 0。

命题 3.1 给出了零售商始终实施消费信贷政策的临界条件：当实施消费信贷政策产生的固定成本 K 和库存量 q 分别属于合适的阈值区间时，零售商才会始终实施消费信贷政策。直观解释，即使实施消费信贷政策有利于增加零售商收入，但是过高的固定成本也会阻止零售商的实施动机。另外，只有期初库存大于 $\bar{q}$ 时零售商实施信贷政策才有意义，因为这使得零售商在成本可接受的范围内能够将更多的产品销售出去，这时零售商倾向实施消费信贷的意愿更高。因此，必须同时满足这两个条件才会令零售商在始终实施信贷政策时收益增加。然而，只要固定成本大于阈值，零售商必定会选择始终不实施消费信贷政策。

通过对命题 3.1 的分析，自然地考虑到另一个问题：当期初库存量处于较低水平时，将会如何影响零售商实施消费信贷政策的选择。假设，在一个销售周期中零售商为应对销售所准备的库存量较小。为方便阐述，不妨认为在始终实施消费信贷政策下所有库存产品正好全部销售出去，又因为不实施消费信贷政策会降低消费者购买概率，所以期望销售量 $S(q/\alpha, T) < S(q/(\alpha+\beta), T) = q$。

命题 3.2：若期初库存量 q 较小，则存在 $\underline{q}$，使得当 $q \leqslant \underline{q}$ 时，零售商应始终不实施消费信贷政策。

证明：当且仅当 $\Pi(q, t=0) - \Pi(q, t=T) \leqslant 0$ 成立时，零售商会始终不实施消费信贷政策。当始终实施消费信贷时产品正好全部销售出去，有 $S(q/\alpha, T) < S(q/(\alpha+\beta), T) = q$，式（3-4）减去式（3-3）得到固定成本 K 的阈值 $\tau_2 = [\alpha r + \beta(r-b)]q - \alpha r S(q/\alpha, T)$，存在 $\underline{q}$ 使得当 $q \leqslant \underline{q}$ 时 $0 < \tau_2 < K$。

与命题 3.1 相比较，命题 3.2 使得零售商在实施消费信贷政策的把控上具有更多的灵活性，更容易做出正确的决策。这是因为实施消费信贷政策的固定成本属于外生变量，不在零售商决策范围之内，并且最优决策不仅仅取决于固定成本，还取决于零售商的期初库存量的大小。然而，当期初库存量 $q \leqslant \underline{q}$ 时，实施消费信贷政策不会影响零售商期望销售，所以零售商不会冒着增加固定成本以及单位顾客消费信贷总成本的风险实施消费信贷政策。命题 3.2 使得零售商可以根据期初库存量更好地评估实施消费信贷政策的利弊。因为，当期初库存较小时，零售商可以放弃消费信贷政策以避免更大的成本支出。

命题 3.1 和命题 3.2 对零售商实施消费信贷政策的固定成本和期初库存条件进行了分析，但没有涉及零售商在实施消费信贷政策时，是否应该提供消费信贷补贴以及该补贴的最优水平。显而易见，单位消费信贷补贴过高时会损害零售商收益；但补贴过低时会使消费者通过信贷购买的概率降低。为得到这个问题的答案，对式（3-4）求 $b_1$ 的一阶导数，根据一阶最优性条件得到命题 3.3。

命题 3.3：假设零售商始终实施消费信贷政策，若 $2r - \bar{v} - b_2 + h > 0$，则零售商应提供消费信贷补贴 $\left( b_1 = \dfrac{2r - \bar{v} - b_2 + h}{2} \right)$；否则，不应提供消费信贷补贴（$b_1 = 0$）。

证明：由式（3-4）可以得到在零售商始终实施消费信贷政策下

$$\frac{\partial \Pi_R^S (q, \ t = 0)}{\partial b_1} = \frac{(r - \underline{a})(2r - \bar{v} - b_2 + h - 2b_1)}{(\bar{a} - \underline{a})(\bar{v} - \underline{v})}。$$ 若满足 $2r - \bar{v} - b_2 + h > 0$，

则单笔消费信贷补贴 $b_1$ 的最优解为 $\dfrac{2r - \bar{v} - b_2 + h}{2}$。否则，零售商的收益随着 $b_1$ 单调递减，此时零售商不提供消费信贷补贴才能得到最大收益。

除了前面讨论过的两种情形，零售商实施消费信贷政策还存在一种状态，即当库存为 $q$ 且实施消费信贷政策的时间为 $0 < t < T$，此时零售商的利润为：

$$\Pi(q, \ t) = \alpha r S\left( \frac{q}{\alpha}, \ T \right) + \beta(r - b) \int_0^{\frac{q}{\alpha}} S\left( \frac{q - \alpha y}{\alpha + \beta}, \ T - t \right) \phi(y, \ t) dy - cq - K$$

$$(3-5)$$

式（3-5）的第一项表示的是零售商在不实施消费信贷政策的销售时期（0-t）内的收益情况，而后面三项则表示他在（t-T）时期内实施消费信贷政策的收益情况。其中，$\phi(y, \ t)$ 表示正态分布的概率密度函数。

通过讨论实施消费信贷政策的固定成本及期初库存产品数量对于零售商实施消费信贷政策的影响，可以发现影响消费信贷政策实施的变量过大或者过小时都使得零售商在这件事上的态度特别坚决。在实践中往往不会发生这

种极端情形，这是因为零售商固然不确定市场需求的真实情况，但由于他对终端消费市场和以往销售情况的了解势必会得到一个理性判断。同时，零售商实施消费信贷政策也不是必须为此支付固定成本，因为金融机构更希望支付能力不足的消费者使用信贷政策，这样才能更好促进金融机构业务发展。对于这种现象，也存在很多现实案例，如信用卡的推广，分期购物平台的免息分期借贷等。所以，不妨假设当期初库存量处于一个合理区间（$\underline{q} < q < \overline{q}$）且零售商不存在实施消费信贷政策固定成本。此时零售商实施消费信贷政策的最优决策如下：

命题 3.4：当 $\underline{q} < q < \overline{q}$ 且 K = 0 时，存在 $0 < t(q) < T$，零售商应在 $t(q)$ 时刻开始实施消费信贷政策。

证明：当且仅当 $\Pi(q, t) - \Pi(q, t = T) > 0$ 时零售商实施消费信贷政策。令式（3-5）减去式（3-3）得到 $\tau_2 = \beta(r-b)\int_0^{\frac{q}{\alpha}} S\left(\frac{q-\alpha y}{\alpha+\beta}, T-t\right)\phi(y, t)$

$dy - \alpha r \int_0^{\frac{q}{\alpha}} S\left(\frac{q-\alpha y}{\alpha}, T-t\right)\phi(y, t)dy$。由于零售商在 $q > \overline{q}$ 时始终实施消费信贷，而在 $q \leqslant \underline{q}$ 时始终不实施消费信贷，所以存在 $0 < t(q) < T$ 使得当 $\underline{q} < q < \overline{q}$ 时 $\tau_2 > 0$，即零售商在 $t(q)$ 时刻开始实施消费信贷政策会增加收益。

在命题 3.4 设定的基础上，必然存在 $t(q)$ 满足在 $(0-t)$ 的销售周期内零售商收益因为都不实施消费信贷而相等，而在剩余销售时期内实施消费信贷收益大于不实施的情形。从企业实践的角度来看，命题 3.4 为零售企业在实施消费信贷政策决策时提供的理论指导更具有普遍性。

通过对命题 3.4 的分析，发现零售商销售周期 T 的长短必然会对实施消费信贷政策产生影响。随着销售周期 T 增加，使得零售商在销售周期内有更多的机会进行产品销售，因此他实施消费信贷政策的性价比下降。同时，结合命题 3.1 可知当 K > 0 时，其阈值关于销售周期单调递增。

命题 3.5：给定 q，当 K = 0 时，存在 $\overline{T}$ 和 $\underline{T}$：当 $T < \underline{T}$ 时，零售商应始终实施消费信贷政策；当 $T > \underline{T}$ 时，零售商应始终不实施消费信贷政策。

证明：当销售周期越短，对应的正态分布越往中间靠拢且均值 λT 越小。因此，必然存在 $\underline{T}$ 满足 $T < \underline{T}$ 时零售商在不产生固定成本下通过消费信

贷尽可能多地将产品销售出去，此时 $\Pi(q, t) - \Pi(q, t = T) > 0$ 成立，零售商应始终实施消费信贷政策。同理，存在 $T > \bar{T}$ 令零售商在能够将产品销售出去的同时还可以赚取更大单位产品利润且不必支付其他成本，该情形下始终不实施信贷政策收益更高。

# 3.4　算例分析

为了进一步研究变量对零售商实施消费信贷决策的影响和命题的正确性，对上述理论模型进行数值仿真运算分析。

假设支付能力 $a \sim U(10, 110)$，感知价值 $v \sim U(10, 110)$，销售价格 $r = 60$，单位产品成本 $c = 10$，信贷购时额外支付的利息（或手续费）$h = 5$，单笔信贷补贴 $b_1 = 5$，单笔业务成本 $b_2 = 5$，平均顾客到达率 $\lambda = 5$，销售周期 $T = 20$。由以上数值，计算得到现付购买的概率 $\alpha = 0.25$，信贷购买的概率 $\beta = 0.25$，正态分布的均值和方差 $\mu = 100$、$\sigma^2 = 100$。将这些数值分别代入模型中，通过 Matlab 软件进行仿真运算得到以下结果。

图 3-2 表示的是期初库存量在（0~120）之间时，零售商始终不实施、始终实施以及择时实施消费信贷政策的利润函数曲线。从图 3-2 中观察到零售商的销售利润在始终实施、始终不实施及择时实施三种情形下都是先增后减，且对应每种情形都存在一个最优库存量使得零售商在该情形下的收益最大。

由图 3-2 可知使得当 $q > \bar{q}$ 时，始终实施消费信贷政策会改善零售商的收益。因为 $q > \bar{q}$ 时，固定成本 $K = 500 \leqslant \beta(r-b)\lambda T$，所以在此库存区间上有 $\Pi_M^{GSE} - \Pi_M^{G\bar{SE}} > 0$ 零售商选择始终实施消费信贷政策，验证了命题 3.1 的结论。当 $q \leqslant \underline{q}$ 时，零售商应始终不实施消费信贷政策，验证了命题 3.2。同时，在当 $\underline{q} < q < \bar{q}$ 且 $K = 0$ 时，零售商会在销售周期某刻起实施消费信贷政策，验证了命题 3.4。命题 3.5 同理可验证。

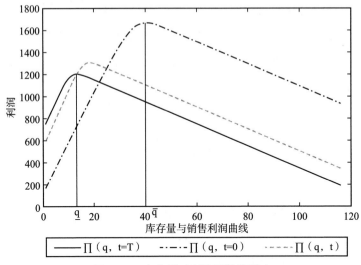

图 3-2　库存量对利润函数的影响

# 3.5　本章小结

在市场经济下，企业实施消费信贷政策能有效地提高顾客购买产品的概率，增大产品的市场销量，但为此支付的成本可能会降低自身收益。因此，合理地实施消费信贷政策将改善零售企业收益，同时，也为购买力不足或感知价值偏低的消费者提供购买机会。本章以实施消费信贷政策的固定成本、期初库存量、销售周期及单位顾客补贴为关键指标，研究零售商实施消费信贷政策的条件及具体的信贷补贴水平。研究表明：（1）在面对复合泊松需求和自身库存约束时，消费信贷政策的实施与否与固定成本、期初库存量及销售周期有关。（2）零售商在始终实施消费信贷政策时的最优单笔信贷补贴存在两种情形。（3）若不存在固定成本且库存合理，则零售商会将销售周期分为不实施和实施消费信贷两个阶段进行销售。

然而本章存在一些不足之处：在基本假设中本书考虑零售商为风险中性，但在实践中零售企业往往具有风险态度，零售商的风险态度将会影响消费信贷政策的实施。除此之外，本书也没有关注多零售商共同销售会对各自实施消费信贷政策有何影响，这些问题值得在今后的研究中深入分析。

# 第4章

## 确定性独立需求下零售商与金融机构协调

## 4.1 引 言

发展消费信贷宏观上可扩大内需、促进消费和产业结构升级，微观上可提高企业的产品销量、增加金融企业的创利渠道及改善消费者的生活品质，为此国务院于 2012 年发布的《国内贸易发展"十二五"规划》中明确提出了要大力发展消费信贷。消费信贷可分为卖方消费信贷和买方消费信贷，其中卖方消费信贷是指零售商与金融企业（包括商业金融企业和消费金融公司）合作开展的允许消费者通过分期付款的形式购买商品，先由金融企业向零售商放款，再由消费者分期偿还所借贷款的信贷销售模式。在欧美日韩等发达国家，卖方消费信贷销售模式已在汽车、家电和电子产品等众多行业中非常普及，而在国内也有越来越多的企业开始重视或已经采用该销售模式。[①] 随着国内经济的较快增长、法律法规和社会信用体系的不断完善、人们消费观念的转变以及信用卡的广泛普及，卖方消费信贷已逐渐成为零售商

---

① 《国务院办公厅关于印发国内贸易发展"十二五"规划的通知》。

和金融企业扩大盈利渠道的新的利器。

国内外有关消费信贷的大多数研究文献都是从社会经济运行的宏观层面和金融企业风险管理角度来开展研究的（Brady，2008；Xu and Liu，2006；蔡明超和费一文，2007），而研究销售企业与金融企业如何合作开展消费信贷的学术性文献尚未见报道。通过检索"中国知网""Elsevier Science Direct""Google 学术搜索"等数据库和搜索引擎所得到的结果有效地验证了上述观点。现实中，开展消费信贷合作的零售商和金融企业常常需要面临有关利率、账户管理费用、服务水平等管理决策问题，本章拟在深入分析卖方消费信贷特点的基础上，通过建立相关定量分析模型以指导上述企业如何在分散决策的情形下做出最优决策，并提出可实现两企业互利共赢的收益共享契约。因此本章的研究具有较重要的实践意义。

收益共享契约是一种被广为研究的供应链协调合同，并在录像带租赁等行业得到了广泛应用。詹诺卡罗和蓬特兰多尔福（Giannoccaro and Pontrandolfo，2004）、波等（Bo et al.，2010）研究了多级供应链的收益共享机制。卡雄和拉里维埃（Cachon and Lariviere，2005）系统地阐释了收益共享契约在供应链协调中的产生背景、发展现状及基本模型，并将之与其他几种契约做了深入的比较分析，指出了收益共享契约的长处和局限。姚等（Yao et al.，2008）研究了由一个制造商与两个竞争性零售商构成的两级供应链的收益共享契约。库拉马斯（Koulamas，2006）研究了由单个制造商和单个零售商组成的渠道的收益共享协调契约。徐广业等（2010）研究了包含一个制造商和一个零售商的电子直销渠道和传统渠道双渠道的改进收益共享契约。李绩才等（2013）研究了零售商损失厌恶情形下一对多型两级供应链的收益共享契约。林强等（2011）研究了随机需求下考虑风险规避行为的单供应商—单零售商供应链系统的收益共享契约模型。与以上文献研究供应链中各节点企业之间的收益共享协调契约不同，本章主要研究单个零售商—单个金融企业间的收益共享契约机制。

## 4.2　问题描述与假设

本章主要研究单个零售商和单个金融企业合作开展卖方消费信贷下的利润最优化决策问题，假定金融企业是主导方，零售商是随从方，两者完全理性且信息是完全对称的。在合作之初，零售商和金融企业共同商定卖方消费信贷下消费者的分期还款方式，如还款周期和还款期数；为消费者办理消费信贷手续、资信审查和账户管理等相关成本假定由金融企业承担；金融企业向办理消费信贷的消费者收取利息和管理费用，不失一般性，本书将还款周期内收取的总的利息和账户管理费用之和与产品售价的比值称为利费率；一般而言，信贷消费的市场需求一方面受利费率的影响，另一方面还受消费信贷办理过程中金融企业服务水平（即便捷性）的影响；零售商可从因实施消费信贷而增加的产品销量中获利，为此可通过向办理消费信贷的消费者提供一定数额的利费补贴以降低金融企业收取的利费率，从而提高信贷消费的市场需求。

假设 4.1：市场的信贷需求与正常需求是互相独立的，也就是说开展卖方消费信贷只会吸引那些存在购买能力限制的中低收入消费者，而无购买能力限制的高收入者会选择一次性全额付款。

该假设的目的是为避免考虑正常需求向信贷需求相互转移的现象，从而简化卖方消费信贷下零售商的利润最优化决策行为。由于相比一次性全额付款，消费信贷需要消费者额外付出利息和管理费用，作为理性的无购买能力限制的消费者一般会选择前者，因此该假设是较为合理的。

假设 4.2：产品的市场销售价格 p 是外生变量，且在一定时间内保持平稳。

该假设的目的是为避免价格的急剧变动对信贷需求产生不必要的影响，而在现实中该假设的情形也比较普遍，比如许多汽车、家电品牌的价格在一定时间内（如一两年）总体而言是较稳定的。

假设 4.3：信贷消费的市场需求量（q）与消费者支付的利费率（$r_R$）

存在线性关系，而消费信贷办理过程中金融企业的服务水平（s）对 q 存在乘数效应，则有 q = s(a − br_R)，其中 a 和 b 为大于零的常数。

令 r_F 表示由金融企业制定的利费率，如果 r_F > r_R，则（r_F − r_R）p 表示零售商给予信贷消费者的单位产品补贴额，如果 r_F < r_R，则（r_F − r_R）p 可理解为零售商向信贷消费者收取的每信贷消费单位产品的中介费用。因此，r_R 可看成是零售商的一个决策变量。

假设 4.4：金融企业提高消费信贷办理服务水平的服务成本函数为 $\frac{1}{2}es^2$，其中 e 为大于零的常数。该函数说明随着信贷办理服务水平的提高，金融企业的服务成本会越来越高，且服务的边际成本是递增的。

假设 4.5：不存在消费者信用风险，信贷消费者会按时向金融企业足额偿还贷款。

最后，令零售商销售的单位产品成本为 $c_R$，金融企业提供消费信贷服务的单位消费成本为 $c_F$；本章中下标"R"代表零售商，下标"F"代表金融企业，上标"D"代表分散决策，上、下标"C"代表集中决策，上标"RS"代表收益共享协调契约，上标"＊"代表最优。

# 4.3 基本决策模型

## 4.3.1 分散决策模型

根据前面对卖方消费信贷问题的描述和相关假设，在分散决策情形下，零售商和金融企业有以下主从博弈决策过程：金融企业先行决定利费率 $r_F$ 和 s 的大小，然后零售商对 $r_R$ 的大小进行决策。分散决策情况下零售商和金融企业的利润函数 $\Pi_R^D$、$\Pi_F^D$ 分别如下所示：

$$\Pi_R^D = [p(1 + r_R - r_F) - c_R][s(a - br_R)] \tag{4-1}$$

$$\Pi_F^D = (pr_F - c_F)[s(a - br_R)] - \frac{1}{2}es^2 \tag{4-2}$$

通过主从对策原理对式（4-1）、式（4-2）进行求解，可以得到以下最优解：

$$r_R^{D*} = \frac{3ap - (p - c_R - c_F)b}{4bp} \qquad (4-3)$$

$$r_F^{D*} = \frac{ap + (p - c_R + c_F)b}{2bp} \qquad (4-4)$$

$$s^{D*} = \frac{[ap + (p - c_R - c_F)b]^2}{8bpe} \qquad (4-5)$$

将式（4-3）、式（4-4）和式（4-5）分别代入式（4-1）、式（4-2）并化简，可得分散决策情形下零售商和金融企业两者的最优利润相等，如下所示：

$$\Pi_R^{D*} = \Pi_F^{D*} = \frac{[ap + (p - c_R - c_F)b]^4}{128b^2p^2e} \qquad (4-6)$$

### 4.3.2　集中决策模型

在集中决策情况下，利费率 $r_R$、$r_F$ 合二为一，用 $r_C$ 来表示消费者最终需要支付的利费率，则系统的整体利润函数 $\Pi^C$ 如式（4-7）所示：

$$\Pi^C = [p(1 + r_C) - c_R - c_F][s(a - br_C)] - \frac{1}{2}es^2 \qquad (4-7)$$

由式（4-7）易判断，系统整体利润 $\Pi^C$ 是关于 $r_C$ 和服务水平 s 的二元凹函数，因此，通过一阶条件求解可得到以下最优解：

$$r^{C*} = \frac{ap - (p - c_R - c_F)b}{2bp} \qquad (4-8)$$

$$s^{C*} = \frac{[ap + (p - c_R - c_F)b]^2}{4bpe} \qquad (4-9)$$

将式（4-8）、式（4-9）代入式（4-7）并化简，可得系统整体最优利润 $\Pi^{C*}$ 如式（4-10）所示：

$$\Pi^C = \frac{[ap + (p - c_R - c_F)b]^4}{32b^2p^2e} \qquad (4-10)$$

性质 4.1：$r^{C^*} < r_R^{D^*}$，$r^{C^*} < r_F^{D^*}$；$s^{C^*} = 2s^{D^*}$；$\Pi^{C^*} = 2(\Pi_R^{D^*} + \Pi_F^{D^*})$。

证明（略）。

由性质 4.1 易知，集中决策下信贷消费者支付的利费率 $r^{C^*}$ 同时低于分散决策下信贷消费者支付的利费率 $r_R^{D^*}$ 和金融企业制定的利费率 $r_F^{D^*}$；集中决策下提供的信贷办理服务水平 $s^{C^*}$ 是分散决策下服务水平 $s^{D^*}$ 的两倍。另外，集中决策下系统整体利润 $\Pi^{C^*}$ 是分散决策下系统整体利润（$\Pi_R^{D^*}$ + $\Pi_F^{D^*}$）的两倍。以上充分说明了集中决策下的社会福利比分散决策下的社会福利要高，相比前者，后者是无效率的。因此，下文将提出一种收益共享契约以实现社会福利的增加及零售商利润与金融企业利润的帕累托改进。

## 4.4　考虑独立需求的收益共享契约协调模型

零售商和金融企业开展卖方消费信贷合作之后，零售商为了激励金融企业提高消费信贷办理的服务水平，将分享因消费信贷所带来收益的 $1 - \lambda_1$ 给金融企业，其中 $0 \leqslant \lambda_1 \leqslant 1$；而金融企业为了激励零售商向信贷消费者提供更多的补贴以降低消费者最终支付的利费率 $r_R$，也将分享因信贷消费所带来收益的 $1 - \lambda_2$ 给零售商，其中 $0 \leqslant \lambda_2 \leqslant 1$。在收益共享契约下，零售商和金融企业的利润函数 $\Pi_R^{RS}$、$\Pi_F^{RS}$ 分别如下所示：

$$\Pi_R^{RS} = [p\lambda_1(1 + r_R - r_F) + (1 - \lambda_2)r_F - c_R][s(a - br_R)] \qquad (4-11)$$

$$\Pi_F^{RS} = \{p[\lambda_2 r_F + (1 - \lambda_1)(1 + r_R - r_F)] - c_F\}[s(a - br_R)] - \frac{1}{2}es^2$$

$$(4-12)$$

当 $\lambda_1 = 1$ 和 $\lambda_2 = 1$ 时，上述收益共享契约模型退化为分散决策模型。通过主从对策原理对式（4-11）、式（4-12）求解，可以得到以下最优解：

$$r_R^{RS^*} = \frac{(1 + 2\lambda_1)ap - (p - c_R - c_F)b}{2(1 + \lambda_1)bp} \qquad (4-13)$$

$$r_F^{RS^*} = \frac{\lambda_1^2 ap + (\lambda_1^2 p - c_R + \lambda_1 c_F)b}{(1 + \lambda_1)(\lambda_1 + \lambda_2 - 1)bp} \qquad (4-14)$$

$$s^{RS^*} = \frac{\left[ap + (p - c_R - c_F)b\right]^2}{4(1 + \lambda_1)bpe} \tag{4-15}$$

将式（4-13）、式（4-14）和式（4-15）分别代入式（4-11）、式（4-12）并化简，可得收益共享契约下零售商和金融企业两者的最优利润和系统整体最优利润，分别如下所示：

$$\Pi_R^{RS^*} = \frac{\lambda_1 \left[ap + (p - c_R - c_F)b\right]^4}{16(1 + \lambda_1)^3 b^2 p^2 e} \tag{4-16}$$

$$\Pi_F^{RS^*} = \frac{\lambda_1 \left[ap + (p - c_R - c_F)b\right]^4}{32(1 + \lambda_1)^2 b^2 p^2 e} \tag{4-17}$$

$$\Pi^{RS^*} = \frac{(1 + 3\lambda_1) \left[ap + (p - c_R - c_F)b\right]^4}{32(1 + \lambda_1)^3 b^2 p^2 e} \tag{4-18}$$

由式（4-13）~式（4-18）可知，在收益共享契约下，消费者支付的最优利费率 $r_R^{RS^*}$、服务水平 $s^{RS^*}$、零售商的最优利润 $\Pi_R^{RS^*}$、金融企业的最优利润 $\Pi_F^{RS^*}$ 和系统整体利润 $\Pi^{RS^*}$ 只与契约参数 $\lambda_1$ 有关，而与契约参数 $\lambda_2$ 无关。金融企业制定的最优利费率 $r_F^{RS^*}$ 同时与契约参数 $\lambda_1$ 和 $\lambda_2$ 有关，且当 $\forall \lambda_1 \in [0, 1]$ 时，$\exists \lambda_2 \in [0, 1]$ 使得 $r_F^{RS^*}$ 的取值较为合理（即不为负数或异常大的数）。事实上，$r_F^{RS^*}$ 的取值对收益共享契约下零售商和金融企业的最优利润没有影响。

性质 4.2：当 $\lambda_1 \in [0, 1]$ 时，$r_R^{RS^*}$ 关于 $\lambda_1$ 单调递增，$s^{RS^*}$、$\Pi_F^{RS^*}$ 和 $\Pi^{RS^*}$ 关于 $\lambda_1$ 单调递减；当 $\lambda_1 \in [0, 0.5]$ 时，$\Pi_R^{RS^*}$ 关于 $\lambda_1$ 单调递增，当 $\lambda_1 \in [0.5, 1]$ 时，$\Pi_R^{RS^*}$ 关于 $\lambda_1$ 单调递减，当 $\lambda_1 = 0.5$ 时，$\Pi_R^{RS^*}$ 取得最大值。

证明（略）。

由性质 4.2 易知，零售商将自身收益向金融企业分享的比例 $(1 - \lambda_1)$ 越大，信贷消费者支付的利费率则越低，而服务水平、金融企业的利润及系统整体利润则越高。当零售商将一半的收益分享给金融企业时，自身可获得最大利润；当分享给金融企业的比例低于一半时，则分享比例越大，自身获利越多；当分享给金融企业的比例高于一半时，则分享比例越大，自身获利越少。

命题 4.1：在收益共享契约下，社会福利随着收益分享系数的 $(1-\lambda_1)$ 增大而增大。

证明：社会福利等于生产者剩余和消费者剩余之和。在本章中，生产者剩余是指零售商和金融企业的利润之和，即系统整体利润；消费者剩余是指消费者通过信贷消费所获得的效用减去所支付的成本。在卖方消费信贷模式下，消费者总效用与服务水平（s）正相关；消费者支付的总成本与利费率（$r_R$）正相关。由性质 4.2 易知，在收益共享契约下，当收益分享系数 $(1-\lambda_1)$ 逐渐增大时，系统整体利润 $\Pi^{RS^*}$、服务水平（$s^{RS^*}$）逐渐增大，而利费率（$r_R^{RS^*}$）逐渐减小。由此得出，生产者剩余和消费者剩余同时随着收益分享系数 $(1-\lambda_1)$ 的增大而增大。（证毕）

由命题 4.1 易知，从增加社会福利的角度而言，应该尽量鼓励零售商提高其收益分享比例。

命题 4.2：当 $\lambda_1 \in [\sqrt{5}-2, 1)$ 时，收益共享契约可实现零售商和金融企业两者利润的帕累托改进。

证明：根据性质 4.2 可知，当 $\lambda_1 \in [0, 1]$ 时，$\Pi_F^{RS^*}(\lambda_1) > \Pi_F^{RS^*}(\lambda_1 = 1) = \Pi_F^{D^*}$。所以，当 $\lambda_1 \in [\sqrt{5}-2, 1)$ 时，金融企业在收益共享契约下的最优利润始终大于分散决策时的最优利润。因此要证明命题 4.2，只需证明当 $\lambda_1$ 满足约束条件：$\Pi_R^{RS^*}(\lambda_1) \geqslant \Pi_R^{D^*}$，然后对该约束条件进行求解和化简，可得 $\sqrt{5}-2 \leqslant \lambda_1 \leqslant 1$，且 $\Pi_R^{RS^*}(\lambda_1) > \Pi_R^{RS^*}(\lambda_1 = \sqrt{5}-2) = \Pi_R^{D^*}$。综上可知，当 $\lambda_1 \in [\sqrt{5}-2, 1)$ 时，收益共享契约可实现零售商和金融企业两者利润的帕累托改进。（证毕）

命题 4.3：当 $\lambda_1 = 0$ 且 $\frac{1}{4} \leqslant \theta \leqslant \frac{3}{4}$ 时，通过调整收益共享契约可实现零售商和金融企业之间的完美共赢协调。其中 $\theta$ 为调整收益共享契约的参数，它同时满足以下两个不等式：$\Pi_R^{RS^*}(\lambda_1 = 0) + (1-\theta)\Pi_F^{RS^*}(\lambda_1 = 0) \geqslant \Pi_R^{D^*}$ 和 $\theta\Pi_F^{RS^*}(\lambda_1 = 0) \geqslant \Pi_F^{D^*}$。

证明（略）。

在命题 4.3 中，$1-\theta$ 是指金融企业将自身利润分享给零售商的比例系数，其大小主要取决于零售商和金融企业各自的谈判能力。

## 4.5　数　值　分　析

下面将进一步通过数值分析来验证以上所提出模型的有效性：

假设产品的销售价格 $p=10$，信贷消费需求函数 $q=s(50-80r_R)$，金融企业提高消费信贷办理服务水平的服务成本函数为 $15s^2$，零售商通过消费信贷销售的单位产品成本为 $c_R=5$，金融企业提供消费信贷服务的单位服务成本为 $c_F=1$。将以上参数和函数分别代入分散决策模型、集中决策模型及收益共享契约模型并求解，可得到以下结论：

在分散决策模式下，消费者支付的利费率为 $r_R^{D^*}=0.3688$，金融企业制定的利费率为 $r_F^{D^*}=0.6125$，即零售商向信贷消费者的单位产品补贴的利费率差额 $r_F^{D^*}-r_R^{D^*}=0.2437$，金融企业提供的信贷办理服务的服务水平为 $s^{D^*}=3.5021$，此时零售商和金融企业可获得最大利润都为 $\Pi_R^{D^*}=\Pi_F^{D^*}=183.9688$，系统整体利润为 $\Pi^{D^*}=367.9376$。

在集中决策模式下，消费者支付的利费率为 $r^{C^*}=0.1125$，信贷办理服务的服务水平为 $s^{C^*}=7.0042$，此时系统整体利润为 $\Pi^{C^*}=735.8753$。

在收益共享契约下，当契约参数 $\lambda_1$ 以 0.1 为间隔在 0～1 之间取不同的值时，通过 Matlab 软件可计算出如表 4-1 所示的最优决策结果。由于契约参数 $\lambda_2$ 仅对最优决策 $r_F^{RS^*}$ 有影响，而对其他最优决策无影响，因此在表 4-1 中 $\lambda_2$ 的取值是在保证 $r_F^{RS^*}$ 取值合理性的基础上酌情给定。事实上，$r_F^{RS^*}$ 的取值对收益共享契约下零售商和金融企业的最优利润没有影响。其中，$\Delta\Pi_R^{RS,D}=\Pi_R^{RS^*}-\Pi_R^{D^*}$，$\Delta\Pi_F^{RS,D}=\Pi_F^{RS^*}-\Pi_F^{D^*}$，$\Delta\Pi^{RS,D}=\Pi^{RS^*}-\Pi^{D^*}$，$\Delta\Pi^{RS,C}=\Pi^{RS^*}-\Pi^{C^*}$。

表 4-1 不同契约参数 $\lambda_1$ 下的最优决策

| $\lambda_1$ | $\lambda_2$ | $r_R^{RS*}$ | $r_F^{RS*}$ | $s^{RS*}$ | $\Pi_R^{RS*}$ | $\Pi_F^{RS*}$ | $\Pi^{RS*}$ | $\Delta\Pi_R^{RS,D}$ | $\Delta\Pi_F^{RS,D}$ | $\Delta\Pi^{RS,D}$ | $\Delta\Pi^{RS,C}$ |
|---|---|---|---|---|---|---|---|---|---|---|---|
| 1.0 | 1.00 | 0.3688 | 0.6125 | 3.5021 | 183.9688 | 183.9688 | 367.9376 | 0 | 0 | 0 | -367.9377 |
| 0.9 | 0.90 | 0.3553 | 0.5962 | 3.6864 | 193.1150 | 203.8436 | 396.9586 | 9.1462 | 19.8748 | 29.0210 | -338.9167 |
| 0.8 | 0.80 | 0.3403 | 0.5741 | 3.8912 | 201.8862 | 227.1220 | 429.0082 | 17.9174 | 43.1532 | 61.0706 | -306.8671 |
| 0.7 | 0.70 | 0.3235 | 0.5386 | 4.1201 | 209.6937 | 254.6281 | 464.3218 | 25.7249 | 70.6593 | 96.3842 | -271.5535 |
| 0.6 | 0.60 | 0.3047 | 0.4531 | 4.3776 | 215.5885 | 287.4513 | 503.0398 | 31.6197 | 103.4825 | 135.1022 | -232.8355 |
| 0.5 | 0.43 | 0.2833 | 0.4167 | 4.6694 | 218.0371 | 327.0557 | 545.0928 | 34.0683 | 143.0869 | 177.1552 | -190.7825 |
| 0.4 | 0.25 | 0.2589 | 0.4082 | 5.0030 | 214.5409 | 375.4466 | 589.9875 | 30.5721 | 191.4778 | 222.0499 | -145.8878 |
| 0.3 | 0.05 | 0.2308 | 0.3831 | 5.3878 | 200.9673 | 435.4291 | 636.3964 | 16.9985 | 251.4603 | 268.4588 | -99.4789 |
| 0.2 | 0 | 0.1979 | 0.4323 | 5.8368 | 170.3415 | 511.0245 | 681.3660 | -13.6273 | 327.0557 | 313.4284 | -54.5093 |
| 0.1 | 0 | 0.1591 | 0.4785 | 6.3674 | 110.5748 | 608.1614 | 718.7362 | -73.3940 | 424.1926 | 350.7986 | -17.1391 |
| 0 | 0 | 0.1125 | 0.5000 | 7.0042 | 0 | 735.8753 | 735.8753 | -183.9688 | 551.9065 | 367.9377 | 0 |

由表 4 - 1 可知，随着 $\lambda_1$ 的减小（或随着 $1-\lambda_1$ 的增大），消费者支付的利费率 $r_R^{RS^*}$ 逐渐减小，而服务水平 $s^{RS^*}$、金融企业利润 $\Pi_F^{RS^*}$ 及系统整体利润 $\Pi^{RS^*}$ 逐渐增大。当 $\lambda_1 \in [0, 0.5)$ 时，零售商利润 $\Pi_R^{RS^*}$ 关于 $\lambda_1$ 单调递增，当 $\lambda_1 \in [0.5, 1]$ 时，$\Pi_R^{RS^*}$ 关于 $\lambda_1$ 单调递减，当 $\lambda_1 = 0.5$ 时，零售商利润 $\Pi_R^{RS^*}$ 取得最大值为 218.0371。当 $\lambda_1 \in [0.3, 0.9]$，$\Delta\Pi_R^{RS,D} > 0$ 和 $\Delta\Pi_F^{RS,D} > 0$，说明收益共享契约能够实现零售商和金融企业两者利润的帕累托改进。当 $\lambda_1 = 0$ 时，金融企业的利润 $\Pi_F^{RS^*}$ 等于系统整体利润 $\Pi^{RS^*}$，它们都为 735.8753，此时说明实现了系统的完美协调。

为了更直观地说明契约参数 $\lambda_1$ 对零售商利润 $\Pi_R^{RS^*}$、金融企业利润 $\Pi_F^{RS^*}$ 及系统整体利润 $\Pi^{RS^*}$ 的影响，将进一步通过图 4 - 1 进行相关分析。

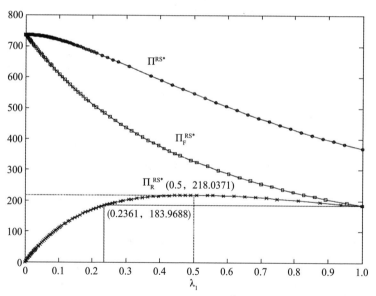

**图 4 - 1　契约参数 $\lambda_1$ 对零售商利润 $\Pi_R^{RS^*}$、金融企业利润 $\Pi_F^{RS^*}$**

**及系统整体利润 $\Pi^{RS^*}$ 的影响**

由图 4 - 1 可知，当 $\lambda_1 \in [0.2361, 1)$ 时（注：$\sqrt{5} - 2 \approx 0.2361$），收益共享契约实现了零售商和金融企业两者利润的帕累托改进。在不考虑对收益共享契约进行调整的情形下，$\lambda_1 \in [0.2361, 1)$ 满足激励相容原则，而 $\lambda_1$ 取值的确定主要取决于零售商和金融企业各自的谈判能力。也就是说，如果零售商的谈判能力较强，则可要求契约参数 $\lambda_1 = 0.5$，此时零售商可获得最大利润为 218.0371；反之，则金融企业可要求契约参数 $\lambda_1 = 0.2361$，此时金融企业可获得最大利润。在考虑对收益共享契约进行调整的情形下，当 $\lambda_1 = 0$ 时，可实现系统整体利润最大，且金融企业的利润 $\Pi_F^{RS*}$ 等于系统整体利润 $\Pi^{RS*}$，此时可通过进一步协商规定金融企业将自身利润的 $1 - \theta$ 分享给零售商，并使零售商以此获得的利润不少于分散决策时所获得的利润，则可实现零售商和金融企业之间的完美共赢协调，同样 $\theta$ 取值的确定也主要取决于零售商和金融企业各自的谈判能力。

# 4.6　本章小结

　　卖方消费信贷已逐渐成为像汽车、家电及电子产品等具有较高价值的消费品行业中一种重要的销售模式，零售商和金融企业合作开展卖方消费信贷可实现互利共赢的目标。

　　本章主要针对卖方消费信贷模式下金融企业关于利费率和服务水平的最优决策问题，以及零售商关于利费补贴的最优决策问题，研究了零售商和金融企业的分散决策模型、集中决策模型及收益共享契约模型。研究表明，本章所设计的收益共享契约不仅可以很好地实现零售商和金融企业双方利润的帕累托改进，而且在特定的条件下还可达成消费信贷系统的完美共赢协调。数值分析实例表明消费信贷系统的整体绩效得到了较大改善，零售商和金融企业实现了互利共赢的目标。

# 第5章

# 确定性需求单向转移的零售商与金融机构协调

## 5.1 引　言

　　由于信贷消费可以缓解消费者的短期经济压力及优化长期的各项消费活动，而现金消费可以使消费者避免支付较高昂的银行利息和账户管理等费用，因此根据消费者对信贷消费和现金消费的偏好的不同，可将产品销售市场区分为信贷消费市场和现金消费市场两个不同的子细分市场。在信用卡广为普及的今天，对于信贷消费子市场中的消费者而言，选择信贷消费方式还是现金消费方式主要取决于产品销售价格和利费率。在本章，利费率是指信贷消费单位产品在还款周期内产生的总利息和账户管理等费用之和与销售价格之比，它是由信贷消费者向银行支付的费用。当价格一定，利费率比较低时，消费者倾向于信贷消费；而当价格一定，利费率比较高时，消费者倾向于现金消费。也就是说，假定潜在的信贷消费需求规模和现金消费需求规模都一定的情况下，利费率的变动会引起信贷消费需求向现金消费需求转移的现象。在此情况下，研究零售商和银行关于利费率的决策和协调问题具有较重要的实践意义。下面将针对相关领域的研究现状展开论述。

当前国内外有关消费信贷的大多数研究文献都是从社会经济运行的宏观层面和金融企业风险管理的角度来开展研究的（Brady，2008；Xu and Liu，2006；蔡明超和费一文，2007），而研究销售企业与银行如何合作开展消费信贷的学术性文献尚未见报道。通过检索"中国知网""Elsevier Science Direct""Google 学术搜索"等数据库和搜索引擎所得到的结果有效地验证了以上观点。

## 5.2　问题描述与假设

本章研究由一个零售商和一个银行构成的消费信贷系统的最优决策和协调问题。假设银行处于主导地位，而零售商处于随从地位，两者风险中性、完全理性且信息完全对称。在合作开展消费信贷之初，零售商和银行共同商定消费信贷的还款周期和还款方式等，假设消费者办理消费信贷的业务及费用完全由银行承担，且银行独立决定消费信贷的利率和消费信贷账户的管理费用的多少，并将还款周期内的总利息和账户管理等费用之和与销售价格之比称为利费率，也就是说，利费率为银行的决策变量 $r_F$。在产品价格 p 一定的情况下，利费率是影响信贷消费需求的关键因素。零售商可通过满足信贷消费需求而获利，因而它会考虑向消费者提供利费补贴以降低消费者实际支付的利费率 $r_R$，从而进一步增加信贷消费需求量。$(r_F - r_R)p$ 可看成是零售商向信贷消费者信贷消费单位产品所提供的利费补贴额。不失一般性，$r_R$ 可看成是零售商的一个决策变量。

假设 5.1：产品价格 p 是外生变量，且在一定时间内保持平稳。

该假设的目的是为避免价格的急剧变动对信贷需求产生不必要的影响，而在现实中该假设的情形也比较普遍，如许多汽车、家电品牌的价格在一定时间内（如一两年）是较稳定的。

假设 5.2：在潜在的信贷消费需求规模和现金消费需求规模都一定的情况下，存在信贷消费需求向现金消费需求转移的现象；但由于信贷消费需要支付较高昂的利息和账户管理等费用，因此不存在现金消费需求向信贷消费需求转移的现象。并假设现金消费需求函数为 $q_1 = a_1 + b_1 r_R$，而信贷消费需求函数为 $q_2 = a_2 - b_2 r_R$，其中，$a_1 > 0$ 和 $a_2 > 0$ 分别表示现金消费和信贷消费的潜在需求量，$b_2 > 0$ 表示利费率的需求弹性系数，$b_1 > 0$ 表示利费率的需求转移系数，$b_2 - b_1 \geq 0$ 表示利费率变动引起的需求流失系数。

假设 5.3：不存在消费者信用风险，信贷消费者会按时向金融企业足额偿还贷款。

最后，令零售商销售的单位产品成本为 $c_R$，银行提供消费信贷服务的单位服务成本为 $c_F$；在本章中，下标"R"代表零售商，下标"F"代表银行，上标"D"代表分散决策，上、下标"C"代表集中决策，上标"RS"代表收益共享协调契约，上标"*"代表最优。

# 5.3　基本决策模型

## 5.3.1　分散决策模型

在分散决策的情形下，银行处于主导地位，而零售商处于随从地位，它们都以追求自身利润最大化为目标，两者有如下决策过程：银行先行决定利费率 $r_F$ 的大小，然后零售商通过制定合适的利费补贴政策最终确定 $r_R$ 的大小。分散决策情形下零售商和银行的利润函数 $\Pi_R^D$、$\Pi_F^D$ 分别如下所示：

$$\Pi_R^D = (p - c_R)(a_1 + b_1 r_R) + [p(1 + r_R - r_F) - c_R](a_2 - b_2 r_R) \quad (5-1)$$

$$\Pi_F^D = (pr_F - c_F)(a_2 - b_2 r_R) \quad (5-2)$$

应用主从博弈原理对式（5-1）、式（5-2）进行求解，可得最优解如式（5-3）、式（5-4）所示：

$$r_R^{D*} = \frac{3pa_2 - (b_2 - b_1)(p - c_R) + b_2 c_F}{4b_2 p} \quad (5-3)$$

$$r_F^{D*} = \frac{pa_2 + (b_2 - b_1)(p - c_R) + b_2 c_F}{2b_2 p} \quad (5-4)$$

命题 5.1：当 $-pa_2 + 3(b_2 - b_1)(p - c_R) + b_2 c_F \geq 0$ 时，$r_F^{D^*} \geq r_R^{D^*}$；否则，$r_F^{D^*} < r_R^{D^*}$。

证明（略）。

由命题 5.1 可知，当 $-pa_2 + 3(b_2 - b_1)(p - c_R) + b_2 c_F \geq 0$ 时，零售商应向消费者每信贷消费单位产品提供的利费补贴额为 $(r_F^{D^*} - r_R^{D^*})p$；否则，应向消费者每信贷消费单位产品收取中介费 $(r_R^{D^*} - r_F^{D^*})p$。

命题 5.2：$r_R^{D^*}$ 和 $r_F^{D^*}$ 分别关于需求流失系数 $b_2 - b_1$ 单调递减和单调递增。

证明（略）。

由命题 5.2 可知，随着需求流失系数 $b_2 - b_1$ 的增大，零售商需要增加向信贷消费者补贴的额度以降低消费者支付的利费率 $r_R^{D^*}$，这样可以避免或减少信贷消费需求不必要的流失；而随着需求流失系数 $b_2 - b_1$ 的增大，实际上会增大银行对零售商的讨价还价能力，因而银行制定的利费率 $r_F^{D^*}$ 会随着系数 $b_2 - b_1$ 的增大而增大。

## 5.3.2 集中决策模型

在集中决策的情形，利费率 $r_R$、$r_F$ 实际上合二为一，假定为 $r_C$。此时，消费信贷系统整体的利润函数 $\Pi^C$ 如下所示：

$$\Pi^C = (p - c_R)(a_1 + b_1 r_C) + [p(1 + r_C) - c_R - c_F](a_2 - b_2 r_C) \quad (5-5)$$

应用一阶条件对式（5-5）进行求解，可得最优解如式（5-6）所示：

$$r^{C^*} = \frac{pa_2 - (b_2 - b_1)(p - c_R) + b_2 c_F}{2 b_2 p} \quad (5-6)$$

由式（5-6）可知，在集中决策情形下，利费率 $r^{C^*}$ 随着需求流失系数 $b_2 - b_1$ 的增加而减小。通过比较式（5-6）和式（5-4）可知，$r^{C^*} < r_F^{D^*}$，即集中决策时制定的利费率 $r^{C^*}$ 比分散决策时银行制定的利费率 $r_F^{D^*}$ 要低。通过比较式（5-6）和式（5-3）可知，当 $pa_2 + (b_2 - b_1)(p - c_R) -$

$b_2 c_F > 0$ 时，$r^{C*} < r_R^{D*}$，即集中决策时制定的利费率 $r^{C*}$ 比分散决策时零售商制定的利费率 $r_F^{D*}$ 要低；否则，$r^{C*} \geqslant r_R^{D*}$。

现实中，在分散决策情形下，消费信贷系统的整体利润主要取决于 $r_R^{D*}$ 的大小，而与 $r_F^{D*}$ 无关。因此，唯有 $r_R^{D*} = r^{C*}$ 的时候 ［即 $pa_2 + (b_2 - b_1)(p - c_R) - b_2 c_F = 0$ 时］，分散决策时的系统利润才等于集中决策时的系统利润，即实现系统的协调。然而，在现实中往往 $r_R^{D*} \neq r^{C*}$，即不能实现系统的协调，因此分散决策相对集中决策是无效率的，需要进一步研究一种协调机制。

## 5.4　基于收益共享契约的协调模型

为了实现由零售商和银行组成的消费信贷系统的协调，本章提出了以下收益共享契约协调机制：零售商将因信贷消费所获得收益的 $1 - \lambda$ 分享给银行，而银行又将其收益的 $1 - \mu$ 分享给零售商，其中 $0 \leqslant \lambda$，$\mu \leqslant 1$。在收益共享契约下，零售商和银行的利润函数 $\Pi_R^{RS}$、$\Pi_F^{RS}$ 分别如下所示：

$$\Pi_R^{RS} = (p - c_R)(a_1 + b_1 r_R) + [\lambda p(1 + r_R - r_F) + (1 - \mu)pr_F - c_R](a_2 - b_2 r_R) \tag{5-7}$$

$$\Pi_F^{RS} = [\mu pr_F + (1 - \lambda)p(1 + r_R - r_F) - c_F](a_2 - b_2 r_R) \tag{5-8}$$

当 $\lambda$，$\mu = 1$ 时，收益共享契约模型退化为分散决策模型。仍然应用主从博弈决策原理求解式（5-7）、式（5-8），可得最优解如式（5-9）、式（5-10）所示：

$$r_R^{RS*} = \frac{(1 + 2\lambda)pa_2 - (b_2 - b_1)(p - c_R) + b_2 c_F}{2(1 + \lambda)b_2 p} \tag{5-9}$$

$$r_F^{RS*} = \frac{\lambda^2 pa_2 + (\lambda^2 b_2 - b_1)p - (b_2 - b_1)c_R + \lambda b_2 c_F}{(1 + \lambda)(\lambda + \mu - 1)b_2 p} \tag{5-10}$$

命题 5.3：当零售商将信贷消费的全部收益分享给银行（即 $\lambda = 0$）时，可实现消费信贷系统的协调。

证明：因为在收益共享契约下系统的整体利润主要取决于 $r_R^{RS^*}$，而与 $r_F^{RS^*}$ 无关，因此要使消费信贷系统实现协调，则只需满足等式 $r_R^{RS^*} = r^{C^*}$ 即可，并求解该等式即可得到 $\lambda = 0$。证毕。

通过将式（5-9）、式（5-10）分别代入式（5-7）、式（5-8）并化简之后，可得零售商的最优利润 $\Pi_R^{RS^*}$ 和银行的最优利润 $\Pi_F^{RS^*}$ 分别如下所示：

$$\Pi_R^{RS^*} = \frac{1}{4(1+\lambda)^2 b_2 p}\{4\lambda^2(b_2 a_1 + b_1 a_2)(p - c_R)p + \lambda[(b_2(p - $$
$$c_R - c_F) + a_2 p)^2 + (6b_1 a_2 p + 8b_2 a_1 p + 2b_1 b_2(c_R + c_F))$$
$$(p - c_R) + 2b_1(b_2 - b_1)pc_R - b_1(2b_2 - b_1)p^2 + b_1^2 c_R^2] +$$
$$4(b_2 a_1 + b_1 a_2)(p - c_R)p\} \tag{5-11}$$

$$\Pi_F^{RS^*} = \frac{[pa_2 + (b_2 - b_1)(p - c_R) - b_2 c_F]^2}{4(1+\lambda)b_2 p} \tag{5-12}$$

由式（5-11）、式（5-12）可知：在收益共享契约下，零售商的最优利润 $\Pi_R^{RS^*}$ 和银行的最优利润 $\Pi_F^{RS^*}$ 只与契约参数 $\lambda$ 有关，而与契约参数 $\mu$ 无关，但是契约参数 $\mu$ 的存在是合理的，因为这样可以保证当 $\lambda = 0$ 时最优解 $r_F^{RS^*}$ 的值为一个较合理的值而不是为无穷大；银行的最优利润 $\Pi_F^{RS^*}$ 关于 $\lambda$（或 $1-\lambda$）单调递减（或单调递增），也就是说，零售商向银行分享其收益的比例 $1-\lambda$ 越大，银行的利润则越大；但不能判断零售商的最优利润 $\Pi_R^{RS^*}$ 关于 $\lambda$ 的单调性。因此，为了达到实现消费信贷系统协调的同时使得零售商和银行的利润得到帕累托改进的目的，即实现系统的完美共赢协调，银行还应将其部分利润分享给零售商。

命题 5.4：在实现消费信贷系统的协调之后，银行将其部分利润 $\Delta$ 分享给零售商即可实现完美共赢协调。其中，$\Delta$ 满足以下两个不等式：$\Pi_R^{RS^*} + \Delta \geqslant \Pi_R^{D^*}$ 和 $\Pi_F^{RS^*} - \Delta > \Pi_F^{D^*}$。

其中，$\Delta$ 的具体取值主要取决于零售商和银行各自谈判能力的强弱。由命题 5.3 和命题 5.4 可知，单独的收益共享契约能够实现消费信贷系统的协调，但不能够实现完美共赢协调，故而需要在收益共享契约的基础上，对实现协调后的银行利润进行重新分配才能达到使零售商和银行互利共赢的目标。

# 5.5　数值分析

下面将通过数值分析方法验证前面所提出模型的有效性：

假设潜在的现金消费需求规模 $a_1$ 和信贷消费需求规模 $a_2$ 都为 200，产品的销售价格 $p=10$，利费率的需求弹性系数 $b_2=400$，利费率的需求转移系数 $b_1=100$，零售商销售的单位产品成本为 $c_R=5$，银行提供消费信贷服务的单位服务成本为 $c_F=1$。在考虑存在信贷消费需求向现金消费需求转移的情况下，现金消费需求函数为 $q_1=200+100r_R$，而信贷消费需求函数为 $q_2=200-400r_R$。将以上参数和需求函数分别代入分散决策模型、集中决策模型及收益共享契约协调模型并进行求解。

在分散决策情形下，求得银行制定的最优利费率为 $r_F^{D^*}=0.4875$，而零售商向消费者提供利费补贴之后的最优利费率 $r_R^{D^*}=0.3063$，因而消费者每信贷消费单位产品可获得的利费补贴额 $(r_F^{D^*}-r_R^{D^*})p$ 为 1.812。此时，零售商的最优利润 $\Pi_R^{D^*}$ 为 1400.1563，银行的最优利润 $\Pi_F^{D^*}$ 为 300.3125，消费信贷系统的总利润 $\Pi^{D^*}$ 为 1700.4688。

由命题 5.2 可知，需求流失系数 $b_2-b_1$ 对零售商和银行的最优决策会产生直接影响，为了分析需求流失系数 $b_2-b_1$ 的变动对最优决策 $r_R^{D^*}$、$r_F^{D^*}$ 及对零售商和银行最优利润 $\Pi_R^{D^*}$、$\Pi_F^{D^*}$ 的影响，下面假定其他参数保持不变，而需求转移系数 $b_1$ 在区间 $[0，b_2]$ 内连续变动，通过 Matlab 软件计算和作图，得到图 5-1 所示的最优决策 $r_F^{D^*}$、$r_R^{D^*}$ 与需求转移系数 $b_1$ 之间的关系，以及如图 5-2 所示的零售商和银行最优利润 $\Pi_R^{D^*}$、$\Pi_F^{D^*}$ 与需求转移系数 $b_1$ 之间的关系。

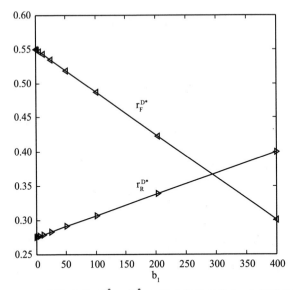

图 5-1  最优决策 $r_R^{D^*}$ 、$r_F^{D^*}$ 与需求转移系数 $b_1$ 之间的关系

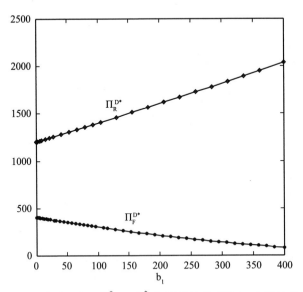

图 5-2  最优利润 $\Pi_R^{D^*}$ 、$\Pi_F^{D^*}$ 与需求转移系数 $b_1$ 之间的关系

由图 5-1、图 5-2 可知，零售商的最优决策 $r_R^{D^*}$ 和最优利润 $\Pi_R^{D^*}$ 随着需求转移系数 $b_1$ 的增大而增大，也就是说随着需求流失系数 $b_2 - b_1$ 的减小而增大；而银行的最优决策 $r_F^{D^*}$ 和最优利润 $\Pi_F^{D^*}$ 随着需求转移系数 $b_1$ 的增大而减小，也就是说随着需求流失系数 $b_2 - b_1$ 的减小而减小。当需求转移系数 $b_1 = 0$ 时，即需求流失系数 $b_2 - b_1 = 400$，零售商的最优决策 $r_R^{D^*} = 0.275$，最优利润 $\Pi_R^{D^*} = 1202.5$，银行的最优决策 $r_F^{D^*} = 0.55$，最优利润 $\Pi_F^{D^*} = 405$；当需求转移系数 $b_1 = 400$ 时，即需求流失系数 $b_2 - b_1 = 0$，零售商的最优决策 $r_R^{D^*} = 0.4$，最优利润 $\Pi_R^{D^*} = 2040$，银行的最优决策 $r_F^{D^*} = 0.3$，最优利润 $\Pi_F^{D^*} = 80$。

在下文中，仍然假定需求转移系数 $b_1 = 100$。在集中决策的情形下，求得消费信贷系统的最优利费率 $r^{C^*} = 0.1125$，系统的最优利润 $\Pi^{C^*} = 1850.625$。

在收益共享契约下，当契约参数 $\lambda$ 分别以 0.1 为间隔在 0~1 之间取值和连续取值时，通过 Matlab 软件可计算出如表 5-1 和图 5-3 所示的最优决策结果。由于契约参数 $\mu$ 仅对最优决策 $r_F^{RS^*}$ 有影响，而对其他最优决策无影响，因此在表 5-1 中 $\mu$ 的取值是在保证 $r_F^{RS^*}$ 取值合理性的基础上酌情给定。事实上，$r_F^{RS^*}$ 的取值对收益共享契约下零售商和银行的最优利润没有影响。其中，$\Delta\Pi_R^{RS,D} = \Pi_R^{RS^*} - \Pi_R^{D^*}$，$\Delta\Pi_F^{RS,D} = \Pi_F^{RS^*} - \Pi_F^{D^*}$，$\Delta\Pi^{RS,D} = \Pi^{RS^*} - \Pi^{D^*}$，$\Delta\Pi^{RS,C} = \Pi^{RS^*} - \Pi^{C^*}$。

由表 5-1 可知，随着契约参数 $\lambda$ 的减小，即随着零售商将信贷消费所得收益分享给银行的比例 $1 - \lambda$ 的增大，零售商的最优决策 $r_R^{RS^*}$ 和最优利润 $\Pi_R^{RS^*}$ 逐渐减小，银行的最优利润 $\Pi_F^{RS^*}$ 逐渐增加，收益共享契约下的系统整体利润 $\Pi^{RS^*}$ 也逐渐增加，以上关系如图 5-3 所示。当零售商将信贷消费的全部收益分享给银行（即 $\lambda = 0$）时，收益共享契约下的系统整体利润 $\Pi^{RS^*}$ 等于集中决策时的系统利润，即实现了消费信贷系统的协调。

表 5 - 1　不同契约参数 λ 下的最优决策

| λ | μ | $r_R^{RS*}$ | $r_F^{RS*}$ | $\Pi_R^{RS*}$ | $\Pi_F^{RS*}$ | $\Pi^{RS*}$ | $\Delta\Pi_R^{RS,D}$ | $\Delta\Pi_F^{RS,D}$ | $\Delta\Pi^{RS,D}$ | $\Delta\Pi^{RS,C}$ |
|---|---|---|---|---|---|---|---|---|---|---|
| 1.0 | 1.00 | 0.3063 | 0.4875 | 1400.1563 | 300.3125 | 1700.4688 | 0 | 0 | 0 | -150.1562 |
| 0.9 | 0.90 | 0.2961 | 0.4474 | 1399.7403 | 316.1184 | 1715.8587 | -0.4160 | 15.8059 | 15.3899 | -134.7663 |
| 0.8 | 0.80 | 0.2847 | 0.3843 | 1398.3025 | 333.6806 | 1731.9831 | -1.8538 | 33.3681 | 31.5143 | -118.6419 |
| 0.7 | 0.60 | 0.2721 | 0.3529 | 1395.4801 | 353.3088 | 1748.7889 | -4.6762 | 52.9963 | 48.3201 | -101.8361 |
| 0.6 | 0.35 | 0.2578 | 0.3125 | 1390.7715 | 375.3906 | 1766.1621 | -9.3848 | 75.0781 | 65.6933 | -84.4629 |
| 0.5 | 0.10 | 0.2417 | 0.3333 | 1383.4722 | 400.4167 | 1783.8889 | -16.6841 | 100.1042 | 83.4201 | -66.7361 |
| 0.4 | 0.25 | 0.2232 | 0.4107 | 1372.5765 | 429.0179 | 1801.5944 | -27.5798 | 128.7054 | 101.1256 | -49.0306 |
| 0.3 | 0.05 | 0.2019 | 0.5055 | 1356.6198 | 462.0192 | 1818.6390 | -43.5365 | 161.7067 | 118.1702 | -31.9860 |
| 0.2 | 0 | 0.1771 | 0.5677 | 1333.4201 | 500.5208 | 1833.9409 | -66.7362 | 200.2083 | 133.4721 | -16.6841 |
| 0.1 | 0 | 0.1477 | 0.6061 | 1299.6384 | 546.0227 | 1845.6611 | -100.5179 | 245.7102 | 145.1923 | -4.9639 |
| 0 | 0 | 0.1125 | 0.6250 | 1250.0000 | 600.6250 | 1850.6250 | -150.1563 | 300.3125 | 150.1562 | 0 |

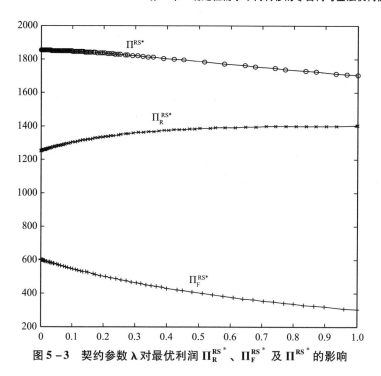

图 5-3 契约参数 λ 对最优利润 $\Pi_R^{RS*}$、$\Pi_F^{RS*}$ 及 $\Pi^{RS*}$ 的影响

相比分散决策，收益共享协调契约下，零售商的利润减少 150.1563，而银行的利润增加 300.3125，系统的整体利润增加 150.1562，系统效益提高了 8.83%。为了促使零售商接受收益共享协调契约，必须保证其利润不低于分散决策时的利润，因此银行还需将其部分利润 Δ 分享给零售商以实现完美共赢协调，其中，150.1563 ≤ Δ < 300.3125，Δ 的具体取值主要取决于零售商和银行各自谈判能力的强弱。

## 5.6 本章小结

随着国内信用卡的普及，信贷消费已逐渐成为一种潮流，对销售企业和银行而言这意味着巨大的商机，也有越来越多的零售商和银行合作开展消费信贷业务。本章主要针对利费率的变动会引起信贷消费需求向现金消费需求转移的现象，研究了零售商和银行关于利费率的决策与协调问题，研究了零售商和银行的分散决策、集中决策及基于收益共享契约决策情形下的最优决策行为。研究表明，在分散决策情形下，银行制定的利费率和零售商提供的利费补贴会随着需求流失系数的增大而增大，而信贷消费者实际支付的利费率会随着需求流失系数的增大而减小；收益共享契约可实现信贷消费系统的协调，但需要银行进一步将协调后的部分利润分享给零售商才能实现系统的完美共赢协调。数值分析实例很好地验证了零售商和银行的决策行为，并表明消费信贷系统的整体绩效得到了较大改善，零售商和金融企业实现了互利共赢的目标。

# 第6章

# 确定性需求双向转移的零售商
# 与金融机构协调

## 6.1 引　言

关于需求相互转移的研究主要包括以下两篇文献：罗利等（2006）针对易逝性产品中新产品对老产品的需求相互转移作用，运用收入管理方法来对老产品的最优定价策略进行了研究。孙庆文等（2012）研究了衰退期产品现销与赊销间的需求相互转移现象，提出了需求相互转移率的概念，并建立了针对单个企业的赊销决策优化模型。以上两篇文献主要研究了需求相互转移现象对单个企业的最优经营决策的影响，而本章主要针对信贷消费需求与现款消费需求相互转移的情形下，研究零售商和银行两者的决策行为及其协调问题。

## 6.2 问题描述与假设

本章延续第 5 章的研究，将需求单项转移的情形拓展为需求双向转移的情形，并延用假设 5.1、假设 5.2，而针对需求双向转移的情形补充假设如下：

假设 6.1：在潜在的信贷消费需求规模和现款消费需求规模都一定的情况下，存在信贷消费需求与现款消费需求相互转移的现象。本章中，假设市场需求一方面受信贷消费利费率的影响，另一方面还受现款消费折扣的影响，并假设现款消费需求函数为 $q_1 = a_1 - \alpha_1 s + \beta_1 r_R$，而信贷消费需求函数为 $q_2 = a_2 - \beta_2 r_R + \alpha_2 s$，其中，$0 < s \leq 1$ 表示零售商采用现款消费渠道时对商品所打的折扣，在现款渠道中，产品价格的折扣越低，消费者的实际购买价格就越低，从而该渠道的市场需求量 $q_1$ 就越高；$r_R$ 表示零售商采用消费信贷渠道时向消费者提供利费补贴以降低消费者实际支付的利费率；$a_1 > 0$ 和 $a_2 > 0$ 分别表示现款消费和信贷消费的潜在需求量；$\alpha_1 > 0$，$\alpha_2 > 0$ 表示折扣的弹性系数；$\beta_1 > 0$，$\beta_2 > 0$ 表示利费率的弹性系数；$\alpha_1 - \alpha_2 > 0$ 表示由于折扣变动而引起的需求流失系数，$\beta_2 - \beta_1 > 0$ 表示由于利费率变动而引起的需求流失系数。

最后，令零售商销售的单位产品成本为 $c_R$，银行提供消费信贷服务的单位消费成本为 $c_F$；本章中下标"R"代表零售商，下标"F"代表银行，上标"D"代表分散决策，上、下标"C"代表集中决策，上标"RS"代表收益共享协调契约，上标"*"代表最优。

# 6.3 基本决策模型

## 6.3.1 分散决策模型

在分散决策的情形下，银行处于主导地位，而零售商处于随从地位，它们都以追求自身利润最大化为目标，两者有如下决策过程：银行先行决定利费率 $r_F$ 的大小，然后零售商通过制定合适的利费补贴政策确定最优的 $r_R$。分散决策情况下零售商和银行的利润函数 $\Pi_R^D$、$\Pi_F^D$ 分别如下所示：

$$\Pi_R^D = (ps - c_R)q_1 + [p(1 + r_R - r_F) - c_R]q_2$$
$$= (ps - c_R)(a_1 - \alpha_1 s + \beta_2 r_R) +$$
$$[p(1 + r_R - r_F) - c_R](a_2 - \beta_2 r_R + \alpha_2 s) \qquad (6-1)$$

当 $s > 1 + r_R - r_F$ 且 $q_1 > q_2$ 时，零售商从现款消费业务中获得的利润高于从信贷消费业务中获得的利润；当 $s < 1 + r_R - r_F$ 且 $q_1 < q_2$ 时，零售商从现款消费业务中获得的利润低于从信贷消费业务中获得的利润；当 $s$ 与 $1 + r_R - r_F$ 大小不确定或者 $q_1$ 与 $q_2$ 大小不确定时，零售商从现款消费业务中获得的利润与从信贷消费业务中获得的利润份额要视情况而定。

$$\Pi_F^D = (pr_F - c_F)q_2 = (pr_F - c_F)(a_2 - \beta_2 r_R + \alpha_2 s) \qquad (6-2)$$

应用主从博弈原理对式（6-1）、式（6-2）进行求解，可得最优解如下所示：

$$r_R^{D^*} = \frac{p[3a_2 + s(3\alpha_2 + \beta_1)] - \beta_2(p - c_F) - c_R(\beta_1 - \beta_2)}{4p\beta_2} \qquad (6-3)$$

$$r_F^{D^*} = \frac{p[a_2 + s(\alpha_2 - \beta_1)] + \beta_2(p + c_F) + c_R(\beta_1 - \beta_2)}{2p\beta_2} \qquad (6-4)$$

命题 6.1：当 $-p[a_2 + s(\alpha_2 + 3\beta_1)] + \beta_2(3p + c_F) + 3c_R(\beta_1 - \beta_2) \geq 0$ 时，$r_F^{D^*} \geq r_R^{D^*}$；否则，$r_F^{D^*} < r_R^{D^*}$。

证明（略）。

由命题 6.1 可知，当 $-p[a_2 + s(\alpha_2 + 3\beta_1)] + \beta_2(3p + c_F) + 3c_R(\beta_1 - \beta_2) \geq 0$ 时，零售商应向消费者每单位信贷消费产品提供的利费补贴额为 $(r_F^{D^*} - r_R^{D^*})p$；否则，应向消费者每单位信贷消费产品收取中介费 $(r_R^{D^*} - r_F^{D^*})p$。

命题 6.2：$r_R^{D^*}$ 关于利费率变动而引起的需求流失系数 $\beta_1 - \beta_2$ 单调递减，而 $r_F^{D^*}$ 关于需求流失系数 $\beta_1 - \beta_2$ 单调递增。

证明（略）。

由命题 6.2 可知，随着利费率变动而引起的需求流失系数 $\beta_1 - \beta_2$ 的增大，零售商所获得信贷消费市场需求量会随之减小，所以零售商可以适当增加向信贷消费者补贴的额度以降低消费者支付的利费率 $r_R^{D^*}$，这样可以避免或减少信贷消费需求不必要的流失；而随着需求流失系数 $\beta_1 - \beta_2$ 的增大，实际上会提高银行对零售商的讨价还价能力，因此，银行制定的利率费 $r_F^{D^*}$ 会随着需求流失系数 $\beta_1 - \beta_2$ 的增大而增大。

命题 6.3：$r_R^{D^*}$ 关于现款消费折扣 s 单调递增；而当 $\alpha_2 > \beta_1$ 时，$r_F^{D^*}$ 关于现款消费折扣 s 单调递增，否则，$r_F^{D^*}$ 关于现款消费折扣 s 单调递减。

证明（略）。

由命题 6.3 可知，随着现款消费折扣 s 的增大，现款消费中消费者的实际购买价格会随着提高，从而导致现款消费需求量的减少，与此同时客户需求会向信贷消费市场转移，使得信贷消费需求量增加，因此零售商为了获得更多利润，会适当提高消费者支付的利费率 $r_R^{D^*}$ 以减少向信贷消费者补贴的额度，这样可以提高信贷消费市场的收益。而随着现款消费折扣 s 的增大，如果 $\alpha_2 > \beta_1$，即现款消费需求主要向信贷消费需求相互转移时，实际上会增加银行对零售商的讨价还价能力，此时，银行制定的利率费 $r_F^{D^*}$ 会随着现款消费折扣 s 的增大而增大；反之，则降低了银行对零售商的讨价还价能力，使得银行制定的利率费 $r_F^{D^*}$ 会随着现款消费折扣 s 的增大而减小。

## 6.3.2 集中决策模型

在集中决策情况下，利费率 $r_R$、$r_F$ 合二为一，假定为 $r_C$。此时，消费信贷系统整体利润函数 $\Pi^C$ 如下所示：

$$\Pi^C = (ps - c_R)(a_1 - \alpha_1 s + \beta_1 r_C) + [p(1 + r_C) - c_R - c_F](a_2 - \beta_2 r_C + \alpha_2 s)$$

$$(6-5)$$

应用一阶条件对式（6-5）进行求解，可得最优解如下所示：

$$r_C^{C^*} = \frac{p[a_2 + s(\alpha_2 + \beta_1)] - \beta_2(p - c_F) - c_R(\beta_1 - \beta_2)}{2p\beta_2} \quad (6-6)$$

由式（6-6）可知，在集中决策情况下，利费率 $r_C^{C^*}$ 随着需求流失系数 $\beta_1 - \beta_2$ 的增大而减小。通过比较式（6-6）和式（6-4）可知，当 $\beta_2(p - c_R) - \beta_1(ps - c_R) > 0$ 时，始终存在 $r_C^{C^*} < r_F^{D^*}$，即集中决策时制定的利费率 $r_C^{C^*}$ 低于分散决策时银行制定的利费率 $r_F^{D^*}$；否则，$r_C^{C^*} \geqslant r_F^{D^*}$。比较式（6-6）和

式（6-3）可知，当 $p[a_2 + s(\alpha_2 - \beta_1)] + \beta_2(p - c_F) + c_R(\beta_1 - \beta_2) > 0$ 时，始终存在 $r_C^{C*} < r_R^{D*}$，即集中决策时制定的利费率 $r_C^{C*}$ 低于分散决策时零售商制定的利费率 $r_R^{D*}$；否则，$r_C^{C*} \geqslant r_R^{D*}$。

唯有当 $s = \dfrac{a_2 p + \beta_2(p - c_F) + c_R(\beta_1 - \beta_2)}{p(\beta_1 - \alpha_2)}$ 时，分散决策时的系统利润才等于集中决策时的系统利润，即实现系统的协调。然而，现实中零售商是以追求自身利益最大化为目标的，所以一般而言零售商利润最大化时的现款消费折扣 $s^{D*} \neq \dfrac{a_2 p + \beta_2(p - c_F) + c_R(\beta_1 - \beta_2)}{p(\beta_1 - \alpha_2)}$，即不能实现系统的协调，因此分散决策相对集中决策是无效率的，需要进一步研究一种协调机制。

# 6.4 考虑需求相互转移的收益共享契约协调模型

为了实现由零售商和银行组成的消费信贷系统的协调，本章提出了以下收益共享契约协调机制：零售商将因信贷消费所获得收益的 $1 - \lambda$ 分享给银行，而银行又将其收益的 $1 - \mu$ 分享给零售商，其中 $0 \leqslant \lambda, \mu \leqslant 1$。在收益共享契约下，零售商和银行的利润函数 $\Pi_R^{RS}$、$\Pi_F^{RS}$ 分别如下所示：

$$\begin{aligned}
\Pi_R^{RS} &= (ps - c_R)q_1 + \{p[\lambda(1 + r_R - r_F) + (1 - \mu)r_F] - c_R\}q_2 \\
&= (ps - c_R)(a_1 - \alpha_1 s + \beta_1 r_R) + \{p[\lambda(1 + r_R - r_F) + \\
&\quad (1 - \mu)r_F] - c_R\}(a_2 - \beta_2 r_R + \alpha_2 s) \quad\quad (6-7)
\end{aligned}$$

$$\begin{aligned}
\Pi_F^{RS} &= \{p[\mu r_F + (1 - \lambda)(1 + r_R - r_F)] - c_F\}q_2 \\
&= \{p[\mu r_F + (1 - \lambda)(1 + r_R - r_F)] - c_F\}(a_2 - \beta_2 r_R + \alpha_2 s) \quad (6-8)
\end{aligned}$$

当 $\lambda, \mu = 1$ 时，收益共享契约模型退化为分散决策模型，仍然应用主从博弈决策原理求解式（6-7）、式（6-8），可得最优解如下所示：

$$r_R^{RS*} = \frac{p\{(2\lambda + 1)a_2 + s[(2\lambda + 1)\alpha_2 + \beta_1]\} - \beta_2(p - c_F) - c_R(\beta_1 - \beta_2)}{2(1 + \lambda)p\beta_2}$$

$$(6-9)$$

$$r_F^{RS*} = \frac{p[\lambda^2 a_2 + s(\lambda^2\alpha_2 - \beta_1)] + \beta_2(p\lambda^2 + \lambda c_F) + c_R(\beta_1 - \beta_2)}{(1+\lambda)(\lambda + \mu - 1)p\beta_2}$$

$$(6-10)$$

命题 6.4：当零售商将信贷消费的全部收益分享给银行（即 $\lambda = 0$）时，可实现消费信贷系统的协调。

证明：要使消费信贷系统实现协调，则只需满足等式 $\Pi^{RS*} = \Pi^{C*}$ 即可，并求解该等式即可得到 $\lambda = 0$。证毕。

通过将式 (6-9)、式 (6-10) 分别代入式 (6-7)、式 (6-8) 并化简之后，可得零售商的最优利润 $\Pi_R^{RS*}$ 和银行的最优利润 $\Pi_F^{RS*}$ 分别如下所示：

$$\Pi_R^{RS*} = \frac{1}{4(1+\lambda)^2 p\beta_2}\{4p(ps - c_R)[(a_2\beta_1 + a_1\beta_2) + s(\alpha_2\beta_1 - \alpha_1\beta_2)]$$

$$(1+\lambda^2) + \{\beta_2^2 + [-8s^2\alpha_1 + (8a_1 - 2\beta_1 + 2\alpha_2)s + 2a_2]\beta_2 +$$

$$4\beta_1 s(\alpha_2 s + a_2) + (\alpha_2 s + a_2 + \beta_1 s)^2\}p^2 + \{2\beta_2(c_R + c_F)$$

$$[s(\beta_1 - \alpha_2) - (a_2 + \beta_2)] + 2c_R\{\beta_2[4(s\alpha_1 - a_1) - \beta_1] -$$

$$\beta_1[3(s\alpha_2 + a_2) + s\beta_1]\}\}p + [c_R\beta_1 - (c_R + c_F)\beta_2]^2\}\lambda\} \quad (6-11)$$

$$\Pi_F^{RS*} = \frac{\{p[a_2 + s(\alpha_2 - \beta_1)] + \beta_2(p - c_F) + c_R(\beta_1 - \beta_2)\}^2}{4(1+\lambda)p\beta_2} \quad (6-12)$$

由式 (6-11)、式 (6-12) 可知：在收益共享契约下，零售商的最优利润 $\Pi_R^{RS*}$ 和银行的最优利润 $\Pi_F^{RS*}$ 只与契约参数 $\lambda$ 有关，而与契约参数 $\mu$ 无关，但是契约参数 $\mu$ 的存在是合理的，因为这样可以保证当 $\lambda = 0$ 时最优解 $r_F^{RS*}$ 的值为一个较合理的值，而不是无穷大；银行的最优利润 $\Pi_F^{RS*}$ 关于 $\lambda$（或 $1-\lambda$）单调递减（或单调递增），也就是说，零售商向银行分享其收益的比例 $1-\lambda$ 越大，银行的利润则越大；但不能判断零售商的最优利润 $\Pi_R^{RS*}$ 关于 $\lambda$ 的单调性。因此，为了达到实现消费信贷系统协调的同时使得零售商和银行的利润得到帕累托改进的目的，即实现系统的完美共赢协调，银行还应将其部分利润分享给零售商。

命题 6.5：在实现消费信贷系统的协调之后，银行将其部分利润 $\Delta$ 分享给零售商即可实现完美共赢协调。$\Delta$ 满足以下两个不等式：$\Pi_R^{RS*} + \Delta \geq \Pi_R^{D*}$

和 $\Pi_F^{RS^*} - \Delta > \Pi_F^{D^*}$。其中，$\Delta$ 的具体取值主要取决于零售商和银行各自谈判能力的强弱。由命题 6.4 和命题 6.5 可知，单独的收益共享契约能够实现消费信贷系统的协调，但不能够实现完美共赢协调，故而需要在收益共享契约的基础上，对实现协调后的银行利润进行重新分配才能达到使零售商和银行互利共赢的目标。

# 6.5　数 值 分 析

下面将通过数值分析方法验证前面所提出模型的有效性。

假设潜在的现款消费需求规模 $a_1$ 和信贷消费需求规模 $a_2$ 都为 200，产品销售价格 $p = 10$，现款消费折扣 $s$ 的弹性系数 $\alpha_1 = 300$，$\alpha_2 = 100$，信贷消费利费率 $r_R$ 的弹性系数 $\beta_1 = 150$，$\beta_2 = 350$，零售商销售的单位产品成本为 $c_R = 5$，银行提供消费信贷服务的单位服务成本为 $c_F = 1$。在考虑到信贷消费需求与现款消费需求存在相互转移的情况下，假设零售商采用现款消费渠道时对商品所打的折扣 $s = 0.75$，现款消费需求函数为 $q_1 = 150r_R - 25$，而信贷消费需求函数为 $q_2 = 275 - 350r_R$。将上述参数和需求函数分别代入分散决策模型、集中决策模型和收益共享契约协调模型并进行求解。

在分散决策情形下，求得银行制定的最优利费率为 $r_F^{D^*} = 0.6393$，而零售商向消费者提供利费补贴之后的最优利费率 $r_R^{D^*} = 0.5161$，因而消费者每信贷消费单位产品可获得的利费补贴额 $(r_F^{D^*} - r_R^{D^*})p$ 为 1.232。此时，零售商的最优利润 $\Pi_R^{D^*}$ 为 486.6183，银行的最优利润 $\Pi_F^{D^*}$ 为 508.9509，消费信贷系统的总利润为 995.5692。

由命题 6.3 可知，现款消费折扣 $s$ 对零售商和银行的最优决策会产生直接影响，为了分析现款消费折扣 $s$ 对最优决策 $r_R^{D^*}$、$r_F^{D^*}$ 及对零售商和银行的最优利润 $\Pi_R^{D^*}$、$\Pi_F^{D^*}$ 的影响，下面假定其他参数保持不变，而现款消费折扣 $s$ 在区间 $[0, 1]$ 之间连续变动，通过 Matlab 软件计算和作图，得到如图 6-1 所示的最优决策 $r_R^{D^*}$、$r_F^{D^*}$ 与现款消费折扣 $s$ 之间的关系，以及如

图 6-2 所示的零售商和银行的最优利润 $\Pi_R^{D^*}$、$\Pi_F^{D^*}$ 与现款消费折扣 s 之间的关系。

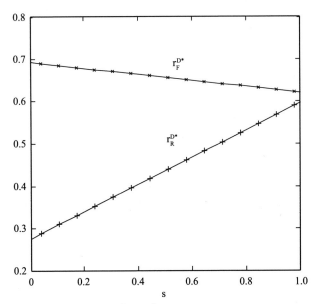

**图 6-1　最优决策 $r_R^{D^*}$、$r_F^{D^*}$ 与现款消费折扣 s 之间的关系**

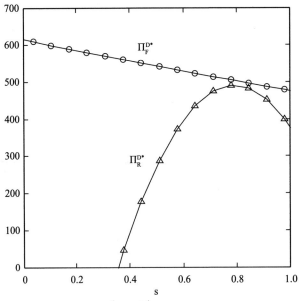

**图 6-2　最优利润 $\Pi_R^{D^*}$、$\Pi_F^{D^*}$ 与现款消费折扣 s 之间的关系**

由图 6 - 1、图 6 - 2 可知，零售商的最优决策 $r_R^{D*}$ 随着现款消费折扣 s 的增大而增大，最优利润 $\Pi_R^{D*}$ 随着现款消费折扣 s 的增大而先增后减；而银行的最优决策 $r_F^{D*}$ 和最优利润 $\Pi_F^{D*}$ 随着现款消费折扣 s 的增大而减小。当现款消费折扣 s = 0.7925 时，零售商的利润得到极大值，此时零售商的最优决策 $r_R^{D*}$ = 0.5297，最优利润 $\Pi_R^{D*}$ = 491.2596；银行最优决策 $r_F^{D*}$ = 0.6362，最优利润 $\Pi_F^{D*}$ = 503.2371。

在下文中，依旧假定现款消费折扣 s = 0.75。在集中决策情况下，求得消费信贷系统的最优利费率 $r_C^{C*}$ = 0.2464，系统最优利润 $\Pi^{C*}$ = 1250.0446。

在收益共享契约下，当契约参数 λ 分别以 0.1 为间隔在 0 ~ 1 之间取值和连续取值时，通过 Matlab 软件计算出如表 6 - 1 和图 6 - 3 所示的最优决策结果。由于契约参数 μ 仅对最优决策 $r_F^{RS*}$ 有影响，而对其他最优决策结果无影响，因此在表 6 - 1 中 μ 的取值是在保证 $r_F^{RS*}$ 取值合理的基础上酌情给定。事实上，$r_F^{RS*}$ 的取值对收益共享契约下零售商和银行的最优利润没有影响。其中，$\Delta\Pi_R^{RS,D} = \Pi_R^{RS*} - \Pi_R^{D*}$，$\Delta\Pi_F^{RS,D} = \Pi_F^{RS*} - \Pi_F^{D*}$，$\Delta\Pi^{RS,D} = \Pi^{RS*} - \Pi^{D*}$，$\Delta\Pi^{RS,C} = \Pi^{RS*} - \Pi^{C*}$。

由表 6 - 1 可知，随着契约参数 λ 的减小，即随着零售商将消费信贷所得收益分享给银行的比例 1 - λ 的增大，零售商的最优决策 $r_R^{RS*}$ 和最优利润 $\Pi_R^{RS*}$ 在逐渐减小，银行的最优利润 $\Pi_F^{RS*}$ 在逐渐增加，收益共享契约下的系统整体利润 $\Pi^{RS*}$ 也逐渐增加，以上关系如图 6 - 3 所示。当零售商将信贷消费的全部收益分享给银行（即 λ = 0）时，收益共享契约下的系统整体利润 $\Pi^{RS*}$ 等于集中决策时的系统利润 $\Pi^{C*}$，即实现了消费信贷系统的协调。

表6-1 不同契约参数 λ 下的最优决策

| λ | μ | $r_R^{RS*}$ | $r_F^{RS*}$ | $\Pi_R^{RS*}$ | $\Pi_F^{RS*}$ | $\Pi^{RS*}$ | $\Delta\Pi_R^{RS,D}$ | $\Delta\Pi_F^{RS,D}$ | $\Delta\Pi^{RS,D}$ | $\Delta\Pi^{RS,C}$ |
|---|---|---|---|---|---|---|---|---|---|---|
| 1.0 | 1.00 | 0.5161 | 0.6393 | 486.6183 | 508.9509 | 995.5692 | 0 | 0 | 0 | -254.4754 |
| 0.9 | 0.80 | 0.5019 | 0.6987 | 485.9134 | 535.7378 | 1021.6512 | -0.7049 | 26.7869 | 26.0820 | -228.3935 |
| 0.8 | 0.75 | 0.4861 | 0.6219 | 483.4766 | 565.5010 | 1048.9776 | -3.1417 | 56.5501 | 53.4084 | -201.0670 |
| 0.7 | 0.60 | 0.4685 | 0.6625 | 478.6935 | 598.7658 | 1077.4592 | -7.9248 | 89.8149 | 81.8900 | -172.5854 |
| 0.6 | 0.50 | 0.4487 | 0.5982 | 470.7136 | 636.1886 | 1106.9022 | -15.9047 | 127.2377 | 111.3330 | -143.1424 |
| 0.5 | 0.30 | 0.4262 | 0.3690 | 458.3432 | 678.6012 | 1136.9444 | -28.2750 | 169.6503 | 141.3752 | -113.1002 |
| 0.4 | 0.25 | 0.4005 | 0.5743 | 439.8779 | 727.0727 | 1166.9506 | -46.7404 | 218.1218 | 171.3814 | -83.0940 |
| 0.3 | 0.20 | 0.3709 | 0.6407 | 412.8355 | 783.0014 | 1195.8369 | -73.7828 | 274.0505 | 200.2677 | -54.2078 |
| 0.2 | 0.15 | 0.3363 | 0.6612 | 373.5181 | 848.2515 | 1221.7696 | -113.1002 | 339.3006 | 226.2004 | -28.2750 |
| 0.1 | 0.05 | 0.2954 | 0.6196 | 316.2670 | 925.3653 | 1241.6322 | -170.3513 | 416.4144 | 246.0630 | -8.4124 |
| 0 | 0 | 0.2464 | 0.6071 | 232.1429 | 1017.9018 | 1250.0446 | -254.4754 | 508.9509 | 254.4754 | 0 |

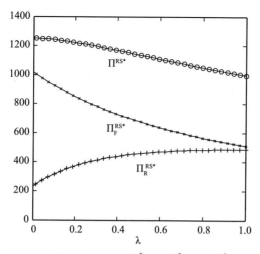

**图 6-3　契约参数 $\lambda$ 对 $\Pi_R^{RS*}$、$\Pi_F^{RS*}$ 及 $\Pi^{RS*}$ 的影响**

　　相比分散决策，收益共享协调契约下，零售商的利润减少 254.4754，而银行的利润增加 508.9509，系统的整体利润增加 254.4754，系统效益提高了 25.56%。为了促使零售商接受收益共享协调契约，必须保证其利润不低于分散决策时的利润，因此银行还需将其部分利润 $\Delta$ 分享给零售商以实现完美共赢协调，其中，$254.4754 \leqslant \Delta < 508.9509$，$\Delta$ 的具体取值主要取决于零售商和银行各自谈判能力的强弱。

# 6.6　本章小结

　　随着我国政府对国内消费的逐步重视及国内信用卡的日益普及，信贷消费已逐渐成为一种潮流，对销售企业和银行而言这意味着巨大的商机，这也促使越来越多的零售商和银行在合作开展消费信贷业务。

　　本章主要针对现款消费折扣和信贷消费利费率的变动引起的消费信贷需求与现款消费需求相互转移的现象，研究单一零售商和银行关于利费率的决策与协调问题，相继研究了零售商和银行的分散决策模型、集中决策模型及收益共享契约模型。研究表明，在分散决策模式中，银行制定的利费率和零售商提供的利费补贴会随着需求流失系数的增大而增大，而信贷消费者实际支付的利费率会随着需求流失系数的增大而减小；收益共享契约可实现信贷消费系统的协调，但需要银行进一步将协调后的部分利润分享给零售商，才能实现系统的完美共赢协调。数值分析实例很好地验证了零售商和银行的决策行为，并表明消费信贷系统的整体绩效得到了较大改善，零售商和金融企业实现了互利共赢的目标。

# 第7章

# 确定性需求下考虑赖账风险的
# 零售商与金融机构协调

## 7.1 问题描述与假设

假设7.1：市场的信贷消费需求与现金消费需求是互相独立的，也就是说开展卖方消费信贷只会吸引那些存在购买能力限制的中低收入消费者，而无购买能力限制的高收入者会选择一次性全额付款。

该假设的目的是为避免考虑正常需求向信贷需求相互转移的现象，从而简化卖方消费信贷下零售商的利润最优化决策行为。由于相比一次性全额付款，消费信贷需要消费者额外付出利息和管理费用，作为理性的无购买能力限制的消费者一般会选择现金消费，因此该假设是较为合理的。

假设7.2：产品的市场销售价格 p 是外生变量，且在一定时间内保持平稳。

该假设的目的是为避免价格的急剧变动对信贷需求产生不必要的影响，而在现实中该假设的情形也比较普遍，如许多汽车、家电品牌的价格在一定时间内（如一两年）总体而言是较稳定的。

假设7.3：消费者中存在各种恶意的和非恶意的赖账行为，由赖账行为引起的客户赖账率为 α。

假设7.4：消费信贷业务首付款金额为零。

该假设的目的是为避免首付款份额变动对于消费信贷需求产生的影响，在现实中该假设的情形也比较常见，比如手机通信行业、汽车行业会在一定时期内为了推广消费信贷业务而推出"零首付"的营销策略。

假设7.5：信贷消费的市场需求量（q）与消费者支付的利费率（$r_R$）存在线性关系，则有 $q = a - br_R$。

本章使用的符号说明如下所示：

a 表示随机的市场需求；

b 表示信贷消费的需求弹性系数；

p 表示单位信贷消费产品的市场销售价格；

$r_R$ 表示消费者实际支付的利费率；

$r_F$ 表示银行收取的利费率；

$r_S$ 表示单位消费信贷产品的残值率；

θ 为银行在开展消费信贷业务时向零售商收取的贷款保证金率；

α 表示银行提供消费信贷服务的客户赖账率；

$c_R$ 表示零售商销售的单位产品成本；

$c_F$ 表示银行提供消费信贷服务的单位消费成本；

Ⅱ 表示期望预期期望利润函数。

最后，本章中下标"R"代表零售商，下标"F"代表银行，上标"D"代表分散决策，上、下标"C"代表集中决策，上标"RS"代表收益共享协调契约，上标"＊"代表最优。

## 7.2　基本决策模型

设卖方消费信贷系统由一个银行和一个零售商组成，银行向零售商发放信贷资金。办理卖方消费信贷业务的客户有两种选择：赖账或者按时还款。此时，如果客户选择赖账，银行的收益为 $[(\theta p - c_F) + pr_S]q$，零售商的收益

为 $[(1-\theta)p-c_R]q$，其中 $\theta$ 为银行在开展消费信贷业务时向零售商收取的贷款保证金率，客户一旦发生赖账，银行会直接扣除信贷保证金 $\theta p$ 来弥补自身的损失，同时银行一般会将信贷产品进行市场拍卖，获得产品残值 $pr_S$ 来弥补自己的销售损失，其中，$r_S$ 表示单位消费信贷产品的残值率；如果客户选择按时还款，银行的收益为 $(pr_F-c_F)q$，零售商的收益为 $[p(1+r_R-r_F)-c_R]q$。各方具体收益如表 7-1 所示。

**表 7-1**             **卖方消费信贷参与方的具体收益**

| 收益 | 赖账 $(\alpha)$ | 按时还款 $(1-\alpha)$ |
|------|------|------|
| 银行 | $[(\theta p-c_F)+pr_S]q$ | $(pr_F-c_F)q$ |
| 零售商 | $[(1-\theta)p-c_R]q$ | $[p(1+r_R-r_F)-c_R]q$ |

## 7.2.1 分散决策模型

在分散决策情况下，两者有如下决策过程：银行先行决定利费率 $r_F$ 的大小，然后零售商通过制定合适的利费补贴政策确定最优的 $r_R$。分散决策情况下零售商和银行的期望收益函数 $\Pi_R^D$、$\Pi_F^D$ 分别如下所示：

$$\Pi_R^D = \alpha[(1-\theta)p-c_R](a-br_R)+(1-\alpha)[p(1+r_R-r_F)-c_R](a-br_R)$$
$$= [p(1+r_R-r_F)-c_R-\alpha p(\theta+r_R-r_F)](a-br_R) \qquad (7-1)$$

$$\Pi_F^D = \alpha[(\theta p-c_F)+pr_S](a-br_R)+(1-\alpha)(pr_F-c_F)(a-br_R)$$
$$= [pr_F-c_F+\alpha p(\theta+r_S-r_F)](a-br_R) \qquad (7-2)$$

应用主从博弈原理对式（7-1）、式（7-2）进行求解，可得最优解如下所示：

$$r_R^{D^*} = \frac{3ap(1-\alpha)-b[p(1+\alpha r_S)-c_R-c_F]}{4bp(1-\alpha)} \qquad (7-3)$$

$$r_F^{D^*} = \frac{ap(1-\alpha)-b\{p[\alpha(r_S+2\theta)-1]+c_R-c_F\}}{2bp(1-\alpha)} \qquad (7-4)$$

将式（7-3）、式（7.4）分别代入式（7-1）、式（7-2）并化简，可得分散决策情形下零售商和银行两者的最优利润关系式，如下所示：

$$\Pi_R^{D^*} = \frac{1}{2}\Pi_F^{D^*} = \frac{\{ap(1-\alpha) + b[p(1+\alpha r_S) - c_R - c_F]\}^2}{16bp(1-\alpha)} \quad (7-5)$$

命题 7.1：$r_R^{D^*}$ 关于赖账率 $\alpha$ 单调递减；而 $r_F^{D^*}$ 关于赖账率 $\alpha$ 单调递增。

证明（略）。

由命题 7.1 可知，随着赖账率 $\alpha$ 的增大，意味着有越来越多的信贷客户不会按时还款，会直接影响零售商开展消费信贷业务的信心，因此零售商为了尽量减少损失，会适当降低消费者支付的利费率 $r_R^*$ 以提高向信贷消费者提供利费补贴的额度，这样可以降低信贷消费市场的损失。而随着赖账率 $\alpha$ 的增大，银行发放消费贷款的风险也会越来越高，因此银行为了筛选客户和增加收益，会适当提高银行制定的利率费 $r_F^{D^*}$。

命题 7.2：$r_R^{D^*}$、$r_F^{D^*}$ 均关于残值率 $r_S$ 单调递减，而 $\Pi_R^{D^*}$ 和 $\Pi_F^{D^*}$ 关于残值率 $r_S$ 单调递增。

证明（略）。

由命题 7.2 可知，随着残值率 $r_S$ 的增大，意味着如果发生客户恶意赖账时，银行将单位消费信贷产品拍卖所得的收益就越高，以至于银行与零售商在客户发生赖账时的损失非常小，因此银行与零售商为了提高市场需求会降低 $r_R^{D^*}$、$r_F^{D^*}$，同时随着需求量的增加，银行与零售商的预期收益 $\Pi_R^{D^*}$、$\Pi_F^{D^*}$ 也会随着提高。

### 7.2.2　集中决策模型

在集中决策情况下，利费率 $r_R$、$r_F$ 合二为一，假定为 $r_C$。此时，消费信贷系统整体期望收益函数 $\Pi^C$ 如下所示：

$$\begin{aligned}\Pi^C &= \alpha[p(1+r_S) - c_R - c_F](a - br_C) + (1-\alpha)[p(1+r_C) - c_R - c_F](a - br_C) \\ &= [p(1+r_C) - c_R - c_F + \alpha p(r_S - r_C)](a - br_C)\end{aligned} \quad (7-6)$$

通过一阶条件求解可得到以下最优解，如下所示：

$$r_C^{C^*} = \frac{ap(1-\alpha) - b[p(1+\alpha r_S) - c_R - c_F]}{2bp(1-\alpha)} \quad (7-7)$$

将式（7-7）代入式（7-6）并化简，可得系统整体最优利润 $\Pi^{C^*}$ 如下所示：

$$\Pi^{C^*} = \frac{\{ap(1-\alpha) + b[p(1+\alpha r_S) - c_R - c_F]\}^2}{4bp(1-\alpha)} \qquad (7-8)$$

命题 7.3：$r_R^{D^*} > r_C^{C^*}$；当 $(1-\alpha\theta)p - c_R < 0$ 时，$r_C^{C^*} > r_F^{D^*}$；当 $(1-\alpha\theta)$ $p - c_R \geq 0$ 时，$r_C^{C^*} \leq r_F^{D^*}$；$\Pi^{C^*} = \frac{4}{3}(\Pi_R^{D^*} + \Pi_F^{D^*})$。

证明 （略）。

由命题 7.3 易知，集中决策下信贷消费者支付的利费率 $r_C^{C^*}$ 低于分散决策下信贷消费者支付的利费率 $r_R^{D^*}$；而 $r_C^{C^*}$ 与分散决策下银行制定的利费率 $r_F^{D^*}$ 之间的大小关系不一定，当 $(1-\alpha\theta)p - c_R < 0$ 时，$r_C^{C^*}$ 高于 $r_F^{D^*}$，当 $(1-\alpha\theta)p - c_R \geq 0$ 时，$r_C^{C^*}$ 低于等于 $r_F^{D^*}$；集中决策下系统整体利润 $\Pi^{C^*}$ 是分散决策下系统整体利润 $(\Pi_R^{D^*} + \Pi_F^{D^*})$ 的 $\frac{4}{3}$ 倍。以上充分说明了分散决策是无效率的。因此，下文将提出一种收益共享契约来协调各方收益。

## 7.3 考虑赖账风险的收益共享契约协调模型

为了实现由零售商和银行组成的消费信贷系统的协调，本章提出了以下收益共享契约协调机制：零售商为了减少银行因信贷消费还款时产生客户赖账的信用风险，会将分享消费信贷所带来收益的 $\lambda$ 给银行，其中 $0 \leq \lambda \leq 1$。

在收益共享契约下，零售商和银行的期望收益函数模型分别如下所示：

$$\Pi_R^{RS} = [p(1-\lambda)(1+r_R - r_F) - c_R - \alpha p(\theta + r_R - r_F)](a - br_R) \qquad (7-9)$$

$$\Pi_F^{RS} = [pr_F + p\lambda(1+r_R - r_F) - c_F - \alpha p(\theta + r_S - r_F)](a - br_R) \qquad (7-10)$$

当 $\lambda = 0$ 时，上述收益共享契约模型退化为分散决策模型。通过主从对策原理对式（7-9）、式（7-10）求解，可以得到以下最优解：

$$r_R^{RS^*} = \frac{ap(3 - 3\alpha - 2\lambda) - b[p(1+\alpha r_S) - c_R - c_F]}{2bp(2 - 2\alpha - \lambda)} \qquad (7-11)$$

$$r_F^{RS*} = \frac{ap(1-\alpha-\lambda)^2 + b\{\lambda\{p[(1-\theta)\alpha+2\theta+r_S+\lambda-1]-c_F\}+(1-\alpha)(c_F-c_R)\}}{bp(1-\alpha-\lambda)(2-2\alpha-\lambda)}$$

$$(7-12)$$

命题7.4：当收益共享契约参数与客户按时还款率等值（即 $\lambda=1-\alpha$）时，可以实现信贷系统的协调。

证明：要使消费信贷系统实现协调，则只需满足等式 $\Pi^{RS*}=\Pi^{C*}$ 即可：

$$\Pi^{C*} = \frac{\{ap(1-\alpha)+b[p(1+\alpha r_S)-c_R-c_F]\}^2}{4bp(1-\alpha)} \qquad (7-13)$$

$$\Pi^{RS*} = \frac{(3-3\alpha-2\lambda)\{ap(1-\alpha)+b[p(1+\alpha r_S)-c_R-c_F]\}^2}{4bp(2-2\alpha-\lambda)^2}$$

$$(7-14)$$

令 $\Pi^{RS*}=\Pi^{C*}$，化简整理得 $\lambda=1-\alpha$。证毕。

命题7.5：在实现消费信贷系统的协调之后，银行将其部分利润 $\Delta$ 分享给零售商即可实现完美共赢协调。$\Delta$ 满足以下两个不等式：$\Pi_R^{RS*}+\Delta \geqslant \Pi_R^{D*}$ 和 $\Pi_F^{RS*}-\Delta > \Pi_F^{D*}$。其中，$\Delta$ 主要取决于零售商和银行各自谈判能力的强弱。由命题7.4和命题7.5可知，单独的收益共享契约能够实现消费信贷系统的协调，但不能够实现完美共赢协调，故而需要在收益共享契约的基础上，对实现协调后的银行利润进行重新分配才能达到使零售商和银行互利共赢的目标。

# 7.4 数值分析

下面将通过数值分析方法验证前面所提出模型的有效性。

假设潜在的信贷消费需求规模 $a=150$，产品销售价格 $p=10$，信贷消费利费率 $r_R$ 的弹性系数 $b=300$，零售商销售的单位产品成本为 $c_R=5$，银行提供消费信贷服务的单位服务成本为 $c_F=2$。在考虑到信贷客户存在贷款赖账的情况下，假设客户赖账率 $\alpha=0.08$，银行向零售商收取的贷款保证金率 $\theta=0.3$，单位消费信贷产品的平均残值率 $r_S=0.7$，信贷消费需求函数为 $q=$

$150 - 300r_R$。将上述参数和需求函数分别代入分散决策模型、集中决策模型和收益共享契约协调模型并进行求解。

在分散决策情形下，求得银行制定的最优利费率为 $r_F^{D^*} = 0.5739$，而零售商向消费者提供利费补贴之后的最优利费率 $r_R^{D^*} = 0.2783$，因而零售商向信贷消费者提供的每信贷消费单位产品的利费补贴 $(r_F^{D^*} - r_R^{D^*})p$ 为 2.956。此时，零售商的最优利润 $\Pi_R^{D^*}$ 为 135.7043，银行的最优利润 $\Pi_F^{D^*}$ 为 271.4087，消费信贷系统的总利润为 407.1130。

在集中决策情况下，求得消费信贷系统的最优利费率 $r_C^{C^*} = 0.0565$，系统最优利润 $\Pi^{C^*} = 542.8174$。

在收益共享契约下，由于客户赖账率 $\alpha = 0.08$ 和 $\lambda = 1 - \alpha$ 可以实现信贷系统协调，故当契约参数 $\lambda$ 分别以 0.1 为间隔在 $0 \sim 0.92$ 之间取值和连续取值时，通过 Matlab 软件计算出如表 7-2 和图 7-1 所示的最优决策结果。其中，$\Delta\Pi_R^{RS,D} = \Pi_R^{RS^*} - \Pi_R^{D^*}$，$\Delta\Pi_F^{RS,D} = \Pi_F^{RS^*} - \Pi_F^{D^*}$，$\Delta\Pi^{RS,D} = \Pi^{RS^*} - \Pi^{D^*}$，$\Delta\Pi^{RS,C} = \Pi^{RS^*} - \Pi^{C^*}$。

表 7-2　　　　　　　　　不同契约参数 λ 下的最优决策

| $\lambda$ | $r_R^{RS^*}$ | $\Pi_R^{RS^*}$ | $\Pi_F^{RS^*}$ | $\Pi^{RS^*}$ | $\Delta\Pi_R^{RS,D}$ | $\Delta\Pi_F^{RS,D}$ | $\Delta\Pi^{RS,D}$ | $\Delta\Pi^{RS,C}$ |
|---|---|---|---|---|---|---|---|---|
| 0.92 | 0.0565 | 0 | 542.8174 | 542.8174 | -135.7043 | 271.4087 | 135.7043 | 0 |
| 0.80 | 0.1077 | 55.4059 | 480.1846 | 535.5905 | -80.2984 | 208.7759 | 128.4775 | -7.2269 |
| 0.70 | 0.1421 | 84.5385 | 438.0632 | 522.6017 | -51.1658 | 166.6545 | 115.4886 | -20.2157 |
| 0.60 | 0.1710 | 103.9317 | 402.7355 | 506.6672 | -31.7726 | 131.3268 | 99.5542 | -36.1502 |
| 0.50 | 0.1955 | 116.8103 | 372.6806 | 489.4909 | -18.8940 | 101.2719 | 82.3779 | -53.3265 |
| 0.40 | 0.2167 | 125.2333 | 346.8000 | 472.0333 | -10.4710 | 75.3913 | 64.9203 | -70.7841 |
| 0.30 | 0.2351 | 130.5545 | 324.2805 | 454.8350 | -5.1498 | 52.8718 | 47.7220 | -87.9824 |
| 0.20 | 0.2512 | 133.6861 | 304.5073 | 438.1935 | -2.0182 | 33.0986 | 31.0804 | -104.6239 |
| 0.10 | 0.2655 | 135.2561 | 287.0069 | 422.2630 | -0.4482 | 15.5982 | 15.1500 | -120.5544 |
| 0 | 0.2783 | 135.7043 | 271.4087 | 407.1130 | 0 | 0 | 0 | -135.7043 |

由表 7 - 2 可知，随着契约参数 $\lambda$ 的增大，即随着零售商将消费信贷所带来收益分享给银行的比例 $\lambda$ 的增大，零售商的最优决策 $r_R^{RS^*}$ 在逐渐减小，且最优利润 $\Pi_R^{RS^*}$ 在逐渐减小，而最优利润 $\Pi_F^{RS^*}$ 在逐渐增加，收益共享契约下的系统整体利润 $\Pi^{RS^*}$ 也逐渐增加，以上关系如图 7 - 1 所示。当收益共享契约参数与客户按时还款率等值（即 $\lambda = 0.92$）时，收益共享契约下的系统整体利润 $\Pi^{RS^*}$ 等于集中决策时的系统利润 $\Pi^{C^*}$，即实现了消费信贷系统的协调。

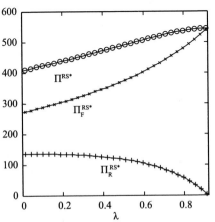

图 7 - 1　契约参数 $\lambda$ 对 $\Pi_R^{RS^*}$、$\Pi_F^{RS^*}$ 及 $\Pi^{RS^*}$ 的影响

相比分散决策，收益共享协调契约下，零售商的利润减少 135.7043，而银行的利润增加 271.4087，系统的整体利润增加 135.7043，系统效益提高了 33.33%。为了促使零售商接受收益共享协调契约，必须保证其利润不低于分散决策时的利润，因此银行还需将其部分利润 $\Delta$ 分享给零售商以实现完美共赢协调，其中，$135.7043 \leqslant \Delta < 271.4087$，$\Delta$ 的具体取值主要取决于零售商和银行各自谈判能力的强弱。

# 7.5　本 章 小 结

本章主要针对卖方消费信贷下存在的消费者赖账行为，以及信贷消费利费率的变动引起的消费信贷需求变动的现象，研究单一零售商和银行关于利费率的决策与协调问题，相继研究了零售商和银行的分散决策模型、集中决策模型及收益共享契约模型。研究表明，在分散决策模式中，银行制定的利费率会随着客户赖账概率的增大而增大，而信贷消费者实际支付的利费率会随着客户赖账概率的增大而减小；收益共享契约可实现信贷消费系统的协调，但需要银行进一步将协调后的部分利润分享给零售商，才能实现系统的完美共赢协调。数值分析实例很好地验证了零售商和银行的决策行为，并表明消费信贷系统的整体绩效得到了较大改善，零售商和金融企业实现了互利共赢的目标。

# 第8章

# 随机需求依赖手续费率的
# 零售商与金融机构协调

## 8.1 引　言

　　消费信贷是金融创新的产物，是商业银行适应社会主义市场经济的重要举措之一。消费信贷的广泛发展不仅扩大内需、刺激消费，拉动国民经济的增长，还可以增加产品销量、拓宽银行等金融机构的盈利渠道，提升居民的生活质量。卖方消费信贷起先在欧美等发达国家得到普及，这种销售模式被广泛应用于汽车、家电和电子产品等众多行业中，而国内随着互联网金融的广泛兴起，该销售模式也越来越多地得到重视和采用。2015 年初，互联网公司蚂蚁微贷联合国内电商巨头淘宝共同推出了一项名为"花呗"的网购服务，即消费者可以通过个人贷款在淘宝和天猫上购物。[①] 根据交易日的数据显示，2016 年"双十一"当天开始半小时内，蚂蚁花呗的交易额就高达45 亿元。此外，微众银行与一汽丰田合作推出产品"微粒贷"为有购车需求的用户提供资金。[②] 这些举措有效地开拓了国内市场，但中国个人消费信

---

① 个人消费信贷大潮下"征信＋保险"模式的思考 [EB/OL]. 搜狐新闻, 2015 - 12 - 17.
② 国务院力挺消费信贷 [EB/OL]. 和讯新闻, 2015 - 11 - 24.

贷市场起步较晚，发展不足。根据国家统计局数据显示，2015 年，国内消费信贷总额只占人民币各项贷款总额的 20% 左右，而这一比例在美、欧等信贷消费发展比较完善的发达国家则达 60% 以上，远远高于同期国内水平[①]。随着国内经济的较快增长、社会主义市场经济的不断完善、社会信用体系和法律制度不断健全、互联网金融蓬勃兴起，卖方消费信贷已成为零售商和金融机构适应品牌商家和消费者消费形态、消费模式转变的有效利器。

　　本章将供应链协调领域与消费信贷行为有机结合，把金融机构引入供应链协调中更具有现实意义。本章考虑由零售商和金融机构组成的二级卖方消费信贷系统，在随机需求受消费信贷手续费率影响的市场环境下，建立了零售商和金融机构之间的动态博弈模型，考虑到消费信贷业务的广泛开展不仅为金融机构也为零售商提供了一种新的业务渠道和销售渠道，本章拟引入收益共享与两部收费契约理论，分别探讨了在集中决策、分散决策、收益共享与两部收费契约下的订货决策和手续费率决策问题，并对这三种情形下的最优决策进行了对比分析。研究结果表明，分散决策无法实现系统的协调，通过引入收益共享与两部收费组合契约既可以协调零售商的订货决策，同时也可以协调金融机构的手续费率决策，并且当契约参数满足一定条件范围时，该组合契约还可以使零售商和金融机构的利润同时高于分散决策下的最优利润，实现二者的互利共赢，提高系统的整体绩效。最后通过算例分析，进一步验证了所提出模型的可靠性和有效性。

# 8.2　问题描述及假设

　　考虑由单个零售商和单个金融机构所组成的卖方消费信贷系统，其中零售商和金融机构之间合作开展卖方消费信贷业务，零售商以单位零售价格 p 将产品销售给消费者，此时由金融机构替消费者向零售商先行垫付货款，而消费者以手续费率 r 分期向金融机构偿还贷款（手续费率是指还款周期内，

---

① 消费信贷市场将迎来巨大机遇［EB/OL］. 网易科技，2016 – 03 – 05.

消费者购买单位产品所产生的总利息及相关资金费用的总和与价格的比率)。零售商和金融机构之间为主从博弈关系，金融机构为博弈中的领导者，先行决定消费信贷手续费率 r 的大小，零售商为追随者，它根据金融机构所决定的手续费率水平决定满足信贷消费需求的订货数量 q。二者的合作方式如图 8-1 所示。

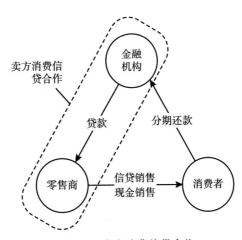

**图 8-1　卖方消费信贷合作**

符号变量假设如下：零售商的销售边际成本为 $c_R$；金融机构办理单笔信贷消费业务的平均服务成本为 $c_F$，其中包含了还款违约的损失成本、人员培训成本等，且有 $c = c_R + c_F$；销售季节末库存的产品残值用 v 表示；$\varepsilon$ 表示销售季节中信贷消费的随机需求，$f(\varepsilon)$ 和 $F(\varepsilon)$ 分别表示与之对应的概率密度函数和概率分布函数，$F(\varepsilon)$ 严格单调递增且连续可微，$\overline{F}(\varepsilon) = 1 - F(\varepsilon)$，另外，假定零售商不存在单位缺货损失。本章中下标 "R" 和 "F" 分别代表零售商和金融机构，上标 "N" "C" "RT" 分别代表分散决策、集中决策和收益共享与两部收费组合契约。上述参数满足 $p > c > v$，$c_F < pr$。

假设 8.1：信贷消费需求独立于现款消费需求，市场总体需求采用加法模式：$D'(p, r, \varepsilon) = d(p) + D(r, \varepsilon) = d(p) + a - br + \varepsilon$，其中，$d(P)$ 表示确定的现款消费需求，$D(r, \varepsilon)$ 表示独立的信贷消费需求，a 表示市场规模，

b 表示价格弹性系数，本章仅对信贷消费需求进行研究，而将现款消费需求视为常数，在后文中不再考虑该需求。

假设 8.2：零售商和金融机构均为风险中性且以利益最大化为目标的完全理性人，二者所有信息完全透明均为共同知识。

# 8.3　基本决策模型

## 8.3.1　集中决策模型

考虑将零售商和金融机构看作统一的整体，从整体角度同时进行决策，则此时零售商的期望利润函数为：

$$\pi_R(q, r) = pE[\min(q, D)] - c_R q + vE(q - D)^+ \qquad (8-1)$$

金融机构的期望利润函数为：

$$\pi_F(q, r) = (pr - c_F)E[\min(q, D)] \qquad (8-2)$$

那么，卖方消费信贷系统的期望利润为：

$$\begin{aligned}\Pi^c(q, r) &= \pi_R(q, r) + \pi_F(q, r) \\ &= [p(1+r) - c_F]E[\min(q, D)] - c_R q + vE(q-D)^+\end{aligned}$$

$$(8-3)$$

令期望销售 $S(q, r) = E[\min(q, D)]$，可推导出 $S(q, r) = q - \int_0^{q-(a-br)} F(x)dx$，期望剩余库存 $I(q, r) = E(q-D)^+ = q - S(q, r)$，代入式（8-3）可得卖方消费信贷系统整体的期望利润函数为：

$$\Pi^c(q, r) = (p - v + pr - c_F)S(q, r) - (c_R - v)q \qquad (8-4)$$

由式（8-4）可求得卖方消费信贷系统的期望利润关于 q、r 的海赛（Hessian）矩阵的行列式为：

$$|H(\Pi^c(q, r))| = \begin{vmatrix} \dfrac{\partial^2 \Pi^c(q, r)}{\partial q^2} & \dfrac{\partial^2 \Pi^c(q, r)}{\partial q \partial r} \\[4mm] \dfrac{\partial^2 \Pi^c(q, r)}{\partial r \partial q} & \dfrac{\partial^2 \Pi^c(q, r)}{\partial r^2} \end{vmatrix}$$

$$= \frac{\partial^2 \Pi^c(q, r)}{\partial q^2} \frac{\partial^2 \Pi^c(q, r)}{\partial r^2} - \left( \frac{\partial^2 \Pi^c(q, r)}{\partial q \partial r} \right)^2 > 0$$

由于 $|H(\Pi^c(q, r))| > 0$，且 $\dfrac{\partial^2 \Pi^c(q, r)}{\partial q^2} < 0$，$H(\Pi^c(q, r))$ 为负定，则可判定 $\Pi^c(q, r)$ 是关于 q 和 r 的严格联合凹函数，模型存在最优解。

对式（8-4）分别对变量 q、r 求一阶条件，令一阶导数分别等于零，可得到集中决策下模型最优解 $q_0$ 和 $r_0$ 满足以下两个等式：

$$q_0 = a - br_0 + m \tag{8-5}$$

$$r_0 = p \left( a + m - \int_0^m F(x) \, dx \right) - (p - c_R - c_F) b / 2pb \tag{8-6}$$

其中 $m = \overline{F}^{-1}((c_R - v) / (p - v + pr_0 - c_F))$。

### 8.3.2 分散决策模型

在分散化决策模型下，卖方消费信贷系统中各成员均以追求各自利润的最大化为决策目标，金融机构和零售商为相互独立的利益实体，二者的博弈按照以下顺序进行：第一阶段，金融机构首先决定消费信贷中手续费率 r 的大小；第二阶段，零售商再根据金融机构所决定的手续费率水平决定相应的订货数量 q，并将产品销售给消费者。

零售商的期望利润函数为：

$$\Pi_R^N(q, r) = (p - v) S(q, r) - (c_R - v) q \tag{8-7}$$

对 $\Pi_R^N(q, r)$ 求 q 的二阶偏导，可得 $\partial^2 \Pi_R^N(q, r) / \partial q^2 = -(p - v) f(q - (a - br)) < 0$，因此 $\Pi_R^N(q, r)$ 在区间 $q \in [0, +\infty)$ 上存在唯一的最优解 $q_R^{N^*}$，并令 $\Pi_R^N(q, r)$ 对 q 的一阶偏导为零可求出 $q_R^{N^*}$ 关于手续费率 r 的反应函数：$q_R^{N^*} = a - br + \overline{F}^{-1}((c_R - v) / (p - v))$。

对 $\Pi_R^N(q, r)$ 求 r 的一阶偏导，可得 $\partial\Pi_R^N(q, r)/\partial r = -(p-v)F(q-(a-br))b < 0$。这表明在分散决策的情形下，零售商的利润函数为手续费率的减函数，手续费率提高，零售商的利润则随之减少，因此，零售商总是希望金融机构不断地降低手续费率。

金融机构的期望利润函数为：

$$\Pi_F^N(q, r) = (pr - c_F)S(q, r) \qquad (8-8)$$

金融机构在知道零售商的订货数量反应函数为 $q_R^{N^*} = a - br + \overline{F}^{-1}((c_R - v)/(p-v))$ 之后，将其代入式（8-8），并对 $\Pi_F^N(q, r)$ 求 r 的二阶偏导，可得 $\partial^2\Pi_F^N(q, r)/\partial r^2 = -2pb < 0$。因此，$\Pi_F^N(q, r)$ 在区间 $r \in [0, +\infty)$ 上存在唯一的最优解 $r_F^{N^*}$，令式（8-8）对 r 的一阶偏导为零，则最优解 $r_F^{N^*}$ 满足 $r_F^{N^*} = [p(a + n - \int_0^n F(x)dx) + bc_F]/2pb$，其中 $n = \overline{F}^{-1}((c_R - v)/(p-v))$。将确定的金融机构的最优手续费率代入零售商的订货数量反应函数当中，可得到零售商的最优订货量为 $q_R^{N^*} = a - [p(a + n - \int_0^n F(x)dx) + bc_F]/2p + n$，$n = \overline{F}^{-1}((c_R - v)/(p-v))$。

命题 8.1：（1）若 $r_0 = r_F^{N^*}$，则 $q_0 > q_R^{N^*}$；（2）若 $q_0 = q_R^{N^*}$，则 $r_0 \neq r_F^{N^*}$；（3）若手续费率 r 不为决策变量而为一给定常量时，则 $q_0 > q_R^{N^*}$。

证明：（1）因为集中决策下，$q_0 = a - br_0 + \overline{F}^{-1}((c_R - v)/(p - v + pr_0 - c_F))$，而分散决策下，$q_R^{N^*} = a - br_F^{N^*} + \overline{F}^{-1}((c_R - v)/(p-v))$，令 $r_0 = r_F^{N^*}$，由于 $pr > c_F$，且 F（x）为严格的单调增函数，则 $\overline{F}^{-1}(x)$ 单调递减，易知 $q_0 > q_R^{N^*}$；

（2）因为在集中决策下，根据式（8-4），$r_0$ 满足一阶条件：$\dfrac{\partial\Pi^c(q, r)}{\partial r} = p(q_0 - \int_0^{q_0-(a-br_0)} F(x)dx) - (p - c_R + pr_0 - c_F)b = 0$，而分散决策下，根据式（8-8），$r_F^{N^*}$ 满足一阶条件：$\dfrac{\partial\Pi_F^N(q, r)}{\partial r} = p[q_R^{N^*} - \int_0^{q_R^{N^*}-(a-br_F^{N^*})} F(x)dx] - (pr_F^{N^*} - c_F)b = 0$，令 $q_0 = q_R^{N^*}$，若此时 $r_0 = r_F^{N^*}$，则说明 $p - c_R = 0$，即 $p =$

$c_R$，与假设 $p > c_R$ 不符，因此 $r_0 = r_F^{N^*}$ 不可能成立，易知 $r_0 \neq r_F^{N^*}$。证毕。

（3）因为 r 为给定值，此时决策变量仅为订货量 q。在集中决策下，对 $\Pi^c(q)$ 式（8-4）求 q 的二阶导数，可得 $d^2\Pi(q)/dq^2 < 0$，因此存在唯一最优解：$q_0 = a - br + \overline{F}^{-1}((c_R - v)/(p - v + pr - c_F))$；同理，在分散决策下，对 $\Pi_R^N(q)$ 求 q 的一阶导数并令其为零，此时零售商的最优订货量满足：$q_R^{N^*} = a - br + \overline{F}^{-1}((c_R - v)/(p - v))$。又因为 $\overline{F}^{-1}(x)$ 为单调递减函数，且 $pr - c_F > 0$，所以 $q_0 > q_R^{N^*}$。因为 $q_0$ 为 $\Pi^c(q)$ 的唯一最优解，故 $\Pi^c(q_R^{N^*}) < \Pi^c(q_0)$，即集中决策与分散决策相比可以取得更多的利润。证毕。

命题 8.1 表明，要使得 $\Pi^N(q_R^{N^*}, r_F^{N^*}) = \Pi^c(q_0, r_0)$，唯有使条件 $q_R^{N^*} = q_0$ 和 $r_F^{N^*} = r_0$ 同时成立，显然分散决策不可能实现系统的协调。

## 8.4　收益共享与两部收费组合契约协调模型

首先，零售商为使金融机构降低手续费率以增加销量而将分享因消费信贷带来收益的 $1 - \lambda$ 给金融机构，其中，$0 < \lambda < 1$。同时金融机构将提供给零售商 L 的通道费以及 kq 的订货补贴，其中通道费 L 与零售商的订货数量 q 和金融机构的手续费率 r 无关，k 为单位补贴系数且 $k \geq 0$。特别地，$L > 0$ 表示为通道费，此时金融机构为与零售商合作开展消费信贷业务以赚取手续费而提供给零售商 L 的通道费；$L < 0$ 表示为特许经营费，此时金融机构因与零售商合作开展消费信贷业务而收取 L 的特许经营费。本章为描述方便而将 L 统称为通道费。那么，在此策略情形下，零售商和金融机构的期望利润函数分别为：

$$\Pi_R^{RT}(q, r, \lambda, L, k) = (\lambda p - \lambda v)S(q, r) - (c_R - \lambda v)q + kq + L$$

$$(8-9)$$

$$\Pi_F^{RT}(q, r, \lambda, L, k) = [pr - c_F + (1-\lambda)(p-v)]S(q, r) + (1-\lambda)vq - kq - L$$

$$(8-10)$$

由于零售商为主从博弈中的从方，根据主从原理先对 $\Pi_R^{RT}(q, r, \lambda, L,$

k）求 q 的二阶偏导，可得 $\partial^2\Pi_R^{RT}(q, r, \lambda, L, k)/\partial q^2 = -(\lambda q - \lambda v)f(q - (a - br)) < 0$。因此，$\Pi_R^{RT}(q, r, \lambda, L, k)$ 在区间 $q \in [0, +\infty)$ 上存在唯一最优解 $q_R^{RT^*}$，令式（8-9）对 q 的一阶偏导等于零，可求出 $q_R^{RT^*}$ 关于手续费率 r 的反应函数为：$q_R^{RT^*} = a - br_R^{RT^*} + \overline{F}^{-1}((c_R - \lambda v - k)/(\lambda p - \lambda v))$。

金融机构在知道零售商的订货数量反应函数为 $q_R^{RT^*}$ 之后，将其代入式（8-10），并对 $\Pi_F^{RT}(q, r, \lambda, L, k)$ 求 r 的二阶偏导，可得 $\partial^2\Pi_F^{RT}(q, r, \lambda, L, k)/\partial r^2 = -2pb < 0$。因此，$\Pi_F^{RT}(q, r, \lambda, L, k)$ 在区间 $r \in [0, +\infty)$ 上存在唯一最优解 $r_F^{RT^*}$，且对式（8-10）求关于满足 r 的一阶偏导并令其为零，可得 $r_F^{RT^*} = \{p[a + h - \int_0^h F(x)dx] + bc_F - (1-\lambda)bp\}/2pb$，其中 $h = \overline{F}^{-1}((c_R - \lambda v - k)/(\lambda p - \lambda v))$。将确定的 $r_F^{RT^*}$ 代入零售商的订货数量反应函数中得：$q_R^{RT^*} = a - \{p[a + h - \int_0^h F(x)dx] + bc_F - (1-\lambda)bp\}/2p + h$，$h = \overline{F}^{-1}((c_R - \lambda v - k)/(\lambda p - \lambda v))$。

命题8.2：当收益共享与两部收费组合契约的参数同时满足如下等式：

$$k = c_R - \lambda v - \frac{(c_R - v)(\lambda p - \lambda v)}{p - v + pr_0 - c_F} \tag{8-11}$$

$$\lambda = \frac{c_R}{p} \tag{8-12}$$

则 $(r_0, q_0)$ 为该组合契约下的最优决策组合，即能够实现系统的协调。

证明：若收益共享与两部收费组合契约实现协调，则必须同时满足 $\partial\Pi_F^{RT}(q, r, \lambda, L, k)/\partial r = \partial\Pi^c(q, r)/\partial r = 0$，$\partial\Pi_R^{RT}(q, r, \lambda, L, k)/\partial q = \partial\Pi^c(q, r)/\partial q = 0$，即 $r_F^{RT^*} = r_0$，$q_R^{RT^*} = q_0$。要使 $r_F^{RT^*} = r_0$，只要 $\partial\Pi_F^{RT}(q, r, \lambda, L, k)/\partial r = \partial\Pi^c(q, r)/\partial r$ 成立即可（因为 $\partial\Pi(q, r)/\partial r$ 为单调递减函数），即式（8-13）成立：

$$p\left(q_R^{RT^*} - \int_0^{q - (a - br_F^{RT^*})} F(x)dx\right) - [pr_F^{RT^*} - c_F + (1-\lambda)p]b$$

$$= p(q_0 - \int_0^{q_0-(a-br_0)} F(x)dx) - (p - c_R + pr_0 - c_F)b \qquad (8-13)$$

又因为有 $q_R^{RT^*} = a - br_F^{RT^*} + \overline{F}^{-1}((c_R - \lambda v - k)/(\lambda p - \lambda v))$ 和 $q_0 = a - br_0 +$ $\overline{F}^{-1}((c_R - v)/(p - v + pr_0 - c_F))$，且 $r_F^{RT^*} = r_0$ 成立，只要 $\overline{F}^{-1}((c_R - \lambda v - k)/(\lambda p - \lambda v)) = \overline{F}^{-1}((c_R - v)/(p - v + pr_0 - c_F))$ 成立即可，又因为 $\overline{F}^{-1}(x)$ 为单调递减函数，因此有方程 $(c_R - \lambda v - k)/(\lambda p - \lambda v) = (c_R - v)/(p - v + pr_0 - c_F)$ 成立，对其进行简化即可得式（8-11）。此时因为 $q_R^{RT^*} = q_0$，故对式（8-13）进行化简，可得式（8-12）。由此，当收益共享与两部收费组合契约的参数满足式（8-11）和式（8-12）时，该组合契约可以达到实现卖方消费信贷系统协调的目的。证毕。

对式（8-11）进行变形可得：

$$\frac{c_R - \lambda v - k}{c_R - v} = \frac{\lambda p - \lambda v}{p - v + pr_0 - c_F} \qquad (8-14)$$

令 $\phi = \dfrac{c_R - \lambda v - k}{c_R - v} = \dfrac{\lambda p - \lambda v}{p - v + pr_0 - c_F}$，且同时满足 $\lambda = \dfrac{c_R}{p}$，代入式（8-9）、式（8-10）中，此时 $r_F^{RT^*} = r_0$，$q_R^{RT^*} = q_0$，且可得：

$$\Pi_R^{RT}(q_R^{RT^*}, r_F^{RT^*}, \lambda, L, k) = \phi\Pi^c(q_0, r_0) + L \qquad (8-15)$$

$$\Pi_F^{RT}(q_R^{RT^*}, r_F^{RT^*}, \lambda, L, k) = (1 - \phi)\Pi^c(q_0, r_0) - L \qquad (8-16)$$

由以上结论可知，当该组合契约实现系统的协调时，$\phi$ 为固定值，但通道费 $L$ 可使该组合契约在自愿遵从机制下实现系统利润的任意分配。由式（8-15）可以看出，零售商的利润 $\Pi_R^{RT}(q_R^{RT^*}, r_F^{RT^*}, \lambda, L, k)$ 随着通道费 $L$ 的增加而增加，而由式（8-16）可以看出，金融机构的利润 $\Pi_F^{RT}(q_R^{RT^*}, r_F^{RT^*}, \lambda, L, k)$ 随着通道费 $L$ 的增加而减少。$L$ 的取值取决于零售商和金融机构各自在卖方消费信贷系统中的地位和相互之间讨价还价的能力。

收益共享与两部收费组合契约可以在零售商和金融机构之间实现系统整体利润的任意分配，但在个体理性的约束下，卖方消费信贷系统各参与方首先要考虑自身的利益，只有在自身利益满足的前提下才会考虑卖方消费信贷系统整体利益的最大化。因此，要使零售商和金融机构都能够接受该契约，必须保证双方所获利润不少于分散决策时各自所获利润。也就是说，要保证在该契约的制约下卖方消费信贷系统各方的利润能够实现帕累托改进，即同时满足以下两个不等式：

$$\Pi_R^{RT^*}(q_R^{RT^*}, r_F^{RT^*}, \lambda, L, k) \geq \Pi_R^N(q_R^{N^*}, r_F^{N^*}) \quad (8-17)$$

$$\Pi_F^{RT^*}(q_R^{RT^*}, r_F^{RT^*}, \lambda, L, k) \geq \Pi_F^N(q_R^{N^*}, r_F^{N^*}) \quad (8-18)$$

命题 8.3：当收益共享与两部收费组合契约的参数满足式（8-19）：

$$\Pi_R^N(q_R^{N^*}, r_F^{N^*}) - \phi\Pi^c(q_0, r_0) \leq L \leq (1-\phi)\Pi^c(q_0, r_0) - \Pi_F^N(q_R^{N^*}, r_F^{N^*})$$

$$(8-19)$$

则在该组合契约下可实现零售商与金融机构利润的帕累托改进（其中

$$\phi = \frac{c_R - \lambda v - k}{c_R - v} = \frac{\lambda p - \lambda v}{p - v + pr_0 - c_F}, \quad \lambda = \frac{c_R}{p}）。$$

证明：将式（8-15）、式（8-16）分别代入式（8-17）、式（8-18）两个不等式中，并对其化简整理得式（8-19）。证毕。

由此可知，金融机构在设计契约时，须使通道费 L 的取值范围满足式（8-19），才能保证自身利益不受损的同时，促使零售商接受该组合契约，保证契约的顺利实施，而 L 的具体数值取决于零售商和金融机构各自在卖方消费信贷系统中的实力和谈判能力。

## 8.5 数值分析

为证明所设计的组合式契约能够有效地协调卖方消费信贷系统，下面将通过算例进一步验证模型的有效性：

假设信贷消费需求为加法模式 $D(r, \varepsilon) = 40 - 60r + \varepsilon$，其中随机变量 $\varepsilon$ 服从均匀分布，即 $\varepsilon \sim U(0, 100)$；市场规模 $a = 40$，利费率的弹性系数 $b = 60$。零售商的单位产品销售价格 $p = 10$，零售商通过消费信贷业务销售的单位产品订购成本 $c_R = 5$，售季节末的产品残值 $v = 1$，金融机构的单位信贷服务成本 $c_F = 2$。

由以上参数计算可得，在集中决策情形下，零售商的最优订货数量 $q_0 = 78.821$，最优手续费率 $r_0 = 0.511$（即 $R = 0.511$），最优期望销售为 $S(q_0, r_0) = 54.674$，卖方消费信贷系统的整体利润为 $\Pi^c(q_0, r_0) = 401.610$。

在分散决策情形下，代入以上参数得：零售商的最优订货数量为 $q_R^{N^*} = 52.494$，金融机构的最优手续费率 $r_F^{N^*} = 0.718$，最优期望销售为 $S(q_R^{N^*}, r_F^{N^*}) = 37.062$。零售商和金融机构的最优期望利润分别为 $\Pi_R^N(q_R^{N^*}, r_F^{N^*}) = 123.580$，$\Pi_F^N(q_R^{N^*}, r_F^{N^*}) = 228.929$。系统的整体最优利润为 $\Pi^N(q_R^{N^*}, r_F^{N^*}) = \Pi_R^N(q_R^{N^*}, r_F^{N^*}) + \Pi_F^N(q_R^{N^*}, r_F^{N^*}) = 352.509$。由此可知，$\Pi^c(q_0, r_0) \neq \Pi^N(q_R^{N^*}, r_F^{N^*})$。综上，命题 8.1 成立。

若不考虑通道费 L，当零售商分享因消费信贷带来收益的 $1 - \lambda$ 给金融机构，金融机构仅提供给零售商 $kq$ 的订货补贴时，契约参数 $\lambda$ 在 $0.1 \sim 1$ 之间以 0.1 为间隔取不同值，且满足 $k = c_R - \lambda v - \dfrac{(c_R - v)(\lambda p - \lambda v)}{p - v + p r_0 - c_F}$，用 maple 软件计算得出表 8-1。

表 8-1      契约参数 λ 不同取值下的最优决策

| $\lambda$ | $k$ | $r_F^{RT^*}$ | $q_R^{RT^*}$ | $\Pi_R^{RT^*}$ | $\Pi_F^{RT^*}$ | $\Pi^{RT^*}$ |
|---|---|---|---|---|---|---|
| 1.0 | 1.255 | 0.761 | 63.821 | 181.840 | 182.270 | 364.110 |
| 0.9 | 1.629 | 0.711 | 66.821 | 180.543 | 197.067 | 377.610 |
| 0.8 | 2.004 | 0.661 | 69.821 | 175.493 | 212.617 | 388.110 |
| 0.7 | 2.378 | 0.611 | 72.821 | 166.691 | 228.919 | 395.610 |
| 0.6 | 2.753 | 0.561 | 75.821 | 154.136 | 245.974 | 400.110 |
| 0.5 | 3.127 | 0.511 | 78.821 | 137.828 | 263.781 | 401.610 |
| 0.4 | 3.502 | 0.461 | 81.821 | 117.768 | 282.342 | 400.110 |
| 0.3 | 3.876 | 0.411 | 84.821 | 93.955 | 301.655 | 395.610 |
| 0.2 | 4.251 | 0.361 | 87.821 | 66.389 | 321.720 | 388.110 |
| 0.1 | 4.625 | 0.311 | 90.821 | 35.071 | 342.539 | 377.610 |

表 8-1 描绘了不同契约参数下的最优决策结果。由表 8-1 可知，当

$\lambda \in [0.1, 1]$ 时，最优手续费率 $r_F^{RT^*}$、零售商的最优利润 $\Pi_R^{RT^*}$ 关于 $\lambda$ 单调递增，单位补贴系数 k、零售商的最优订货数量 $q_R^{RT^*}$ 及金融机构的最优利润 $\Pi_F^{RT^*}$ 关于 $\lambda$ 单调递减。即随着零售商收益分享比例的增加，金融机构制定的手续费率会随之降低，则消费信贷的需求量增加，从而使得零售商的订货量增加，但由于没有考虑通道费，这会造成零售商利润的减少。

图 8 - 2 更直观地描绘了利润分配系数 $\lambda$ 对零售商、金融机构及系统最优利润的影响。由图 8 - 2 可以看出，当 $\lambda \in [0.1, 0.5]$ 时，系统整体利润 $\Pi^{RT^*}$ 关于 $\lambda$ 单调递增，当 $\lambda \in [0.5, 1]$ 时，系统整体利润 $\Pi^{RT^*}$ 关于 $\lambda$ 单调递减，当 $\lambda = 0.5$ 时实现了系统的协调，系统整体利润 $\Pi^{RT^*}$ 取得最大值 401.610，等于集中决策情形下系统的最优利润 $\Pi^c(q_0, r_0)$，且 $r_F^{RT^*} = r_0$，$q_R^{RT^*} = q_0$，但此时不能实现系统利润的任意分配。

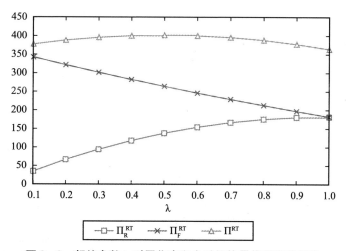

**图 8 - 2　契约参数 $\lambda$ 对零售商和金融机构最优利润的影响**

若考虑通道费 L，当零售商分享因消费信贷带来收益的 $1 - \lambda$ 给金融机构，同时金融机构将提供给零售商 L 的通道费及 kq 的订货补贴时，契约参数 $\{\lambda, L, k\}$ 同时满足式（8 - 11）、式（8 - 12）和式（8 - 19），可计算得出 $\lambda = 0.5$，单位补贴系数 k = 3.127，通道费 $L \in [-14.248, 34.853]$。由式（8 - 15）、式（8 - 16）分别化简得：零售商的最优利润函数为 $\Pi_R^{RT}(q_R^{RT^*},$

$r_F^{RT^*}$，$\lambda$，L，k）= 137.828 + L，金融机构的最优利润函数为 $\Pi_F^{RT}$（$q_R^{RT^*}$，

$r_F^{RT^*}$，$\lambda$，L，k）= 263.781 − L。下面通过图 8 − 3 更加清晰地描绘了通道费 L 与零售商和金融机构最优利润的关系。

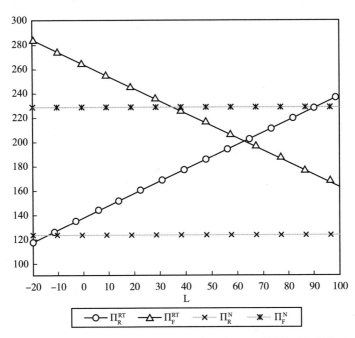

**图 8 − 3　当 λ = 0.5 通道费 L 与零售商和金融机构最优利润的关系**

从图 8 − 3 不难看出，当固定 $\lambda$ = 0.5 时，零售商的最优利润 $\Pi_R^{RT^*}$ 随着 L 的增加而增加，而金融机构的最优利润 $\Pi_F^{RT^*}$ 随着 L 的增大而减小。并且当通道费满足 L ∈ [−14.248，34.853] 时，$\Pi_R^{RT}$（$q_R^{RT^*}$，$r_F^{RT^*}$，$\lambda$，L，k）⩾ $\Pi_R^N$（$q_R^{N^*}$，$r_F^{N^*}$），$\Pi_F^{RT}$（$q_R^{RT^*}$，$r_F^{RT^*}$，$\lambda$，L，k）⩾ $\Pi_F^N$（$q_R^{N^*}$，$r_F^{N^*}$），$\Pi^{RT^*}$ = $\Pi^c$（$q_0$，$r_0$）= 401.610，该组合契约使零售商和金融机构的利润较分散决策时均得到了改善，并且使得系统利润取得最优，则该组合契约实现了零售商和金融机构之间的完美共赢协调，即命题 8.3 成立。此外，L ∈ [−14.248，34.853] 满足激励相容原则，L 的取值主要取决于零售商和金融机构各自在卖方消费信贷系统中的实力和谈判能力。若契约参数 L = −14.248（此时金

融机构的实力和谈判能力较强），零售商的利润与分散决策时相等，金融机构获得最大利润 278.029，比分散决策时增加利润 49.101（约增加21.45%）；若零售商具备一定的实力，可将契约参数 L 的值设定得尽可能大，例如当 L = 34.853 时，金融机构的最优利润仅与分散决策时相等，而零售商可获得最大利润 172.681，比分散决策时增加利润 49.101（约增加39.73%）。总的来说，相比分散决策，在该组合契约下，卖方消费信贷系统的整体利润增加了 49.101，使系统效益提高了 13.93%。

## 8.6　本 章 小 结

随着各产品市场迅速发展，卖方消费信贷作为一种商业模式已成为顾客购买产品的一个重要手段，这就凸显了金融机构转变经营观念和开发多元化金融产品的重要性。目前各大金融机构都会与开展信贷消费产业的商家合作，同一家零售商甚至会与多家金融机构有业务联系。本章在产品的市场需求受手续费率影响的情形下，从供应链视角研究了卖方消费信贷系统的协调问题。在分散决策情形下，零售商和金融机构的博弈会造成订货量和手续费率的扭曲，致使系统效益降低。研究表明，本章所提出的收益共享与两部收费组合契约既可以协调零售商的订货决策，同时也可以协调金融机构的手续费率决策，而且，当契约参数满足一定条件范围时，该组合契约还可以使零售商和金融机构的利润同时高于分散决策下的最优利润，实现二者的互利共赢，提高系统的整体绩效。最后，数值分析也进一步验证了上述结论的科学性和契约的可实施性。本章假设信贷消费需求与现款消费需求相互独立，且产品价格为外生变量，进一步可以将假设放宽，对信贷消费需求与现款消费需求可相互转移或产品价格是内生变量时的情况进行研究。

# 第9章

# 随机需求依赖服务水平的
# 零售商与金融机构协调

## 9.1 引 言

在实际生活中，消费信贷的需求往往是随机且不确定的，一般情况下，当产品价格和消费信贷的手续费率在一定时间内保持不变时，金融机构在开展消费信贷业务时所提供的服务水平越高、专业性越强，则消费信贷的需求也就越高。因此，在零售商和金融机构合作时，零售商总是希望金融机构能够提供尽可能专业化的信贷服务，而金融机构总是希望零售商能够尽可能多的订货且以消费信贷的方式与消费者进行交易。但是在缺少激励的情形下，一方面，提高信贷服务水平会增加金融机构的交易成本，消费信贷需求量的增加也具有不确定性；另一方面，零售商若提高订货量则会导致其剩余库存积压风险的增加。因此，本章在金融机构的服务水平影响信贷消费需求的情形下，研究如何设计契约机制来同时协调金融机构的信贷服务水平决策和零售商的订货决策，以在合作期内使双方获取更多的利益，达到二者的互利共赢，并且实现系统整体利益最大化。

# 9.2　问题描述和假设

考虑一个由零售商和金融机构组成的二级卖方消费信贷系统。系统中零售商和金融机构的决策行为可用主从博弈来描述，金融机构为博弈的主导方，零售商为博弈的随从方，两者是相互联系的利益主体，且二者的最终目标都是追求自身利益的最大化，其中金融机构首先决策其所提供的信贷服务水平，从而对消费信贷的需求率产生影响，其次零售商根据金融机构的服务水平对满足消费信贷需求的订货数量进行决策，进而直接影响金融机构的最终收益。

本章所涉及的符号假设：$p$ 表示零售商的单位产品销售价格；$q$ 表示销售季节开始前零售商的订货数量；$e$ 表示金融机构的信贷服务水平；$v$ 表示库存产品销售季节末的产品残值；$c_r$ 表示零售商的边际产品成本，$p > c_r > v$；$c_f$ 表示金融机构办理信贷业务的单位服务成本；$r$ 表示手续费率，即还款周期内消费者购买单位产品所产生的总利息与相关费用之和与价格的比率，$c_f < pr$；$\xi$ 表示销售季节的信贷消费的随机需求，$f(\xi)$ 和 $F(\xi)$ 分别表示销售季节的需求概率密度函数和与之对应的需求概率分布函数，并且 $\forall \xi \in [0, +\infty)$，$F(\xi)$ 和 $f(\xi)$ 连续可微和单调递增，$F(\xi) \geq 0$，$\overline{F}(\xi) = 1 - F(\xi)$，$f(\xi) > 0$，$F(0) = 0$；$\xi'$ 表示金融机构提高信贷服务水平之后的随机需求；$C(e)$ 表示金融机构的信贷服务水平为 $e$ 时的服务成本，信贷服务水平提高，则信贷服务成本也随之增大，不失一般性，令 $C(e)$ 在区间 $e \in [1, +\infty)$ 上连续可导，且存在 $C'(e=1) = 0$，$C'(e>1) > 0$，$C''(e) > 0$。

假设 9.1：零售商和金融机构满足理性人、风险中性及信息对称的假设。

假设 9.2：信贷消费需求与现款消费需求相互独立，零售商可为信贷消费需求单独补货。

假设 9.3：信贷服务水平的高低可观测和度量，信贷消费需求可随金融机构信贷服务水平的提高而相应增加，信贷消费随机需求与金融机构信贷服务水平 e 之间的关系为 $\xi' = e\xi$，其中 $e \geqslant 1$，$e = 1$ 表示金融机构的原有服务水平。

假设9.4：不对消费者还款时存在的违约情况单独进行考虑，还款违约损失可计入金融机构的单位信贷服务成本 $c_f$ 中。

# 9.3 基本模型

## 9.3.1 集中决策模型

在集中决策情况下，金融机构和零售商的信息完全共享，并进行统一决策，两者可被看作一个整体共同决定最优订货量和信贷服务水平，以追求系统利益整体的最大化。此时零售商和金融机构的期望收益函数分别为：

$$\pi_r(q, e) = pE(\min(q, e\xi)) - c_r q + vE(q - e\xi)^+ \qquad (9-1)$$

$$\pi_f(q, e) = (pr - c_f)E(\min(q, e\xi)) - C(e) \qquad (9-2)$$

那么，此时系统总体的期望利润函数为：

$$\Pi(q, e) = (p(1+r) - c_f)E(\min(q, e\xi)) - c_r q + vE(q - e\xi)^+ - C(e) \qquad (9-3)$$

令 $S(q, e) = E(\min(q, e\xi))$，则可推导出 $S(q, e) = q - e\int_0^{q/e} F(\xi)d\xi$，$E(q - e\xi)^+ = q - S(q, e)$，并代入式（9-3）可得到：

$$\Pi(q, e) = (p(1+r) - c_f - v)S(q, e) - (c_r - v)q - C(e) \qquad (9-4)$$

为简便起见，令 $A = p(1+r) - c_f - v$，$\Phi(q) = \int_0^q \xi dF(\xi)$。对 $\Pi(q, e)$ 分别求 q、e 的二阶偏导数及混合偏导数，可得：

$$B = \partial^2 \Pi(q, e)/\partial q^2 = -Af(q/e)/e < 0 \qquad (9-5)$$

$$C = \partial^2 \Pi(q, e)/\partial e^2 = -Aq^2 f(q/e)/e^3 - C''(e) < 0 \qquad (9-6)$$

$$D = \partial^2 \Pi(q, e)/\partial q \partial e = Aqf(q/e)/e^2 \qquad (9-7)$$

当 $e > 1$ 时，$BC - D^2 = (A f(q/e)/e) C''(e) > 0$。由此可判断 $\Pi(q, e)$ 是关于 $q$ 和 $e$ 联合严格凹函数，故存在唯一的系统最优策略组合（$q_0$，$e_0$）使得系统利润取得最大值。其中（$q_0$，$e_0$）同时满足以下两个等式：

$$q_0 = e_0 \overline{F}^{-1}((c_r - v)/A) \qquad (9-8)$$

$$C'(e_0) = A\Phi(q_0/e_0) \qquad (9-9)$$

当 $e = 1$ 时，即金融机构的信贷服务水平保持不变时，系统的最优订货数量为 $\hat{q}_0 = \overline{F}^{-1}((c_r - v)/A)$。因此，有 $q_0 = e_0 \hat{q}_0$ 和 $C'(e_0) = A\Phi(\hat{q}_0)$。将最优策略组合（$q_0$，$e_0$）代入式（9-4）并进行化简，得系统的最优利润为 $\Pi(q_0, e_0) = e_0(p(1+r) - c_f - v)\Phi(\hat{q}_0) - C(e_0)$。

命题 9.1：$e_0 > 1$，$\Pi(q_0, e_0) > \Pi(\hat{q}_0, e = 1)$。

证明：因为有 $C'(e_0) = A\Phi(q_0/e_0) > C'(1) = 0$，且有 $C''(e) > 0$，因此可知 $e_0 > 1$。由于（$q_0$，$e_0$）是联合严格凹函数 $\Pi(q, e)$ 的唯一最优策略组合，故可知 $\Pi(q_0, e_0) > \Pi(\hat{q}_0, e = 1)$，即证。

由命题 9.1 可以看出，在集中决策情况下金融机构若提高信贷服务水平，则可使得卖方消费信贷系统整体利润增加。

## 9.3.2　分散决策模型

在分散决策情况下，金融机构根据自身利益最大化的原则来确定最优的信贷服务水平，而零售商根据金融机构的决策在保证自身利益的前提下选择最优的订货量，它们之间满足主从博弈关系，两者分别以各自利益最大化为前提进行决策。此时零售商的期望收益函数为：

$$\pi_r(q, e) = (p - v)S(q, e) - (c_r - v)q \qquad (9-10)$$

由式（9-10）可分别求解出 $\pi_r(q, e)$ 关于 $q$ 的一阶和二阶偏导，可得 $\dfrac{\partial \pi_r(q, e)}{\partial q} = (p - v)(1 - F(q/e)) - (c_r - v)$，$\partial^2 \pi_r(q, e)/\partial q^2 = -(p - v)f(q/e)/e < 0$。由于 $\pi_r(q, e)$ 在区间 $q \in [0, +\infty)$ 上是订货量 $q$ 的凹函数，所以令 $\dfrac{\partial \pi_r(q, e)}{\partial q} = (p - v)(1 - F(q/e)) - (c_r - v) = 0$，可得

最优订货决策满足 $q_1 = e\overline{F}^{-1}((c_r - v)/(p - v))$。当信贷服务水平保持不变即 $e = 1$ 时，零售商的最优订货数决策满足 $\hat{q}_1 = \overline{F}^{-1}((c_r - v)/(p - v))$。因此，$q_1 = e\hat{q}_1$。

由式（9-10）可求解出 $\pi_r(q, e)$ 关于信贷服务水平 $e$ 的一阶偏导，可得 $\partial\pi_r(q, e)/\partial e = (p - v)\Phi(q/e) > 0$。这表明了在分散决策情况下，金融机构信贷服务水平的提高可使零售商的利润随之增加。因此零售商总是希望金融机构能够提高信贷服务水平。

此时金融机构的期望收益函数为：

$$\pi_f(q, e) = (pr - c_f)S(q, e) - C(e) \qquad (9-11)$$

将零售商的订货数量反应函数 $q_1 = e\hat{q}_1$ 代入式（9-11），并根据式（9-11）求解 $\pi_f(q_1, e)$ 关于 $e$ 的一阶和二阶偏导，可得 $\partial\pi_f(q_1,e)/\partial e = (pr - c_f)(\hat{q}_1 - \int_0^{\hat{q}_1} F(\xi)d\xi) - C'(e_1)$，$\partial^2\pi_f(q_1, e)/\partial e^2 = -C''(e) < 0$。因为 $\pi_f(q_1, e)$ 在区间 $e \in [1, +\infty)$ 上是关于 $e_1$ 的严格凹函数，因此存在唯一的最优信贷服务水平满足 $C'(e_1) = (pr - c_f)(\hat{q}_1 - \int_0^{\hat{q}_1} F(\xi)d\xi)$。此时将最优信贷服务水平代入零售商的订货数量反应函数 $q_1 = e\hat{q}_1$ 中，即可得零售商的最优订货量为 $q_1 = e_1\hat{q}_1$。

由以上可知，在分散决策情形下零售商的最优期望收益为 $\pi_r(q_1, e_1) = e_1(p - v)\Phi(\hat{q}_1)$；金融机构的最优期望收益为 $\pi_f(q_1, e_1) = e_1(pr - c_f)(\hat{q}_1 - \int_0^{\hat{q}_1} F(\xi)d\xi) - C(e_1)$。

命题 9.2：（1）$1 < e_1 < e_0$；（2）$\hat{q}_1 < q_1 < q_0$；（3）$\Pi(q_1, e_1) < \Pi(q_0, e_0)$。

证明：（1）因为 $C'(e_1) = (pr - c_f)(\hat{q}_1 - \int_0^{\hat{q}_1} F(\xi)d\xi) > C'(1) = 0$，且 $C''(e) > 0$，所以 $e_1 > 1$；又经过变形可得：$C'(e_0) = (pr - c_f)(\hat{q}_0 - \int_0^{\hat{q}_0} F(\xi)d\xi) + (p - v)(\hat{q}_0 - \int_0^{\hat{q}_0} F(\xi)d\xi) - (c_r - v)\hat{q}_0$，因为 $(pr - c_f)(\hat{q}_0 - \int_0^{\hat{q}_0} F(\xi)d\xi) > C'(e_1)$ 和 $(p - v)(\hat{q}_0 - \int_0^{\hat{q}_0} F(\xi)d\xi) - (c_r - v)\hat{q}_0 > 0$，所以

$C'(e_1) < C'(e_0)$；综上，即证 $1 < e_1 < e_0$。

（2）首先因为 $e_1 > 1$ 和 $q_1 = e_1 \hat{q}_1$，所以 $\hat{q}_1 < q_1$；其次又因为 $q_0 = e_0 \hat{q}_0$，$\hat{q}_1 < \hat{q}_0$，$e_1 < e_0$，所以 $q_1 < q_0$；综上可证 $\hat{q}_1 < q_1 < q_0$。

（3）由于 $(q_0, e_0)$ 是联合凹函数 $\Pi(q, e)$ 的唯一最优策略组合，故有 $\Pi(q_1, e_1) < \Pi(q_0, e_0)$。即证。

由命题 9.2 可以看出，在分散决策下，金融机构有意愿提高其信贷服务水平，但为了自身利益选择低于系统利益最优（集中决策）时的信贷服务水平；零售商为了降低其库存积压的风险选择低于系统利益最优的订货数量；最终导致系统的总体利益低于集中决策时的系统最优利益。而要实现系统协调并获取系统利益最大化，必须使得分散决策与集中决策的最优解保持一致，因此需要进一步研究零售商和金融机构两者之间的利益协调机制。

## 9.4　收益共享和成本共担契约协调模型

在分散决策情况下，由命题 9.2 可知系统不能实现协调，为此本章设计了一种基于收益共享与成本共担的组合契约模型。对于金融机构而言，提高信贷服务水平会影响信贷消费的需求量同时也会使其服务成本增加，如果仅由金融机构一方承担服务成本，势必会造成金融机构利益损失风险的增加，不利于系统的协调，因此引入成本共担机制。定义 $1 - \sigma$ 为零售商将信贷消费收益分享给金融机构的比例，同时也为金融机构为零售商分担扣除残值后实际单位产品成本的比例；定义 $1 - \lambda$ 为零售商为金融机构分担信贷服务成本的比例。那么此时零售商和金融机构的期望利润函数分别如下所示：

$$\tau_r(q, e) = \sigma[(p-v)S(q, e) - (c_r - v)q] - (1-\lambda)C(e) \quad (9-12)$$

$$\tau_f(q, e) = [(1-\sigma)(p-v) + (pr-c_f)]S(q, e) - \lambda C(e) - (1-\sigma)(c_r - v)q$$

$$(9-13)$$

由式（9-12）可求解出 $\tau_r(q, e)$ 关于 $q$ 的一阶和二阶偏导，可得

$\dfrac{\partial \tau_r(q, e)}{\partial q} = \sigma[(p - v)(1 - F(q/e)) - (c_r - v)]$，$\partial^2 \tau_r(q, e)/\partial q^2 = -\sigma(p - v)f(q/e)/e < 0$。因此 $\tau_r(q, e)$ 在区间 $q \in [0, +\infty)$ 上是关于 q 的凹函数，令 $\dfrac{\partial \tau_r(q, e)}{\partial q} = \sigma[(p - v)(1 - F(q/e)) - (c_r - v)] = 0$，则零售商的最优订货决策满足 $q_2 = e\overline{F}^{-1}((c_r - v)/(p - v))$。当信贷服务水平保持不变即 $e = 1$ 时，零售商的最优订货决策为 $\hat{q}_2 = \overline{F}^{-1}((c_r - v)/(p - v))$。那么零售商的订货数量反应函数可表示为 $q_2 = e\hat{q}_2$。

将 $q_2 = e\hat{q}_2$ 代入式（9 - 13），并对 $\tau_f(q_2, e)$ 求解关于 e 的一阶、二阶偏导，有 $\partial \tau_f(q_2, e)/\partial e = [((1 - \sigma)(p - v) + (pr - c_f))(\hat{q}_2 - \int_0^{\hat{q}_2} F(\xi)d\xi) - (1 - \sigma)(c_r - v)\hat{q}_2]/\lambda - C'(e_2)$，$\partial^2 \tau_f(q_2, e)/\partial e^2 = -\lambda C''(e) < 0$。因此 $\tau_f(q_2, e)$ 在区间 $e \in [1, +\infty)$ 上为 e 的严格凹函数，因此，金融机构的最优信贷服务水平 $e_2$ 满足 $C'(e_2) = \{[(1 - \sigma)(p - v) + (pr - c_f)](\hat{q}_2 - \int_0^{\hat{q}_2} F(\xi)d\xi) - (1 - \sigma)(c_r - v)\hat{q}_2\}/\lambda$。将最优信贷服务水平 $e_2$ 代入零售商的订货量反应函数 $q_2 = e\hat{q}_2$ 中，得到零售商的最优订货数量为 $q_2 = e_2\hat{q}_2$。

命题 9.3：当契约参数满足等式如下：

$$pr = c_f, \tag{9 - 14}$$

$$\lambda = 1 - \sigma, \tag{9 - 15}$$

基于收益共享与成本共担的组合契约可以实现卖方消费信贷系统利益的协调。

证明：为实现系统协调，就要使得协调契约与集中决策下的最优订货数量和信贷服务水平分别相等，即需要满足等式 $q_2 = q_0$ 和同时 $e_2 = e_0$ 成立。由于 C (e) 为单调递增函数，所以要使 $e_2 = e_0$ 成立，只要 $C'(e_2) = C'(e_0)$ 成立，即：

$$[((1 - \sigma)(p - v) + (pr - c_f))(\hat{q}_2 - \int_0^{\hat{q}_2} F(\xi)d\xi) - (1 - \sigma)(c_r - v)\hat{q}_2]/\lambda$$
$$= A\Phi(\hat{q}_0) \tag{9 - 16}$$

成立。因为 $q_2 = e_2\overline{F}^{-1}((c_r - v)/(p - v))$ 和 $q_0 = e_0\overline{F}^{-1}((c_r - v)/A)$，且 $e_2 =$

$e_0$ 成立，所以要使 $q_2 = q_0$ 成立，只要 $\overline{F}^{-1}((c_r - v)/(p - v)) = \overline{F}^{-1}((c_r - v)/A)$ 成立即可，又因为 $\overline{F}^{-1}$ 是单调递减函数，因此有 $(c_r - v)/(p - v) = (c_r - v)/A$ 成立，对之进行化简可得式 $pr = c_f$，此时因为有 $q_2 = q_0$，对式（9 – 16）化简可得 $\lambda = 1 - \sigma$，即证。

命题 9.3 表明收益共享与成本共担组合契约可以实现卖方消费信贷系统的有效协调。将式（9 – 14）、式（9 – 15）分别代入式（9 – 12）、式（9 – 13），并进行化简之后可得：

$$\tau_r(q_2, e_2) = \sigma\Pi(q_0, e_0) \tag{9-17}$$

$$\tau_f(q_2, e_2) = (1 - \sigma)\Pi(q_0, e_0) \tag{9-18}$$

即在金融机构的信贷服务水平影响零售商的信贷消费需求的情形下，收益共享和成本共担组合契约可以实现供应链系统的协调，并且可以任意的分配利润，$\sigma$ 是零售商分得的整个供应链利润的比例，$\sigma$ 的取值取决于零售商和金融机构各自在卖方消费信贷系统中的地位和谈判能力。

收益共享和成本共担组合契约可以在零售商和金融机构之间实现整体供应链利润的任意分配，但在个体理性的约束下，供应链各参与方要优先考虑自身的利益，只有在自身利益满足的前提下才会考虑供应链整体利益的最大化。因此，为保证零售商和金融机构都能够接受这个契约的一个必要条件就是，在该组合契约下双方所获得的最优利润不少于分散决策下各自所获取的最优利润。也就是说，要保证在该组合契约的制约下供应链各方的利润能够实现帕累托改进，即同时满足以下两个不等式：

$$\tau_r(q_2, e_2) \geq \pi_r(q_1, e_1) \tag{9-19}$$

$$\tau_f(q_2, e_2) \geq \pi_f(q_1, e_1) \tag{9-20}$$

将式（9 – 17）、式（9 – 18）分别代入以上两个不等式中可得：

$$\frac{\pi_r(q_1, e_1)}{\Pi(q_0, e_0)} \leq \sigma \leq 1 - \frac{\pi_f(q_1, e_1)}{\Pi(q_0, e_0)} \tag{9-21}$$

由此可知，金融机构在设计契约时，须使 $\sigma$ 的取值范围满足式（9 – 21），只有这样才能在保证自身利益的同时，促使零售商接受该组合契约（$\lambda$，$\sigma$），至于 $\sigma$ 的具体数值则要取决于零售商和金融机构各自在供应链上的地位及相互之间讨价还价的能力。

# 9.5　数值分析

为了验证以上模型的可行性，下面将进行数值分析和验证。假设金融机构维持信贷服务水平不变时，信贷消费的随机需求服从 $\xi \sim N(10, 3)$ 的正态分布，零售商的单位产品销售价格 $p = 10$，零售商的边际产品成本 $c_r = 4$，销售季节末的库存产品残值 $v = 1$；金融机构办理信贷业务的单位服务成本 $c_f = 2$，信贷消费的手续费率 $r = 0.4$，金融机构提高信贷服务水平的服务成本 $C(e) = 5(e-1)^2$。

在集中决策下，当 $e = 1$ 时，由集中决策模型可得系统的最优订货决策为 $\hat{q}_0 = 11.8176$，系统的最优期望利润为 $\Pi(\hat{q}_0, e = 1) = 69.0934$；当金融机构提高信贷服务水平时，系统的最优订货决策为 $q_0 = 93.4696$，系统的最优信贷服务水平为 $e_0 = 7.9093$，系统总体的期望利润为 $\Pi(q_0, e_0) = 307.7881$。可以看出 $\Pi(q_0, e_0) > \Pi(\hat{q}_0, e = 1)$，验证了命题 9.1 的正确性。

在分散决策下，当 $e = 1$ 时，根据建立的基本决策模型可计算出此时零售商的最优订货决策为 $\hat{q}_1 = 11.2957$，零售商的最优期望利润为 $\pi_r(\hat{q}_1, e = 1) = 50.2294$，金融机构的最优期望利润为 $\pi_f(\hat{q}_1, e = 1) = 18.6926$，系统总体的最优期望利润为 $\Pi(\hat{q}_1, e = 1) = 68.922$；当金融机构努力提高信贷服务水平时，最优订货决策为 $q_1 = 32.4103$，最优信贷服务水平为 $e_1 = 2.8693$，此时零售商的最优期望利润为 $\pi_r(q_1, e_1) = 144.1212$，金融机构的最优期望利润为 $\pi_f(q_1, e_1) = 36.1632$，系统总体的最优期望利润为 $\Pi(q_1, e_1) = 180.2844$。通过具体的算例分析可以看出，分散决策下金融机构的最优信贷服务水平和订货数量都低于集中决策，即 $1 < e_1 < e_0$，$q_1 < q_0$，显然分散决策下的利润总和小于集中决策下系统的最优利润，即 $\Pi(q_1, e_1) < \Pi(q_0, e_0)$（命题 9.2 成立）。

由以上结果可知，当 $e = 1$ 时，分散决策下系统的最优利润与集中决策下系统的最优利润非常接近；然而，当金融机构努力提高信贷服务水平时，分散决策下系统的最优利润占集中决策下系统最优利润的比例仅为58.57%，可见运用相应的契约机制来实现系统协调是非常有必要的。

在收益共享和成本共担组合契约下，当金融机构向信贷消费者收取的手续费率满足 $r = \dfrac{c_f}{p} = 0.2$，通过调整契约参数 $\sigma$ 的大小，且满足 $\lambda = 1 - \sigma$ 时，通过应用 Maple 软件计算得出最优决策结果（见表 9-1）。

表 9-1　　　　　　　　　契约参数对最优决策的影响

| $\sigma$ | $\lambda$ | $e_2$ | $q_2$ | $\tau_r$ | $\tau_f$ | $\Pi$ |
|---|---|---|---|---|---|---|
| 0.5000 | 0.5000 | 1.0241 | 13.2189 | 69.9537 | 0.1221 | 70.0758 |
| 0.5500 | 0.4500 | 1.5003 | 19.0729 | 98.9071 | 2.8142 | 101.7214 |
| 0.6000 | 0.4000 | 2.0770 | 26.0239 | 130.4721 | 6.6280 | 137.1002 |
| 0.6500 | 0.3500 | 2.7995 | 34.5869 | 164.7955 | 11.9646 | 176.7602 |
| 0.7000 | 0.3000 | 3.7422 | 45.6092 | 201.1511 | 19.5056 | 220.6567 |
| 0.7500 | 0.2500 | 5.0390 | 60.6065 | 235.9710 | 30.4892 | 266.4602 |
| 0.8000 | 0.2000 | 6.9572 | 82.6013 | 255.8397 | 47.4033 | 303.2430 |
| 0.8182 | 0.1818 | 7.9093 | 93.4696 | 251.8267 | 55.9615 | 307.7881 |
| 0.8500 | 0.1500 | 10.1203 | 118.6370 | 207.2260 | 76.0650 | 283.2910 |
| 0.9000 | 0.1000 | 16.3975 | 189.8325 | -186.9851 | 133.9393 | -53.0457 |
| 0.9500 | 0.0500 | 35.1354 | 401.7646 | -3710.1044 | 308.3748 | -3401.7295 |

由表 9-1 可知，在收益共享和成本共担组合契约下，随着成本共担系数 $\sigma$ 从 0.5 开始逐渐增大和成本共担系数 $\lambda$ 从 0.5 开始逐渐减小，最优订货数量 $q_2$、最优信贷服务水平 $e_2$ 以及金融机构的最优期望利润 $\tau_f$ 逐渐增加；而零售商的最优期望利润 $\tau_r$ 和系统总体的最优期望利润 $\Pi$ 先增加后减少。

由图 9-1 可以发现，当契约参数 $\sigma$ 趋近于 0.8，同时满足 $\lambda = 1 - \sigma$ 时，零售商和金融机构的利润开始同时优于分散决策时两者的最优利润，因此可以实现帕累托改进；结合表 9-1 可知，当 $\sigma = 0.8182$（$\lambda = 0.1818$）时，协调契约下的最优订货数量和信贷服务水平与集中决策下相等，且可以使利润达到系统最优，即说明收益共享和成本共担契约可以实现系统的协调

（验证了命题 9.3 的正确性），此时系统的总体效率较分散决策时提高了 70.72%；当 σ 略小于 0.85 时，在收益共享和成本共担组合契约下双方的期望利润相比分散决策仍然满足帕累托改进的原则；综上可知，当 σ ∈ [0.8, 0.85]，并且满足 λ = 1 - σ 时，收益共享和成本共担组合契约可实现零售商和金融机构两者利润的帕累托改进。综上所述，本章所提出的卖方消费信贷收益共享和成本共担组合契约不仅可实现零售商和金融机构利益的协调，还可实现两者利润的帕累托改进。

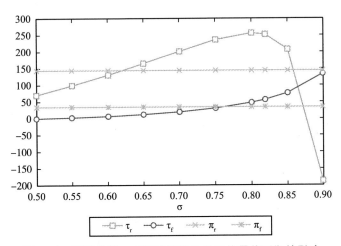

**图 9 - 1　契约参数 σ 对零售商和金融机构最优利润的影响**

## 9.6　本章小结

作为拓宽金融机构的创利渠道，提升产品销量、释放消费潜力、扩大内需的重要途径，卖方消费信贷已经在国内外得到了广泛的认可，它可以使消费者花明天的钱享受今天的服务，使消费更具灵活性，从而提升居民的生活质量和品质。与以往从宏观视角研究消费信贷不同，本章从供应链协调的微观视角探讨了由金融机构和零售商组成的二级卖方消费信贷系统的协调问题，具有重要的理论和现实意义。本章在需求不确定且与信贷服务水平相关的情况下，分析了零售商和金融机构合作开展卖方消费信贷的协调机制，并确定了最优订货数量和最优服务水平，提出了一种收益共享和成本共担组合契约协调机制。研究发现本章所提出的收益共享和成本共担组合契约能够实现系统的协调及零售商和金融机构利润的改善。需要说明的是，本章假设手续费率和产品价格为外生变量，且未考虑信息不对称问题及决策者的风险偏好问题，在后续的研究中可适当放宽该假设，对手续费率或产品价格是内生变量时和存在信息不对称的情形展开研究。

# 第10章

# 随机需求依赖促销努力的
# 零售商与金融机构协调

## 10.1 引　言

目前两部收费契约在供应链协调上已经运用的较为广泛和成熟。但斌等（2013）研究了双渠道供应链中的电子销售渠道和传统直销渠道的冲突问题，运用两部收费契约实现了供应链的完美协调。秦学志等（2014）研究了房屋中介在执行收费中的策略，分别在房屋委托交易初期和交易达成时收取费用，采用两部收费策略为房屋中介实现了利润最大化。易余胤和梁家密（2012）发现惩奖机制会影响成员企业的决策，构建了三方闭环供应链模型，证明了收入——费用共享契约模型能有效改进分散决策模型，同时也证明了在惩奖机制下的闭环供应链中两部收费契约的协调性能优于收入——费用共享契约。在有关基于成本共担的供应链协调契约方面，何勇等（2006）证明了引入供应商努力成本共担的组合契约能够实现供应链的完美协调，解决了单一的数量柔性契约无法协调供应链的问题。吴庆和但斌（2008）发现单一的成本共担合同仅可以协调 TPL 服务供应商的服务水平的决策，同时也证明了在服务成本共担和收益共享契约的组合契约下，既可以协调 TPL

服务供应商的服务水平的决策，又能够协调客户企业的存货决策。

# 10.2　基本假设与参数说明

本章考虑由单个零售商和单个金融机构组成的卖方消费信贷服务供应链的最优决策和协调问题。假设零售商和金融机构均为追求利益最大化的理性人，两者之间信息对称且风险中性。零售商对其产品订购量和促销努力水平进行决策，提高促销努力水平可增加信贷消费市场需求，而促进销售业绩的努力行为需要付出一定的努力成本。为了方便模型的建立和分析，相关符号假设如下所示。

$q$ 表示零售商的订货数量；$p$ 表示单位产品的零售价格；$c$ 表示零售商单位产品的边际成本；$c_f$ 表示金融机构单位产品的信贷消费服务成本；$r$ 表示利费率，即信贷还款周期内消费者购买产品所产生的总利息与相关费用之和与产品价格的比率，且 $pr > c_f$；$v$ 表示季末单位产品的残值；$e$ 表示零售商的促销努力水平；借鉴文献胡本勇和王性玉（2010）、卡雄（Cachon，2003）所研究的假设，零售商销售活动的努力行为需要付出一定的成本，且随着促销努力水平的提升，努力成本的增速加快，$g(e)$ 表示零售商的促销努力成本函数（胡本勇等，2010；Cachon，2003），假设 $g(0) = 0$，$g'(e) > 0$，$g''(e) > 0$；$\varepsilon$ 表示商品的随机信贷消费需求，其密度函数为 $f(\varepsilon)$，分布函数为 $F(\varepsilon)$，且 $f(\varepsilon)$ 和 $F(\varepsilon)$ 在区间 $(0, +\infty)$ 上连续可导，$f(\varepsilon) > 0$，$F(\varepsilon) > 0$，$F(0) = 0$；$\Pi(q, e)$ 表示卖方消费信贷服务供应链系统的期望利润；$\pi_r(q, e)$ 表示零售商的期望利润；$\pi_f(q, e)$ 表示金融机构的期望利润。

假设 10.1：借鉴文献（赵正佳，2015）中采用加法模式对产品需求进行的假设，本章所提到的信贷消费需求，与现金消费需求、产品需求性质一致，受到促销努力水平的影响，消费信贷的市场需求（赵正佳，2015）为 $D(e, \varepsilon) = ae + \varepsilon$，其中 $a > 0$，且为常数。

假设 10.2：在季末零售商存在一定的销售残值，且不考虑零售商和金融机构的缺货成本。

假设 10.3：不另外考虑消费者的违约还款的情形，违约还款的损失可以直接反应在金融机构的信贷服务成本 $c_f$ 之中。

# 10.3　模型建立和分析

## 10.3.1　集中决策模型

为了达到卖方消费信贷服务供应链整体的优化目标，实现其整体利润的最大化，首先讨论卖方消费信贷服务供应链的集中决策模型。

期望销售为：

$$S(q, e) = q - \int_0^{q-ae} F(x)\,dx \qquad (10-1)$$

系统整体期望利润为：

$$\Pi(q, e) = (p - v + pr - c_f)S(q, e) + (v - c)q - g(e) \qquad (10-2)$$

由式（10-2）可以得到系统的期望利润关于 q，e 的海塞矩阵行列式为：

$$|H(\Pi(q, e))| = \begin{vmatrix} \dfrac{\partial^2 \Pi(q, e)}{\partial q^2} & \dfrac{\partial^2 \Pi(q, e)}{\partial q \partial e} \\ \dfrac{\partial^2 \Pi(q, e)}{\partial e \partial q} & \dfrac{\partial^2 \Pi(q, e)}{\partial e^2} \end{vmatrix} = \dfrac{\partial^2 \Pi(q, e)}{\partial q^2} \dfrac{\partial^2 \Pi(q, e)}{\partial e^2} - $$

$\left(\dfrac{\partial^2 \Pi(q, e)}{\partial q \partial e}\right)^2 > 0$，且 $\dfrac{\partial^2 \Pi(q, e)}{\partial q^2} < 0$，即 $H(\Pi(q, e))$ 为负定，则可判定 $\Pi(q, e)$ 是关于 q，e 的严格联合凹函数，模型存在唯一最优解。

设卖方消费信贷服务供应链系统最优订购量为 $q^*$，最优促销努力水平为 $e^*$，为了使卖方消费信贷服务供应链协调，必须同时满足以下条件：

$$\frac{\partial \Pi(q^*, e^*)}{\partial q} = (p - v + pr - c_f)(1 - F(q^* - ae^*)) + (v - c) = 0 \quad (10-3)$$

$$\frac{\partial \Pi(q^*, e^*)}{\partial e} = (p - v + pr - c_f)aF(q^* - ae^*) - g'(e^*) = 0 \quad (10-4)$$

进一步计算，由式（10-3）可得最优订购量

$$q^* = \overline{F}^{-1}\left(\frac{c - v}{p - v + pr - c_f}\right) + ae^* \quad (10-5)$$

根据供应链协调理论，可知式（10-3）、式（10-4）为实现整体利润最大化的必要条件。

## 10.3.2 分散决策模型

在分散决策模式下，零售商既不考虑金融机构利润的多少，也不考虑卖方消费信贷服务供应链系统利润是否达到最大化。零售商以自身利润为出发点，仅仅考虑自身利润的优化从而对其订货量和促销努力水平进行决策。

此时，零售商的期望利润函数为：

$$\pi_r(q, e) = (p - v)S(q, e) + (v - c)q - g(e) \quad (10-6)$$

金融机构的期望利润函数为：

$$\pi_f(q, e) = (pr - c_f)S(q, e) \quad (10-7)$$

由式（10-7）可以得到零售商的期望利润关于 q，e 的海塞矩阵行列式为：

$$|H(\pi_r(q, e))| = \begin{vmatrix} \dfrac{\partial^2 \pi_r(q, e)}{\partial q^2} & \dfrac{\partial^2 \pi_r(q, e)}{\partial q \partial e} \\ \dfrac{\partial^2 \pi_r(q, e)}{\partial e \partial q} & \dfrac{\partial^2 \pi_r(q, e)}{\partial e^2} \end{vmatrix} = \dfrac{\partial^2 \pi_r(q, e)}{\partial q^2} \dfrac{\partial^2 \pi_r(q, e)}{\partial e^2} -$$

$$\left(\frac{\partial^2 \pi_r(q, e)}{\partial q \partial e}\right)^2 > 0, \ 且 \frac{\partial^2 \pi_r(q, e)}{\partial q^2} < 0, \ 即 \ H(\pi_r(q, e)) \ 为负定，可以得知 \pi_r(q, e) 是关于 q，e 的严格联合凹函数，存在唯一最优解。$$

设在分散决策模型下零售商的最优订购量为 $q_r^*$，最优促销努力水平为 $e_r^*$，则要使得卖方消费信贷服务供应链协调，必须同时满足以下条件：

$$\frac{\partial \pi_r(q_r^*, e_r^*)}{\partial q} = (p - v)(1 - F(q_r^* - ae_r^*)) + (v - c) = 0 \quad (10-8)$$

$$\frac{\partial \pi_r(q_r^*, e_r^*)}{\partial e} = (p - v)aF(q_r^* - ae_r^*) - g'(e_r^*) = 0 \quad (10-9)$$

命题10.1：在分散决策情形下，若 $q_r^* = q^*$，则 $e_r^* > e^*$；若 $e_r^* = e^*$，则 $q_r^* < q^*$，即分散决策模型不能实现卖方消费信贷服务供应链的协调。

证明：根据式（10-8）进一步计算可得 $q_r^* = \overline{F}^{-1}\left(\frac{c-v}{p-v}\right) + ae_r^*$。比较集中决策模型与分散决策模型下的最优订购量 $q^* = \overline{F}^{-1}\left(\frac{c-v}{p-v+pr-c_f}\right) + ae^*$ 与 $q_r^* = \overline{F}^{-1}\left(\frac{c-v}{p-v}\right) + ae_r^*$。由假设已知 $\overline{F}(x)$ 和 $\overline{F}^{-1}(x)$ 均为 $(0, +\infty)$ 上的单调减函数，且 $pr - c_f > 0$，故 $\frac{c-v}{p-v+pr-c_f} < \frac{c-v}{p-v}$，$\overline{F}^{-1}\left(\frac{c-v}{p-v}\right) < \overline{F}^{-1}\left(\frac{c-v}{p-v+pr-c_f}\right)$。又 $a > 0$，故当 $q_r^* = q^*$ 时，$e_r^* > e^*$；当 $e_r^* = e^*$ 时，$q_r^* < q^*$。即在分散决策模型下，不能同时满足 $q_r^* = q^*$ 和 $e_r^* = e^*$，说明分散决策模型不能实现卖方消费信贷服务供应链的协调。证毕。

在分散决策下，若零售商所决策的产品最优订购量等于系统集中决策的最优订购量，则最优促销努力水平大于系统集中决策的最优促销努力水平；若零售商所决策的最优促销努力水平等于系统集中决策的最优促销努力水平，则最优产品订购量小于系统集中决策的最优订购量。故分散决策下不能达到卖方消费信贷服务供应链的协调，需要采用相关的供应链契约对分散决策模型进行改进。

### 10.3.3　传统两部收费契约模型

考虑零售商与金融机构采用传统两部收费契约。假设金融机构为了激励和提高零售商的销售业绩，向零售商转移支付费用 $T = L + kq$（其中 L 和 k 为常数且 $k > 0$）。其中，若 $L > 0$，则表示零售商为金融机构提供业务渠道，向金融机构收取固定的通道费（slotting fee）（张赞和郁义鸿，2006），例如，家乐福、华润等大型超市对 70% 以上的商品收取的上架费等①；若 L < 0，则表示金融机构因与零售商合作开展消费信贷业务，向零售商收取的特许经营费（franchise fee）（Corbett, 2004）。k 表示金融机构按订购量为零售商转移支付费用的比例系数。

此时，零售商的期望利润函数为：

$$\pi_r(q, e) = (p - v)S(q, e) + (v - c)q - g(e) + L + kq \quad (10-10)$$

金融机构的期望利润函数为：

$$\pi_f(q, e) = (pr - c_f)S(q, e) - L - kq \quad (10-11)$$

设在传统两部收费契约模型下，零售商的最优订购量为 $q_1^*$，最优促销努力水平为 $e_1^*$，要使卖方消费信贷服务供应链协调，必须同时满足以下条件：

$$\frac{\partial \pi_r(q_1^*, e_1^*)}{\partial q} = (p - v)(1 - F(q_1^* - ae_1^*)) + (v - c + k) = 0$$

$$(10-12)$$

$$\frac{\partial \pi_r(q_1^*, e_1^*)}{\partial e} = (p - v)aF(q_1^* - ae_1^*) - g'(e_1^*) = 0 \quad (10-13)$$

命题 10.2：在传统两部收费契约情形下，若 $q_1^* = q^*$，则 $e_1^* \neq e^*$，即传统两部收费契约不能实现卖方消费信贷服务供应链的协调。

证明：根据式（10-4）和式（10-13）可知，集中决策模型与在传统两部收费契约情形下的最优订购量和最优促销努力水平分别满足

$$F(q^* - ae^*) = \frac{g'(e^*)}{a(p - v + pr - c_f)}$$ 与 $$F(q_1^* - ae_1^*) = \frac{g'(e_1^*)}{a(p - v)}$$。根据本书假设 $pr - c_f > 0$，若存在 $q_1^* = q^*$ 时 $e_1^* = e^*$，必须满足 $pr - c_f = 0$，与假设矛盾，且此时金融机构无法获利，明显不成立。故当 $q_1^* = q^*$ 时，$e_1^* \neq e^*$。即在传统两部收费契约模型下，不能同时满足 $q_1^* = q^*$ 和 $e_1^* = e^*$，说明传统两部收费契约模型不能实现卖方消费信贷服务供应链的协调。证毕。

在传统两部收费契约下，若零售商所决策的产品最优订购量等于集中决

---

① 李伟. 买方抗衡势力条件下的两部收费制研究［D］. 沈阳：东北大学，2014.

策下的系统最优订购量，则其最优促销努力水平无法与集中决策时的系统最优促销努力水平相等。故传统两部收费契约不能实现卖方消费信贷服务供应链的协调，需要考虑其他优化策略对模型进行改进。

### 10.3.4 基于成本共担的两部收费改进契约模型

进一步考虑零售商与金融机构采用基于成本共担的两部收费改进契约。金融机构按比例 $(1-\alpha)$ 分担零售商的努力成本，同时按两部收费法则向零售商支付费用为 $L+kq$（其中 $L$ 和 $k$ 为常数且 $k>0$）。则金融机构向零售商的转移支付为 $T=L+kq+(1-\alpha)g(e)$。

此时，零售商的期望利润函数为：

$$\pi_r(q, e) = (p-v)S(q, e) + (v-c)q - \alpha g(e) + L + kq \qquad (10-14)$$

金融机构的期望利润函数为：

$$\pi_f(q, e) = (pr-c_f)S(q, e) - (1-\alpha)g(e) - L - kq \qquad (10-15)$$

设在基于成本共担的两部收费改进契约下零售商的最优订购量为 $q_2^*$，最优促销努力水平为 $e_2^*$，那么要使卖方消费信贷服务供应链协调，必须同时满足以下条件：

$$\frac{\partial \pi_r(q_2^*, e_2^*)}{\partial q} = (p-v)(1 - F(q_2^* - ae_2^*)) + (v-c+k) = 0 \qquad (10-16)$$

$$\frac{\partial \pi_r(q_2^*, e_2^*)}{\partial e} = (p-v)aF(q_2^* - ae_2^*) - \alpha g'(e_2^*) = 0 \qquad (10-17)$$

命题 10.3：在基于成本共担的两部收费改进契约下，实现卖方消费信贷服务供应链协调及利润任意分配的条件是：$k = (c-v)\dfrac{pr-c_f}{p-v+pr-c_f}$，$\alpha = \dfrac{p-v}{p-v+pr-c_f}$。

证明：首先，比较式（10-16）、式（10-17）和式（10-3）、式（10-4）可知，要使卖方消费信贷服务供应链协调，必须同时满足以下条件：

$$\begin{cases} \dfrac{p-v+pr-c_f}{v-c} = \dfrac{p-v}{v-c+k} \\[4mm] p-v+pr-c_f = \dfrac{p-v}{\alpha} \end{cases} \qquad (10-18)$$

其次，对式（10 - 18）变形后得 $k = (c-v)\dfrac{pr-c_f}{p-v+pr-c_f}$，$\alpha =$

$\dfrac{p-v}{p-v+pr-c_f}$。

将 k 和 $\alpha$ 的表达式代入 $\pi_r(q,\ e)$、$\pi_f(q,\ e)$ 进行代数计算，可得

$\begin{cases} \pi_r(q,\ e) = \alpha\Pi(q,\ e) + L \\ \pi_f(q,\ e) = (1-\alpha)\Pi(q,\ e) - L \end{cases}$，即证卖方消费信贷服务供应链系统的利

润可以在契约参数 L 的变化下达到任意分配，从而实现了卖方消费信贷服务供应链的协调。证毕。

综上所述，基于成本共担的两部收费改进契约模型在一定的参数范围内，既实现了卖方消费信贷服务供应链协调，又达到了卖方消费信贷服务供应链系统利润任意分配的目的，从而保证了供应链两个主体利润的帕累托改进。

# 10.4　数 值 分 析

为了验证上述模型的实用性和有效性，下面将通过数值分析来计算和分析。

假设卖方消费信贷的市场需求 $\varepsilon$ 服从均匀分布，即 $\varepsilon \sim U(0,\ 100)$。零售商的产品销售单价 p = 100，零售商的单位产品成本 c = 50，金融机构的信贷利费率 r = 0.4，金融机构的信贷单位成本 $c_f$ = 5，单位产品的残值 v = 20。同时，假设参数 a = 1，则信贷消费市场需求 $D(e,\ \varepsilon) = e + \varepsilon$。假设零售商的促销努力成本函数 $g(e) = \dfrac{1}{2}e^2$。将以上假设代入书中的各个模型求解：

（1）集中决策模型。此时，卖方消费信贷市场需求 $\varepsilon \sim U(0,\ 100)$。经

计算，可以得到集中决策下零售商的最优订货数量 $q^* = 158.91$，最优促销努力水平 $e^* = 85.00$，最优期望销售 $S(q^*, e^*) = 131.60$，卖方消费信贷服务供应链系统的整体最优期望利润为 $\Pi(q^*, e^*) = 6754.20$。

（2）分散决策模型。此时，零售商考虑自身利润最大化，而无视卖方消费信贷服务供应链成员和卖方消费信贷服务供应链系统的利润是否最优。经计算，零售商最优订货量为 $q_r^* = 112.50 < q^*$，最优促销努力水平为 $e_r^* = 50.00 < e^*$，最优期望销售 $S(q_r^*, e_r^*) = 92.97$。此时，零售商的期望利润为 $\pi_r(q_r^*, e_r^*) = 2812.60$，金融机构的期望利润为 $\pi_f(q_r^*, e_r^*) = 3253.95$，卖方消费信贷服务供应链系统的期望利润为 $\Pi(q_r^*, e_r^*) = 6066.55 < \Pi(q^*, e^*)$，可见卖方消费信贷服务供应链系统的总体利润并未达到最优。

（3）传统两部收费契约模型。在传统两部收费契约模型下，代入数值可求得 $k = 9.13$，零售商的订货量 $q_1^* = q^* = 158.91$，进一步可得，零售商的促销努力水平 $e_1^* = 70.63 < e^*$，期望销售 $S(q_1^*, e_1^*) = 119.94$。此时，卖方消费信贷服务供应链系统的总利润 $\Pi(q_1^*, e_1^*) = 6531.50 < \Pi(q^*, e^*)$，可见卖方消费信贷服务供应链的系统利润并未达到最优。

（4）两部收费改进契约模型。在此情形下，根据推算结论可见 $\alpha$ 为固定值，并不能随机变动。此时，代入数值可求得 $\alpha = 0.70$，$k = 9.13$。因此，决定零售商和金融机构的利润分配的因素在于契约参数 $L$。

由表 10-1 可知，随着契约参数 $L$ 的增大，零售商的最优期望利润 $\pi_r$ 逐渐增大，而金融机构的最优期望利润 $\pi_f$ 逐渐减小。由于分散决策时零售商期望利润 $\pi_r(q_r^*, e_r^*) = 2812.60$，金融机构期望利润 $\pi_f(q_r^*, e_r^*) = 3253.95$，查表 10-1 并推算可得，当 $L \in (-1870.20, -1182.55)$ 时，存在 $\pi_r(q_2^*, e_2^*) > \pi_r(q_r^*, e_r^*)$ 且 $\pi_f(q_2^*, e_2^*) > \pi_f(q_r^*, e_r^*)$，即在基于成本共担的两部收费改进契约下实现了卖方消费信贷服务供应链系统利润的帕累托改进。当 $L = -1182.55$ 时，$\pi_r(q_2^*, e_2^*) = 3500.25$，比分散决策时的利润高了 24.45%；当 $L = -1870.20$ 时，$\pi_f(q_2^*, e_2^*) = 3941.60$，比分散决策时的利润提高了 21.13%；卖方消费信贷服务供应链协调后的系统总利润比分散决策下的系统总利润提高了 11.34%。当然，$L$ 具体的取值大小，还取决于零售商和金融机构两方各自的谈判能力。

表 10 – 1　　　　　　　　　不同契约参数 L 取值下的最优策略

| L | $\alpha$ | k | $q_2^*$ | $e_2^*$ | $\pi_r$ | $\pi_f$ | $\Pi$ |
|---|---|---|---|---|---|---|---|
| – 1870. 20 | 0. 70 | 9. 13 | 158. 91 | 85. 00 | 2812. 60 | 3941. 60 | 6754. 20 |
| – 1771. 97 | 0. 70 | 9. 13 | 158. 91 | 85. 00 | 2910. 83 | 3843. 37 | 6754. 20 |
| – 1673. 74 | 0. 70 | 9. 13 | 158. 91 | 85. 00 | 3009. 06 | 3745. 14 | 6754. 20 |
| – 1575. 51 | 0. 70 | 9. 13 | 158. 91 | 85. 00 | 3107. 29 | 3646. 91 | 6754. 20 |
| – 1477. 28 | 0. 70 | 9. 13 | 158. 91 | 85. 00 | 3205. 52 | 3548. 68 | 6754. 20 |
| – 1379. 05 | 0. 70 | 9. 13 | 158. 91 | 85. 00 | 3303. 75 | 3450. 45 | 6754. 20 |
| – 1280. 82 | 0. 70 | 9. 13 | 158. 91 | 85. 00 | 3401. 98 | 3352. 22 | 6754. 20 |
| – 1182. 55 | 0. 70 | 9. 13 | 158. 91 | 85. 00 | 3500. 25 | 3253. 95 | 6754. 20 |

# 10.5　本章小结

　　本章对零售商和金融机构组成的卖方消费信贷服务供应链模型进行了分析，研究了零售商的最优订货决策和最优促销努力水平决策。分别建立了集中决策模型、分散决策模型、两部收费契约模型和基于成本共担的两部收费改进契约模型。研究并得出结论：基于成本共担的两部收费改进契约可以实现卖方消费信贷服务供应链的协调，而且在一定的契约参数范围内，可以实现零售商和金融机构利润的帕累托改进。通过数值分析可以看出，零售商和金融机构双方的利润都得到了较大幅度提高，实现了卖方消费信贷服务供应链成员"双赢"的目标。

# 第11章

# 随机需求依赖手续费率与服务水平的制造商、零售商及金融机构协调

## 11.1 引　言

近年来，随着国家经济的飞速发展和发展政策的不断完善，消费信贷成为一种新的消费方式，对人们生活的影响越来越深，促使大众消费观念的转变。鉴于商业银行和消费金融公司等金融机构专业性的不断提高，相当数量的零售商及电商平台与之合作开展卖方消费信贷业务。金融机构与供应链企业之间的这种合作，不仅可以刺激潜在需求，提高零售商的产品销量，还可以扩大金融机构的盈利渠道，实现金融产品的创新，增强客户黏性。在消费信贷模式下金融机构与零售商合作时，零售商总是希望金融机构能收取尽可能低的手续费率，同时提供高水平和更加专业化的信贷服务，但这势必会造成金融机构成本的提高，因此，在缺少有效激励措施的情形下，二者不可避免地会遇到利益冲突的问题，从而使得系统整体缺乏效率。

当前有许多学者对消费信贷领域的相关问题进行了研究，但已有的大多数文献都是从消费信贷对宏观经济、需求增长的影响和消费信贷的评级体系、风险控制等角度来开展研究的，很少涉及从供应链的视角研究消费信贷

的相关问题。而事实上，将金融机构引入供应链协调中，从系统协调的角度研究消费信贷将更具有现实意义。

本章考虑现实中信贷消费的市场需求往往会同时受到手续费率和信贷服务水平的影响，研究了卖方消费信贷下，手续费率和金融机构的信贷服务努力水平同时影响信贷消费需求的系统协调和最优决策问题。针对由单个金融机构和单个零售商组成的卖方消费信贷系统，假设信贷消费需求采用加法模式形式，设计了一种收益共享与成本共担联合契约的形式实现双方共赢和系统利润更优，并通过算例论证了所设计的契约机制能有效协调供应链系统的利润，此外，还对手续费率的弹性系数对系统利润和最优决策的影响进行了分析。

## 11.2　问题描述与假设

考虑由一个零售商和一个金融机构构成的卖方消费信贷系统。零售商和金融机构都是风险中性的完全理性人，二者独立进行决策且信息完全共享。零售商和金融机构合作开展消费信贷业务，零售商以产品价格 p 向消费者销售产品，由金融机构替消费者向零售商先行垫付货款，金融机构独自承担因开展信贷业务产生的单笔信贷服务成本 $c_F$（包括办理信贷业务成本、人员培训成本、信贷违约风险成本及资金获取成本等），且制定信贷业务手续费率为 $r_F$（手续费率是指还款周期内，消费者购买单位产品所产生的总利息以及相关资金费用的总和与价格的比率），由于零售商可通过满足信贷消费需求而增加利润，因此其可以考虑向消费者提供一定的补贴以降低消费者实际支付的手续费率 $r_R$，以增加信贷消费的需求量，最终消费者以手续费率 $r_R$ 分期向金融机构偿还贷款。因此 $r_R$ 可视作零售商的一个决策变量。

假设 11.1：消费信贷的市场需求采用加法模式 $D(r_R, e) = y(r_R, e) + \varepsilon = a - br_R + e + \varepsilon$，其中确定需求 $y(r_R, e) = a - br_R + e$，$a > 0$ 表示市场中潜在的消费信贷需求，$b > 1$ 表示需求的价格弹性，本章将考虑富有弹性的商品，e 表示金融机构的信贷服务努力水平；$\varepsilon$ 表示支撑集为 ［A，B］的随机需求，且 A≥0，其均值为 μ，f(·) 为销售季节的需求概率密度函数，f(·)>0，F(·) 表示与之对应的累积分布函数，F(·) 连续可微和单调递增，且有 F(·)≥0，F(0)=0。令 h(x)=f(x)/(1-F(x))，h(x) 为随机需求 ε 的递增失效率（IFR）函数。

假设11.2：令 C(e) 表示金融机构在努力水平为 e 时的服务成本，C(e) 在区间 e∈[1，+∞) 上关于 e 连续可微，且为 e 的单增凸函数，有 C'(e=1)=0，C'(e>1)>0，C''(e)>0。

假设11.3：为简化模型便于求解，销售季节结束后，剩余商品残值为零，对于未得到满足的需求可以忽略且惩罚成本也为零。

# 11.3　集中式卖方消费信贷系统的最优决策

考虑将零售商和金融机构所组成的卖方消费信贷系统看作一个统一的整体，从系统的角度进行决策，此时零售商和金融机构均以系统利润最大化为目标，同时对订货量、手续费率和信贷服务水平进行决策，并且在集成系统的情形下，金融机构制定的手续费率即为消费者最终支付的手续费率，用 $r_T$ 表示集中决策情况下消费者最终需要支付的手续费率，即 $r_F=r_R=r_T$。则集中式卖方消费信贷系统的期望利润为：

$$\Pi_T(q,\ r_T,\ e)=(p(1+r_T)-c_f)E(\min(D(r_T,\ e),\ q))-c_R q-C(e)$$

$$(11-1)$$

定义库存因子（Petruzzi and Dada，1999）$z=q-y(r_R,\ e)$，则有 $q=y(r_R,\ e)+z$，于是确定变量 $(q,\ r_T,\ e)$ 就相当于决定变量 $(z,\ r_T,\ e)$，将 $q=y(r_R,\ e)+z$ 代入式（11-1）系统期望利润函数为：

$$\Pi_T(z,\ r_T,\ e)=(p(1+r_T)-c_f-c_R)(a-br_T+e+z)-$$
$$(p(1+r_T)-c_f)\Lambda(z)-C(e) \qquad (11-2)$$

其中 $\Lambda(z)=E(z-\varepsilon)^+=\int_A^Z (z-x)f(x)dx$。

命题11.1：集中式卖方消费信贷系统的最优决策结果如下。

（1）对于任意 $z(A \leqslant z \leqslant B)$，最优手续费率 $r_T^*$ 满足：

$$r_T^* = r_T(z) = \frac{\Gamma(z)}{2pb} \tag{11-3}$$

其中 $\Gamma(z) = p(a + e + z) - b(p - c_f - c_R) - p\Lambda(z)$。

（2）如果 $h(x)$ 关于 $x$ 单调递增，即 $\varepsilon$ 具有递增失效率（IFR），并且 $p(a + e + A) + b(p - c_f - c_R) > 0$，则最优库存因子 $z_T^*$ 由式（11-4）唯一决定：

$$F(z) = \frac{2b(p - c_f - c_R) + \Gamma(z)}{2b(p - c_f) + \Gamma(z)} \tag{11-4}$$

（3）最优信贷服务水平满足：

$$C'(e) = p(1 + r_T^*) - c_f - c_R \tag{11-5}$$

证明：对于给定的 $q$ 和 $e$，由式（11-2）可得最优手续费率 $r_T^*$ 满足一阶条件：

$$\frac{\partial \Pi_T(z, r_T, e)}{\partial r_T} = p(a - br_T + e + z) - b(p(1 + r_T) - c_f - c_R) - p\Lambda(z)$$

$$= p(a + e + z) - b(p - c_f - c_R) - p\Lambda(z) - 2pbr_T$$

$$= 0 \tag{11-6}$$

而且，对式（11-2）关于 $r_T$ 求二阶偏导，有 $\dfrac{\partial^2 \Pi_T(z, r_T, e)}{\partial r_T^2} = -2pb < 0$，因此，对于任意的 $z(A \leqslant z \leqslant B)$，系统存在唯一最优手续费率 $r_T^*$，即：

$$r_T^* = r_T(z) = \frac{p(a + e + z) - b(p - c_f - c_R) - p\Lambda(z)}{2pb} \tag{11-7}$$

该式等价于式（11-3）。将 $r_T^*$ 代入式（11-2），则有：

$$\Pi_T(z, r_T(z), e) = (p(1 + r_T^*) - c_f - c_R)(a - br_T^* + e + z) - (p(1 + r_T^*) - c_f)\Lambda(z) - C(e) \tag{11-8}$$

对于给定的 $e$，根据复式求导法则有：

$$\frac{d\Pi_T(z, r_T(z), e)}{dz} = \frac{\partial \Pi_T(z, r_T(z), e)}{\partial r_T(z)} \cdot \frac{dr_T(z)}{dz} + \frac{\partial \Pi_T(z, r_T(z), e)}{\partial z} \tag{11-9}$$

由 $r_T(z)$ 的最优性可得，式（11-9）中的第一项为 0，那么，

$$\frac{\partial \Pi_T(z, r_T(z), e)}{\partial z} = (p(1 + r_T^*) - c_f - c_R) - (p(1 + r_T^*) - c_f)F(z)$$

$$= \frac{1}{2b}g(z) \qquad (11-10)$$

其中，$g(z) = 2b(p - c_f - c_R) + \Gamma(z) - [2b(p - c_f) + \Gamma(z)]F(z)$。

接下来需要证明 $z^*$ 存在且具有唯一性。

因为 $\frac{1}{2b} > 0$，所以只要 $z^*$ 满足 $g(z^*) = 0$ 则可以使 $\frac{\partial \Pi_T(z, r_T(z), e)}{\partial z} = 0$ 的一阶条件成立，即式（11-4）成立。对 $g(z)$ 分别求关于 $z$ 的一阶、二阶导数，得：

$$g'(z) = (1 - F(z))(1 - F(z) - h(z)(2bp + \Gamma(z) - 2bc_f))$$

$$g''(z) = -h(z)g'(z) + (1 - F(z))[-f(z) - h'(z)(2bp + \Gamma(z) - 2bc_f) - h(z)(1 - F(z))] \qquad (11-11)$$

其中，$h(z) = f(z)/(1 - F(z))$。

因为 $g(z)$ 在 [A, B] 上连续，且满足 $g(A) = p(a + e + A) + b(p - c_f - c_R) \geq 0$ 时，$g(B) = -2bc_R < 0$，则说明 $g(z)$ 在 [A, B] 上至少有 1 个零点。另外，根据该命题的假设，$h(z)$ 是关于 $z$ 的单调递增函数，且 $F(z) < 1$（$z \in (A, B)$），因此，当 $z$ 满足 $g'(z) = 0$ 时，则有 $g''(z) < 0$，这说明 $g(z)$ 在 [A, B] 上是单峰函数。综上所述，方程 $g(z) = 0$ 在 (A, B) 内有唯一解，即 $z^*$ 存在且解唯一。

对式（11-2）关于 $e$ 求二阶偏导，得 $\frac{\partial^2 \Pi_T(z^*, r_T(z), e)}{\partial e^2} = -C''(e) < 0$，则 $\Pi_T(z^*, r_T(z), e)$ 是关于 $e$ 的凹函数，从而存在唯一最优解 $e^*$ 满足一阶条件：

$$\frac{\partial \Pi_T(z^*, r_T(z), e)}{\partial e} = (p(1 + r_T^*) - c_f - c_R) - C'(e) = 0 \qquad (11-12)$$

由此可解得最优信贷服务水平满足式（11-5）。证毕。

命题 11.1 中要求 $h(x)$ 是关于 $x$ 的单调递增函数，即市场需求的分布具有递增的失效率。此条件是一个温和的假设，许多普通分布，如正态分

布、均匀分布和伽马分布等均满足此假设。

将式（11 - 3）、式（11 - 4）、式（11 - 5）代入式（11 - 2）中可得集中式卖方消费信贷系统的最优利润为：

$$\Pi_T(z^*,\ r_T^*,\ e^*) = (p(1 + r_T^*) - c_f - c_R)(a - br_T^* + e^* + z^*) - $$
$$(p(1 + r_T^*) - c_f)\Lambda(z) - C(e^*) \qquad (11 - 13)$$

## 11.4　分散式情形下的最优决策

在手续费率和服务努力水平同时影响需求的情形下，在销售季节开始之前，零售商和金融机构均以自身利益最大化为目标分别对最优的订货量、手续费率和服务水平进行决策。二者为主从博弈关系，金融机构为博弈的领先者，零售商为博弈的跟随者，博弈的具体顺序为：在销售季节开始前，金融机构向零售商提供一份卖方消费信贷合作契约，其中具体包括信贷消费业务中收取的手续费率 $r_F$ 和信贷服务水平 $e$ 的大小，零售商根据契约中金融机构制定的手续费率和服务水平决定相应的订货量 $q$ 和消费者最终支付的手续费率 $r_R$ 的取值；等到销售季节结束后，双方按照契约进行转移支付。

在分散决策情形下，零售商和金融机构的期望利润函数分别为：

$$\Pi_R(q,\ r_R) = p(1 + r_R - r_F)E[\min(D(r_R,\ e),\ q)] - c_R q \qquad (11 - 14)$$
$$\Pi_f(r_F,\ e) = (pr_F - c_f)E[\min(D(r_R,\ e),\ q)] - C(e) \qquad (11 - 15)$$

将 $q = y(r_R,\ e) + z$ 代入式（11 - 14）中，零售商的期望利润函数变形为：

$$\Pi_R(z,\ r_R) = [p(1 + r_R - r_F) - c_R](a - br_R + e + z) - p(1 + r_R - r_F)\Lambda(z)$$
$$(11 - 16)$$

类似于命题 11.1 中的推导过程，可计算得零售商的最优决策结果如下：

对于给定的金融机构信贷服务水平 $e$ 和其制定的手续费率 $r_F$，消费者最终支付的最优手续费率为：

$$r_R^* = r_R(z) = \frac{\Phi(z)}{2pb} \qquad (11 - 17)$$

其中 $\Phi(z) = p(a+e+z) - b(p - pr_f - c_R) - p\Lambda(z)$。

最优库存因子 $z_d^*$ 满足：

$$F(z) = \frac{2b(p - pr_f - c_R) + \Phi(z)}{2bp(1 - r_f) + \Phi(z)} \qquad (11-18)$$

将式（11-17）、式（11-18）代入式（11-15）中，金融机构的期望利润函数可变形为：

$$\Pi_f(r_F, e) = (pr_F - c_f)\left(a - \frac{\Phi(z)}{2p} + e + z - \Lambda(z)\right) - C(e) \qquad (11-19)$$

由式（11-19）求解出 $\Pi_f(r_F, e)$ 关于 $r_F$ 的一阶、二阶导数，得出

$$\frac{\partial \Pi_f(r_F, e)}{\partial r_F} = p\left(a - \frac{\Phi(z)}{2p} + e + z - \Lambda(z)\right) - \frac{b}{2}(pr_F - c_f), \quad \frac{\partial^2 \Pi_f(r_F, e)}{\partial r_F^2} =$$

$-pb < 0$，因此 $\Pi_f(r_F, e)$ 是关于 $r_F$ 的凹函数，令 $\dfrac{\partial \Pi_f(r_F, e)}{\partial r_F} = 0$，可以得到金融机构制定的最优信贷手续费率为：

$$r_F^* = \frac{2(a+e+z-\Lambda(z))}{b} - \frac{\Phi(z)}{pb} + \frac{c_f}{p} \qquad (11-20)$$

由式（11-19）求解出 $\Pi_f(r_F, e)$ 关于 $e$ 的一阶、二阶导数，得出

$$\frac{\partial \Pi_f(r_F, e)}{\partial e} = \frac{(pr_F - c_f)}{2} - C'(e), \quad \frac{\partial^2 \Pi_f(r_F, e)}{\partial e^2} = -C''(e) < 0，因此 \Pi_f(r_F,$$

$e)$ 是关于 $e$ 的凹函数，令 $\dfrac{\partial \Pi_f(r_F, e)}{\partial e} = 0$，得到分散决策下金融机构制定的最优信贷服务水平满足：

$$C'(e) = \frac{(pr_F^* - c_f)}{2} \qquad (11-21)$$

将分散决策情形下的零售商的最优策略与集中式卖方消费信贷系统的最优策略进行比较，因为 $\Pi_f(r_F, e) > 0$，故有 $pr_F > c_F$，当 $e_d^* = e^*$，$z_d^* = z^*$ 时，比较式（11-3）和式（11-17），可以判断 $r_R^* > r_T^*$。即不能满足 $r_R^* = r_T^*$，$e_d^* = e^*$，$z_d^* = z^*$ 同时成立，因此在分散式决策情形下供应链不能实现协调。这是因为零售商和金融机构在决策时都以追求自身利益最大化为原则，因此，双方的博弈导致了订货量、消费者最终支付的手续费率和信贷服务努

力水平的扭曲，导致了双重边际效应。为了消除这种"双重边际"现象，就有必要设计一种契约协调机制，既可以有效地协调零售商的订货和手续费率决策，还可以协调金融机构的信贷服务努力水平，从而实现零售商和金融机构二者利润的提高。

# 11.5 卖方消费信贷系统协调契约

## 11.5.1 收益共享契约

在收益共享契约机制下，金融机构制订一个较低的手续费率，并且分享零售商的一部分信贷销售收益以作为补偿，定义 $\lambda$ 为金融机构分享零售商信贷消费业务销售收益的比重，则 $(1-\lambda)$ 为零售商所保留的收益比重。

在单独的收益共享契约下，零售商的期望利润函数为：

$$
\begin{aligned}
\Pi_R(q, r_R, e, \lambda) &= (1-\lambda)\big[p(1+r_R-r_F)E[\min(D(r_R, e), q)] - c_R q\big] \\
&= (1-\lambda)\big[p(1+r_R-r_F) - c_R\big](a - br_R + e + z) - \\
&\quad (1-\lambda)p(1+r_R-r_F)\Lambda(z)
\end{aligned}
\tag{11-22}
$$

其中 $z = q - y(r_R, e)$。

金融机构的期望利润函数为：

$$
\begin{aligned}
\Pi_f(q, r_R, e, \lambda) &= \big[\lambda p(1+r_R-r_F) + pr_F - c_F\big]E(\min(D(r_R, e), q) - \\
&\quad \lambda c_R q - C(e) \\
&= \big[\lambda p(1+r_R-r_F) + pr_F - c_F\big](a - br_R + e + z - \Lambda(z)) - \\
&\quad \lambda c_R(a - br_R + e + z) - C(e)
\end{aligned}
\tag{11-23}
$$

当 $r_F = c_F/p$，且契约参数 $0 < \lambda < 1$ 时，则式 $(11-22)$ 和式 $(11-23)$ 可分别写为：

$$
\Pi_R(z, r_R, e, \lambda) = (1-\lambda)(\Pi_T(z, r_R, e) + C(e))
\tag{11-24}
$$

$$
\Pi_f(z, r_R, e, \lambda) = \lambda\Pi_T(z, r_R, e) - (1-\lambda)C(e)
\tag{11-25}
$$

观察式 $(11-24)$ 和式 $(11-25)$ 不难看出，当满足条件 $r_F = c_F/p$ 时，

若不考虑金融机构信贷服务水平对消费信贷市场需求的影响，单独的收益共享契约可以协调订货和手续费率决策，即能够实现系统的协调。但在随机需求同时也依赖于金融机构的信贷服务水平的情形下，通过比较式（11-24）与式（11-25）可知，当参数 $0 < \lambda < 1$，并且给定手续费率 $r_R$ 和库存因子 $z$ 不变时，集中式卖方消费信贷系统的最优信贷服务水平 $e^*$ 不能满足 $\Pi_f(z, r_R, e, \lambda)$ 关于 $e$ 的一阶条件，因此，当金融机构信贷服务水平对随机需求影响时，单独的收益共享契约不能协调整个卖方消费信贷系统，这主要是由于金融机构承担了系统中全部的努力成本，但只获得了系统的一部分努力收益。

## 11.5.2　收益共享和成本共担协调契约

零售商和金融机构之间采用收益共享与成本共担契约。在此联合契约下，金融机构制定一个较低的手续费率，并且分享零售商的一部分利润以作为补偿。本书定义 $\lambda$ 为金融机构分享零售商信贷消费业务销售收益的比重，则 $(1-\lambda)$ 为零售商所保留的利益比重；同时零售商为了激励金融机构努力提高信贷服务的水平，愿意为其分担一部分信贷服务努力成本，定义 $\theta$ 为零售商为金融机构分担信贷服务努力成本的比重，则 $(1-\theta)$ 为金融机构自身所承担的信贷服务努力成本的比重，另外，作为回报，金融机构将为零售商分担比例为 $\lambda$ 的单位产品成本。

在收益共享与成本共担联合契约下，零售商的期望利润函数为：

$$\begin{aligned}
\Pi_R(q, r_R, e, \lambda, \theta) &= (1-\lambda)[p(1+r_R-r_F)E[\min(D(r_R, e), q)] - \\
&\quad c_R q] - \theta C(e) \\
&= (1-\lambda)[p(1+r_R-r_F) - c_R](a-br_R+e+z) - \\
&\quad (1-\lambda)p(1+r_R-r_F)\Lambda(z) - \theta C(e) \quad (11-26)
\end{aligned}$$

其中，库存因子 $z = q - y(r_R, e)$。

金融机构的期望利润函数为：

$$\begin{aligned}
\Pi_f(q, r_R, e, \lambda, \theta) &= [\lambda p(1+r_R-r_F) + pr_F - c_F]E[\min(D(r_R, \\
&\quad e), q)] - \lambda c_R q - (1-\theta)C(e)
\end{aligned}$$

$$= [\lambda p(1 + r_R - r_F) + pr_F - c_F](a -$$

$$br_R + e + z - \Lambda(z)) - \lambda c_R q - (1 - \theta)C(e)$$

$$(11 - 27)$$

命题 11.2：当契约参数满足以下关系式：

$$\begin{cases} r_F = c_F / p \\ \theta = 1 - \lambda \end{cases}, \qquad (11 - 28)$$

则收益共享与成本共担联合契约可以实现卖方消费信贷系统利益的协调，即使 $(q_T^*, r_T^*)$ 为零售商的最优订货和手续费率策略，$e^*$ 为金融机构的最优信贷服务努力水平策略。

证明：当契约参数满足关系式（11 - 28）时，式（11 - 26）和式（11 - 27）化简可得：

$$\Pi_R(z, r_R, e, \lambda, \theta) = (1 - \lambda)\Pi_T(z, r_T, e) \qquad (11 - 29)$$

$$\Pi_f(z, r_R, e, \lambda, \theta) = \lambda\Pi_T(z, r_T, e) \qquad (11 - 30)$$

不难看出，$\Pi_R(z, r_R, e, \lambda, \theta)$ 和 $\Pi_f(z, r_R, e, \lambda, \theta)$ 均为集中式卖方消费信贷系统利润的仿射函数，即集中式卖方消费信贷系统的最优决策 $(z^*, r_T^*)$ 同时为最大化零售商利润的策略组合 $(\lambda > 0)$，集中式卖方消费信贷系统的最优信贷服务努力水平 $e^*$ 亦为最大化金融机构利润的信贷服务水平决策 $(\lambda < 1)$。证毕。

命题 11.2 说明，收益共享与努力成本共担联合契约不仅可以实现零售商的订货和手续费率决策的协调，而且也可以实现金融机构的信贷服务努力水平决策的协调，另外，通过对契约参数 $\lambda$ 大小的调整，还可以实现系统利润在零售商和金融机构之间的任意分配。

可以注意到，在该联合契约下，金融机构制定的手续费率 $r_F$ 等于其信贷服务成本 $c_F$ 与单位产品价格 $p$ 的比率，从而会造成其收益的损失，这部分损失主要由金融机构分享零售商的部分信贷销售收益来弥补。此外，在该联合契约下，金融机构只承担了系统的部分服务努力成本 $(1 - \theta)C(e) = \lambda C(e)$，同时获得了部分努力收益 $\lambda p(1 + r_R - r_F)E[\min(D(r_R, e), q)]$，因此在该联合契约机制下金融机构的最优信贷服务努力水平决策与整合卖方消费信贷系统的相一致。

# 11.6 数 值 分 析

假设零售商产品的市场需求为 $D(r_R, e) = a - br_R + e + \varepsilon$，其中随机需求 $\varepsilon$ 服从 $U(0, 2)$ 的均匀分布；市场潜在需求 $a = 20$，手续费率的弹性系数 $b = 20$；零售商的单位产品零售价格和单位产品成本分别为 $p = 10$ 和 $c_R = 2$，金融机构的单位信贷服务成本 $c_F = 3$，其提高信贷服务水平的服务成本 $C(e) = (e-1)^2/2$。

分别由式（11 - 3）、式（11 - 4）和式（11 - 5）计算可得，集中式卖方消费信贷系统的最优库存因子 $z^* = 1.6840$，消费者实际支付的最优手续费率 $r_T^* = r_R^* = 0.5658$，金融机构的最优信贷服务努力水平 $e^* = 11.6583$，进而可得出零售商的最优订购量 $q^* = 22.0257$，系统的最优期望收益 $\Pi_T(q^*, r_T^*, e^*) = 168.9826$。分散决策下消费者实际支付的最优手续费率 $r_R^* = 0.6684$，金融机构制定的最优手续费率为 $r_F^* = 0.7456$，最优信贷服务努力水平 $e_d^* = 3.2280$，零售商的最优订购量 $q_d^* = 19.9604$，零售商和金融机构的最优期望收益分别为 $\Pi_R(q_d^*, r_R^*) = 21.0807$，$\Pi_f(r_F^*, e_d^*) = 101.0214$，系统整体的期望收益为 $\Pi_R(q_d^*, r_R^*) + \Pi_f(r_F^*, e_d^*) = 122.1021$。

图 11 - 1 描绘了收益共享与成本共担契约下金融机构的利润、零售商的利润以及卖方消费信贷系统的利润随金融机构分享零售商信贷消费收益比率即 $\lambda$ 的变化情况。图 11 - 1 表明，协调的系统利润等于整合卖方消费信贷系统的利润，且在收益共享与成本共担联合契约下，金融机构的最优利润随着其分享收益比率的递增而增加，也就是说，其利润也随着自身承担信贷服务努力成本比率的递增而增加，这说明了金融机构利益的增长与其信贷服务努力水平呈正比例关系，因此该联合契约可以有效地激励金融机构使其信贷服务水平保持最佳状态。

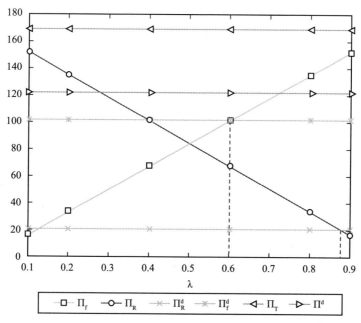

**图 11 - 1　契约参数对利润的影响**

表 11 - 1 描绘了手续费率的弹性系数 b 对收益共享与成本共担契约协调系统最优决策和利润的影响（其他参数保持不变）。从表 11 - 1 可以看出，在收益共享与成本共担契约下，卖方消费信贷系统的最优策略和最优期望收益均是关于手续费率的弹性系数 b 的减函数。

**表 11 - 1　　　　　　　b 对最优决策和利润的影响**

| 指标 | $z^*$ | $r_R^*$ | $q^*$ | $e^*$ | $\Pi(q^*, r_R^*, e^*)$ |
|------|-------|---------|-------|-------|------------------------|
| b = 15 | 1.7611 | 0.9743 | 22.8897 | 15.7429 | 215.8014 |
| b = 20 | 1.6840 | 0.5658 | 22.0257 | 11.6583 | 168.9825 |
| b = 25 | 1.6232 | 0.3616 | 21.1990 | 9.6161 | 147.1579 |

# 11.7　本章小结

当消费信贷的随机需求同时受到消费信贷的手续费率和金融机构的信贷

服务水平的影响时，考虑到零售商为了刺激信贷消费需求可以为消费者提供一定的补贴来降低消费者实际支付的手续费率，因此将消费者最终支付的手续费率 $r_R$ 视作零售商的一个决策变量。本章研究了在分散式决策下零售商和金融机构在进行决策博弈时会造成订货、定价和服务水平决策的扭曲，即导致双重边际效应；考虑到在采用单独的收益共享契约时，由于金融机构只获得了部分信贷服务努力收益但却要承担系统全部的努力成本从而亦不能协调系统决策和利润，提出了采用收益共享与成本共担联合协调契约。研究表明，该联合契约既可以实现零售商的订货和手续费率决策的协调，也可以实现金融机构的信贷服务努力水平决策的协调，并且可以在零售商和金融机构之间实现系统利益的任意分配，达成二者的共赢。最终，通过算例论证了上述结论的有效性。此外，算例还表明，在收益共享与成本共担协调契约机制下，卖方消费信贷系统的利益及最优决策随着手续费率的弹性系数 b 的增大而减少，即呈正比例关系。在以后的工作中，可以进一步假设在零售商同时开展传统的现金渠道和消费信贷渠道时，研究手续费率和信贷服务水平影响需求的双渠道卖方消费信贷的协调机制。

# 第12章

# 随机需求下制造商、零售商 及金融机构协调

## 12.1 引 言

收益共享契约是对供应链运作效率进行有效改善的一种优质的协调方式，其所具有的优良特性能够使得供应链的收益与风险达到协调状态，因而备受国内外学者的推崇。收益共享契约能够实现供应链上下游企业之间利益的合理分配，而供应链中的各方也必须要对风险进行共同承担。供应商为了争取最优利润，达到合作共赢的目的，将向零售商提供低于其成本价格的批发价格，与此同时，零售商为了对供应商的损失进行补贴，将自己的销售收入按照交易两方所共同协商的一定比例支付给供应商，由此确保此种情况下两方的收益水平比在分散决策控制状态下的收益水平要高，从而完成供应链的协调目标，改进改善供应链的运作效率。卡雄（Cachon，2004）研究表明需求和努力因素具有相关性的情况中，收益共享契约不能使供应链达到最优的协调状态。帕斯特纳克（Pasternack，2008）综合采用收益共享契约和批发价格契约的组合契约，改善了供应商和零售商的收益。侯雅莉等（2009）研究了缺货损失对收益共享契约协调性的影响，实践研究发现，零

售商的订购量随着市场风险的提高而有所增加。德纳和施皮尔（Dana and Spier, 2010）建立了两种不同环境中收益共享契约的应用模型，即在考虑随机需求的情况和考虑价格波动的情况下进行理论研究。格查克和王（Gerchak and Wang, 2004）首次提出了"收益共享契约加剩余补贴"的创新契约模型，并且证实了该契约不仅可以实现供应链中各成员之间的协调合作，还能够提升各方利益。戢守峰等（2008）在考虑需求为随机变量且与价格有关的情况下建立了收益共享契约模型，研究发现批发价格与零售商和供应商之间的共享比例呈线性函数关系。吉安诺卡和蓬特兰多尔福（Giannoccar and Pontrandolfo, 2004）研究证明了收益共享契约模型能够在三级供应链的情况下提高整条供应链的效率。

回购契约是指制造商通过回购零售商在季末没有销售完的商品，使零售商在销售季节来到前增加订货量，来提高供应链的整体绩效的协调方法。卡雄和拉里维埃（Cachon and Lariviere, 2005）系统阐释了供应链协调中回购契约的产生背景、发展状况和基本模型，并将其与其他几种契约（尤其是批发价格契约）做了深入的比较分析，指出了回购契约的局限和长处。姚（Yao, 2005）等在回购政策下分析了信息共享和非信息共享分别对制造商和零售商收益产生的影响。姬小利（2006）研究了伴随促销成本分担的回购契约协调机制。于辉等（2005）研究一个短生命周期商品由一个制造商和一个零售商组成的供应链系统，改进了回购契约，使得其具有抗突发事件性，给出了供应链应对突发事件的最优应对策略。但是以上研究均未考虑零售商和制造商两者组成的供应链的协调情况，也并未将金融机构纳入其中，所以与本章的研究背景有较大差异。本章针对这一问题，研究了零售商、制造商和金融机构三者组成的供应链如何采用回购契约来协调供应链利益冲突。

在常见的卖方消费信贷合作合同中，金融机构一般不参与供应链的订货决策，因此制造商和零售商在协调（假设存在协调）其订货行为时，忽视了对金融机构利润的影响，故供应链的最优订货量要低于系统的最优订货量。由此可知，在卖方消费信贷模式下现有关于协调供应链节点企业的研究尚存在一定局限性。为此，本章提出了扩展报童模型，旨在研究卖方消费信贷合作与协调机制，主要涉及由一个制造商、一个零售商及一个金融机构三者组成的卖方消费信贷系统。三者的协调方式如图 12 - 1 所示：首先，金融机构向零售商提供转移支付（可以为负值）；其次，零售商向制造商提供转移支付 $T_2[\cdot, T_1(\cdot)]$，而金融机构与制造商之间无直接的转移支付关系；最后，零售商担当协调者的角色（如苏宁电器）。

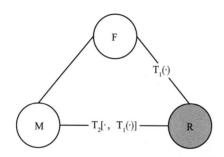

图 12 - 1　卖方消费信贷合作与协调基本模型

## 12.2　问题描述及假设

本章以实现系统利润最优和三方共赢为目标，拟研究以下内容：（1）建立制造商与零售商的分散决策博弈模型和集中决策模型并分析。（2）建立制造商、零售商与金融机构的收益共享契约模型和回购契约模型，其中，定义转移支付函数 $T_1(q, \Phi)$，$1 - \Phi$ 表示金融机构将自身收益分享给零售商的比例；定义转移支付函数 $T_1(q, w, T_1(q, \Phi), \theta)$，$w$ 为批发价格，$1 - \theta$ 表示零售商将自身收益分享给制造商的比例。（3）结合（1）（2）的研究，研究实现系统协调时的契约条件、利润分配及可执行性。

本章研究的基本假设如下：

假设 12.1：制造商、零售商及金融机构满足理性人、风险中性及信息对称的假设。

假设 12.2：通过卖方消费信贷销售的产品具有较短的生命周期，如个人电脑、手机等消费电子产品及服装等时尚性产品；零售商面临着报童问题。

假设 12.3：市场总体需求为 $D = d(p) + \varepsilon$，其中 $d(p)$ 表示确定的现款消费需求，它是关于零售价格 p 的函数；$\varepsilon$ 表示随机的信贷消费需求。

相关变量的定义：假设信贷消费需求 $\varepsilon$ 服从分布函数 $F(x)$，$F(0) = 0$，$dF(x)/dx > 0$。令 $\overline{F}(x) = 1 - F(x)$，$\mu = E[\varepsilon]$；q 为零售商的订货数量；p 为零售价格，r 为消费信贷还款周期内的总体利率；$c_m$ 为制造商的单位生产成本，$c_r$ 为零售商的单位边际成本，$c = c_m + c_r < p$，$c_f$ 金融机构每笔消费信贷业务的平均成本（包含了办理信贷业务成本、信贷违约风险成本及资金获取成本等）；$g_r$ 和 $g_m$ 分别为零售商和制造商的缺货成本，$g = g_r + g_m$；v 为单位产品残值，$v < c$。

定义相关假设：（1）除了金融机构向消费者收取利息之外，不收取任何其他手续费、账户管理费等费用（事实上这些费用可反映到利息之中），且这些费用由金融机构独自承担；（2）信贷消费者不需交首付金；（3）消费信贷为中短期贷款，不考虑还款周期内的通货膨胀和折现等因素。

那么，可求得供应链的期望销售量为：

$$S(q) = q - \int_0^{q-d(p)} F(x)\,dx。 \tag{12-1}$$

零售商、制造商和金融机构的期望利润分别为：

$$\pi_r(q) = pS(q) + v[q - S(q)] - g_r[d(p) + \mu - S(q)] - c_r q - T_2[\cdot, T_1(\cdot)] + T_1(\cdot) \tag{12-2}$$

$$\pi_m(q) = -g_m[d(p) + \mu - S(q)] - c_m q + T_2[\cdot, T_1(\cdot)] \tag{12-3}$$

$$\pi_f(q) = (pr - c_f)[S(q) - d(p)] - T_1(\cdot) \tag{12-4}$$

供应链和卖方消费信贷系统的期望利润分别为：

$$\pi_{sc}(q) = pS(q) + v[q - S(q)] - g[d(p) + \mu - S(q)] - cq + T_1(\cdot) \tag{12-5}$$

$$\pi(q) = pS(q) + v[q - S(q)] + (pr - c_f)[S(q) - d(p)] - g[d(p) + \mu - S(q)] - cq \tag{12-6}$$

金融机构不参与供应链的订货决策，即 $T_1(\cdot) = 0$ 时，供应链的最优订货量为：

$$q_{sc}^* = \overline{F}^{-1}\left(\frac{c-v}{p-v+g}\right) + d(p) \qquad (12-7)$$

金融机构与供应链进行集中决策时，卖方消费信贷系统的最优订货量为：

$$q^* = \overline{F}^{-1}\left(\frac{c-v}{p(1+r)-v+g-c_f}\right) + d(p) \qquad (12-8)$$

分析前面两个等式易知，$q^* > q_{sc}^*$。故 $\Pi(q^*) > \Pi(q_{sc}^*) = \Pi_{sc}(q_{sc}^*) + \pi_f(q_{sc}^*)$。

综上所述，供应链的最优订货量与此时的系统总利润均分别低于卖方消费信贷系统的最优订货量与最大利润。为寻求能协调供应链的最大利润，以下采用收益共享契约模型、批发价格契约模型、回购契约模型等进行协调。

# 12.3　基本决策模型

## 12.3.1　金融机构不参与决策时零售商和制造商之间的分散决策模型

此时转移支付为：

$$T_w(q, w) = wq \qquad (12-9)$$

零售商的期望利润函数：

$$\begin{aligned}\pi_r(q, w) &= pS(q) + v[q-S(q)] - g_r[d(p)+\mu-S(q)] - c_r q - T_2 \\ &= (p-v+g_r)S(q) - (w+c_r-v)q - g_r[d(p)+\mu] \qquad (12-10)\end{aligned}$$

制造商的期望利润函数：

$$\begin{aligned}\pi_m(q, w) &= -g_m[d(p)+\mu-S(q)] - c_m q + T_2 \\ &= g_m S(q) + (w-c_m)q - g_m[d(p)+\mu] \qquad (12-11)\end{aligned}$$

金融机构的期望利润函数：

$$\pi_f(q, w_b, b) = (pr-c_f)[S(q)-d(p)] \qquad (12-12)$$

考虑零售商的订购策略，令 $q_r^*$ 为零售商期望利润最大化时的订购量，

即 $q_r^* = \arg\max(\pi_r(q,\ w))$ 且 $\pi_r(q,\ w)$ 为严格的凹函数。

将式（12-10）对 q 分别求一阶偏导和二阶偏导得：

$$\frac{\partial \pi_r(q,\ w)}{\partial q} = (p - v + g_r)S'(q) - (w + c_r - v) \qquad (12-13)$$

$$\frac{\partial \pi_r^2(q,\ w)}{\partial q^2} = -(p - v + g_r)f[q - d(p)] < 0 \qquad (12-14)$$

因此，零售商唯一的最优订购量 $q_r^*$ 满足：

$$S'(q_r^*) = \overline{F}(q_r^*) = \frac{w + c_r - v}{p - v + g_r} \qquad (12-15)$$

即：

$$q_r^* = \overline{F}^{-1}\left(\frac{w + c_r - v}{p - v + g_r}\right) + d(p) \qquad (12-16)$$

因为 $S'(q)$ 是减函数，仅当 $S'(q_r^*) = S'(q^o)$ 时 $q^* = q^o$ 成立，

即：

$$\frac{w + c_r - v}{p - v + g_r} = \frac{c - v}{p - v + g} \qquad (12-17)$$

此时批发价格为：$w = \frac{p - v + g_r}{p - v + g}(c - v) - (c_r - v) \qquad (12-18)$

由以上分析虽然得到批发价格契约可满足供应链协调的条件，但仍然需要考虑其可行性。对比批发价格与制造商的成本价得：

$$w - c_m = \frac{p - v + g_r}{p - v + g}(c - v) - (c_r - v) - c_m$$

$$= \frac{g_r - g}{p - v + g}(c - v)$$

$$= \frac{g_m}{p - v + g}(c - v) < 0 \qquad (12-19)$$

此时 $w < c_m$，说明批发价格契约当且仅当制造商获得非正利润时才能达到协调，即该契约不能在自愿遵从机制下达到协调。

由式（12-15）得零售商的最优订货数量满足：

$$F(q_r^*) = 1 - \frac{w + c_r - v}{p - v + g_r} \qquad (12-20)$$

因为 $F(x)$ 严格单调递增且 w 和 $q_r^*$ 之间一一对应，所以令 w(q) 为使零售商订购 $q_r^*$ 的批发价格，则：

$$w(q) = (p - v + g_r)\overline{F}(q) - (c_r - v) \qquad (12-21)$$

此时，制造商利润为：

$$\pi_m[q, w(q)] = g_m S(q) + [w(q) - c_m]q - g_m[d(p) + \mu] \qquad (12-22)$$

由 $\dfrac{\partial \pi_m(q, w)}{\partial q} = g_m S'(q) + (w - c_m)$ 可以看出，批发价格契约与遵从机

制无关，对于一个固定的不小于 $c_m$ 的 w，$\pi_m(q, w)$ 是 q 的非递减函数，因此制造商一定愿意生产零售商订购的所有数量产品，且越多越好。

制造商的边际利润为：

$$\frac{\partial \pi_m[q, w(q)]}{\partial q} = g_m S'(q) + [w(q) - c_m] + w'(q)q$$

$$= (p - v + g_r)\overline{F}(q)\left[1 + \frac{g_m}{p - v + g_r} - \frac{qf(q)}{\overline{F}(q)}\right] - (c - v)$$

$$(12-23)$$

假设需求分布满足递增广义失败率（IGFR），$\dfrac{qf(q)}{\overline{F}(q)}$ 随 q 的增加而增加，

则 $\pi_m[q, w(q)]$ 是关于 q 的减函数。

由式（12-10）得：

$$\pi_r[q, w(q)] = (p - v + g_r)S(q) - [w(q) + c_m - v]q - g_r[d(p) + \mu]$$

$$(12-24)$$

则零售商的边际利润为：

$$\frac{\partial \pi_r[q, w(q)]}{\partial q} = -w'(q)q = (p - v + g_r)f(q)q > 0 \qquad (12-25)$$

则 $\pi_r[q, w(q)]$ 是关于 q 的增函数，制造商可通过降低零售商的批发价 w 来提高零售商的利润。因为：

$$\frac{\partial \pi_m[q, w(q)]}{\partial q} + \frac{\partial \pi_r[q, w(q)]}{\partial q} = g_m S'(q) + w(q) - c_m > 0$$

$$(12-26)$$

可知：批发价 w 的降低使得订购数量 q 上升，从而导致零售商利润 $\pi_r$ 上升，制造商利润 $\pi_m$ 下降，但 $\pi_r$ 的上升速度大于 $\pi_m$ 的下降速度，因此供应链的总利润随订购量 q 升高而升高，若 $q \in [q_m^*, q^\circ]$ 的范围内，零售商

的最低利润要求实际上增加了供应链的总利润。

## 12.3.2 考虑零售商与制造商之间采用收益共享的协调模型

假设零售商和制造商之间采用批发价格契约协调，零售商和金融机构之间采用收益共享契约协调，定义转移支付函数 $T_1(q, \Phi)$，$(1 - \Phi)$ 表示金融机构将自身收益分享给零售商的比例。金融机构不参与决策（此时 r 为常数）。

零售商的利润函数：

$$\pi_r(q, w, \Phi) = pS(q) + v[q - S(q)] - g_r[d(p) + \mu - S(q)] - c_r q - wq + (1 - \Phi)pr[S(q) - d(p)] \tag{12-27}$$

制造商的利润函数：

$$\begin{aligned}\pi_m(q, w, \Phi) &= -g_m[d(p) + \mu - S(q)] - c_m q + T_2 \\ &= g_m S(q) + (w - c_m)q - g_m[d(p) + \mu]\end{aligned} \tag{12-28}$$

金融机构的利润函数：

$$\begin{aligned}\pi_f(q, w, \Phi) &= (pr - c_f)[S(q) - d(p)] - (1 - \Phi)pr[S(q) - d(p)] \\ &= (\Phi pr - c_f)[S(q) - d(p)]\end{aligned} \tag{12-29}$$

零售商先决策，有：

$$\frac{\partial \pi_r(q, w, \Phi)}{\partial q} = [p - v + g_r + (1 - \Phi)pr]S'(q) - (w + c_r - v) \tag{12-30}$$

当式（12-29）等于 0 时得：

$$S'(q) = \frac{w + c_r - v}{p - v + g_r + (1 - \Phi)pr} \tag{12-31}$$

由一一对应得：

$$\frac{w + c_r - v}{p - v + g_r + (1 - \Phi)pr} = \frac{c - v}{p(1 + r) - v + g - c_f} \tag{12-32}$$

则：

$$w = \frac{p(1 + r) - \Phi pr - v + g_r}{p(1 + r) - c_f - v + g}(c - v) - (c_r - v) \tag{12-33}$$

由 $\pi_f(q, w, \Phi) > 0$ 知 $\Phi pr - c_f > 0$，则 $g_r - \Phi pr < g - c_f$，所以 $\dfrac{p(1+r) - \Phi pr - v + g_r}{p(1+r) - c_f - v + g} < 1$，即 $w < c_m$。采用此种方法无法达到供应链系统的协调。

假设零售商和制造商之间采用批发价格契约和收益共享契约协调，定义转移支付函数 $T_2[q, w, T_1(q, w, \Phi), \theta]$，$(1-\theta)$ 表示零售商将自身收益分享给制造商的比例；零售商和金融机构之间采用收益共享契约协调，定义转移支付函数 $T_1(q, w, \Phi)$，$(1-\Phi)$ 表示金融机构将自身收益分享给零售商的比例。金融机构不参与决策（此时 r 为常数）。

$$T_1(q, w, \Phi) = (1-\Phi)pr[S(q) - d(p)] \tag{12-34}$$

$$\begin{aligned}
T_2[q, w, T_1(q, w, \Phi), \theta] &= wq + (1-\theta)\{pS(q) + v[q - S(q)] + \\
&\quad (1-\Phi)pr[S(q) - d(p)]\} \\
&= (1-\theta)[p - v + (1-\Phi)pr + g_r]S(q) + \\
&\quad [w + (1-\theta)v]q - (1-\theta)(1-\Phi)prd(p)
\end{aligned} \tag{12-35}$$

零售商的利润函数：

$$\begin{aligned}
\pi_r(q, w, \theta) &= \theta\{pS(q) + v[q - S(q)] + (1-\Phi)pr[S(q) - d(p)]\} - \\
&\quad g_r[d(p) + \mu - S(q)] - c_r q - wq \\
&= \theta[p - v + (1-\Phi)pr + g_r]S(q) - (w + c_r - \theta v)q - \\
&\quad [\theta(1-\Phi)pr + g_r]d(p) - g_r\mu
\end{aligned} \tag{12-36}$$

制造商的利润函数：

$$\begin{aligned}
\pi_m(q, w, \theta) &= -g_m[d(p) + \mu - S(q)] - c_m q + wq + (1-\theta)\{pS(q) + \\
&\quad v[q - S(q)] + (1-\Phi)pr[S(q) - d(p)]\} \\
&= \{g_m + (1-\theta)[p - v + (1-\Phi)pr]\}S(q) - [c_m - w - \\
&\quad (1-\theta)v]q - [g_m + (1-\Phi)(1-\theta)pr]d(p) - g_m\mu
\end{aligned} \tag{12-37}$$

金融机构的利润函数：

$$\pi_f(q, w, \Phi) = (\Phi pr - c_f)[S(q) - d(p)] \tag{12-38}$$

零售商先进行决策，有：

$$\frac{\partial \pi_r(q, w, \theta)}{\partial q} = \{\theta[p - v + (1 - \Phi)pr] + g_r\}S'(q) - (w + c_r - \theta v)$$

$$(12 - 39)$$

当式（12 - 37）= 0 时得：

$$S'(q) = \frac{w + c_r - \theta v}{\theta[p - v + (1 - \Phi)pr] + g_r} \qquad (12 - 40)$$

由一一对应得：

$$\frac{w + c_r - \theta v}{\theta[p - v + (1 - \Phi)pr] + g_r} = \frac{c - v}{p(1 + r) - v + g - c_f} \qquad (12 - 41)$$

则

$$w = \frac{\theta[p - v + (1 - \Phi)pr] + g_r}{p(1 + r) - v + g - c_f}(c - v) - (c_r - \theta v) \qquad (12 - 42)$$

因为 $\theta[p - v + (1 - \Phi)pr] + g_r < p(1 + r) - \Phi pr - v + g_r$，且由前面判断可知 $p(1 + r) - \Phi pr - v + g_r < p(1 + r) - v + g - c_f$，即 $\frac{\theta[p - v + (1 - \Phi)pr] + g_r}{p(1 + r) - v + g - c_f} < 1$，判断知 $w < c_m$。采用此种方法仍然无法达到供应链系统的协调。

### 12.3.3 考虑零售商与制造商之间采用回购契约的协调模型

零售商和制造商之间采用回购契约协调；零售商和金融机构之间采用收益共享契约协调，定义转移支付函数 $T_1(q, w_b, b)$，$(1 - \Phi)$ 表示金融机构将自身收益分享给零售商的比例。金融机构不参与决策（此时 r 为常数）。

供应链系统的利润函数为：

$$\begin{aligned}\Pi_{sc}(q, w_b, b) &= \pi_r(q, w_b, b) + \pi_m(q, w_b, b)\\ &= [p - v + g + (1 - \Phi)pr]S(q) - (c - v)q - \\ &\quad g(d(p) + \mu)) - (1 - \Phi)prd(p) \qquad (12 - 43)\end{aligned}$$

金融机构对零售商的转移支付为：

$$T_1(q, w_b, b) = (1 - \Phi)pr[S(q) - d(p)] \qquad (12 - 44)$$

在回购契约下，零售商向制造商支付每单位 $w_b$ 的价格，在销售季节结束之后制造商对于剩余库存进行单位价格 b 的回购，则零售商支付给制造商的转移支付为：

$$T_b(q, w_b, b) = w_b q - bI(q) = bS(q) + (w_b - b)q \qquad (12-45)$$

由于零售商不能从剩余库存中获利，因此假设 $b \leqslant w_b$。回购契约要求制造商能够准确确定剩余产品的数量，且确认剩余产品数量的成本不能高于契约所带来的额外收益。

零售商先进行决策，得出零售商的利润函数为：

$$\begin{aligned}
\pi_r(q, w_b, b) &= pS(q) + v[q - S(q)] - g_r[d(p) + \mu - S(q)] - \\
&\quad c_r q - T_b(q, w_b, b) + T_1(q, w_b, b) \\
&= pS(q) + v[q - S(q)] - g_r[d(p) + \mu - S(q)] - \\
&\quad c_r q - bS(q) - (w_b - b)q + (1 - \Phi)pr[S(q) - d(p)] \\
&= [p - v + g_r - b + (1 - \Phi)pr]S(q) - (w_b + c_r - v - b)q - \\
&\quad g_r[d(p) + \mu] - (1 - \Phi)prd(p) \qquad (12-46)
\end{aligned}$$

金融机构的利润函数为：

$$\pi_f(q, w_b, b) = (\Phi pr - c_f)[S(q) - d(p)] \qquad (12-47)$$

存在参数组合 $\{w_b, b\}$ 使得：

$$p - v + g_r - b + (1 - \Phi)pr = \lambda[p - v + g + (1 - \Phi)pr](\lambda \geqslant 0)$$
$$\qquad (12-48)$$

$$w_b + c_r - v - b = \lambda(c - v) \qquad (12-49)$$

把式（12 - 48）和式（12 - 49）代入式（12 - 46）即 $\pi_r(q, w_b, b)$ 的表达式得：

$$\begin{aligned}
\pi_r(q, w_b, b) &= \lambda[p - v + g + (1 - \Phi)pr]S(q) - \lambda(c - v)q - \\
&\quad g_r[d(p) + \mu] - (1 - \Phi)prd(p) \\
&= \lambda\Pi_{sc}(q, w_b, b) + (\lambda g - g_r)[d(p) + \mu] - \\
&\quad (1 - \lambda)(1 - \Phi)prd(p) \qquad (12-50)
\end{aligned}$$

显然，零售商的最优订购量为 $q_r^* = q^\circ$。

制造商的利润函数为：

$$\begin{aligned}
\pi_m(q, w_b, b) &= \pi(q, w_b, b) - \pi_r(q, w_b, b) - \pi_f(q, w_b, b) \\
&= -g_m[d(p) + \mu - S(q)] - c_m q + bS(q) + (w_b - b)q
\end{aligned}$$

$$= (g_m + b)S(q) - (c_m + b - w_b)q - g_m[d(p) + \mu]$$

$$(12-51)$$

存在参数组合 $\{w_b, b\}$ 使得：

$$g_m + b = \lambda_2[p - v + g + (1 - \Phi)pr] \quad (\lambda_2 \geqslant 2) \quad (12-52)$$

$$c_m + b - w_b = \lambda_2(c - v) \quad (12-53)$$

把式（12-52）和式（12-53）代入式（12-51）即 $\pi_m(q, w_b, b)$ 表达式得：

$$\pi_m(q, w_b, b) = \lambda_2 \Pi_{sc}(q, w_b, b) + (\lambda_2 g - g_m)[d(p) + \mu] +$$
$$\lambda_2(1 - \Phi)prd(p) \quad (12-54)$$

由式（12-52）和式（12-53）可解得 $w_b - b = \lambda(c - v) - c_r + v = c_m - \lambda_2(c - v)$

由于 $c - v > 0$，所以化简得 $1 - \lambda_2 = \lambda$。

即：

$$\pi_m(q, w_b, b) = (1 - \lambda)\Pi_{sc}(q, w_b, b) - (\lambda g - g_r)[d(p) + \mu] +$$
$$(1 - \lambda)(1 - \Phi)prd(p) \quad (12-55)$$

由式（12-55）可以看出，只要 $\lambda_2 \leqslant 1$，$q^\circ$ 为零售商的最优订货数量，说明在自愿遵从机制下，回购契约能够达到供应链的协调。可以看出，零售商的利润 $\pi_r(q, w_b, b)$ 随着 $\lambda$ 的增加而增加，制造商的利润 $\pi_m(q, w_b, b)$ 随着 $\lambda$ 的增加而下降，说明回购契约能够在零售商和制造商之间进行灵活的利润分配。且 $0 \leqslant \lambda, \lambda_2 \leqslant 1$。

自愿遵从机制实际上增强了供应链的鲁棒性，假设零售商选择了订购 $q > q^\circ$ 的非理性决策，由于制造商可以选择支付少于零售商的订购数量的货物，所以制造商会选择交付 $q^\circ$ 的最优订购量，以此来校正零售商的错误决策。然而，由于零售商可以拒绝多于其订购量的货物，所以当零售商的订购量 $q$ 少于最优订购量 $q^\circ$ 时，制造商对零售商的错误决策则无能为力。

考虑零售商和制造商的利润分配。

零售商的利润是 $\lambda$ 的增函数，制造商的利润是 $\lambda$ 的减函数，因此 $\lambda$ 起到了协调供应链利润分配的作用。

当 $\lambda = \dfrac{\pi(q^{\circ},\ w_b,\ b) + (g_r - (1-\Phi)pr)d(p) + \mu g_r}{\pi(q^{\circ},\ w_b,\ b) + (pr - c_f + g)d(p) + \mu g} \leqslant 1$ 时，$\pi_r(q^{\circ},\ w_b,$

$b) = \pi(q^{\circ},\ w_b,\ b)$，即零售商获得制造商的全部利润。

当 $\lambda = 1 - \dfrac{\pi(q^{\circ},\ w_b,\ b) + g_m(d(p) + \mu)}{\pi(q^{\circ},\ w_b,\ b) + (pr - c_f + g)d(p) + \mu g} \leqslant 1$ 时，$\pi_m(q,\ w_b,$

$b) = \pi(q^{\circ},\ w_b,\ b)$，即制造商获得零售商的全部利润。

# 12.4　数值分析

下面将进一步通过数值分析来验证以上所提出模型的有效性：

假设信贷消费需求 $\varepsilon$ 服从均匀分布，即 $\varepsilon \sim U(0,\ 200)$。零售商的产品销售价格 $p = 10$，零售商的单位产品成本 $c_r = 1$，零售商的单位缺货损失成本 $g_r = 1$，销售季节末的产品残值 $v = 1$；制造商的单位产品成本 $c_m = 4$，制造商的单位缺货损失成本 $g_m = 1.5$，金融机构每笔消费信贷业务的平均成本 $c_f = 1$，消费信贷还款周期内的总体利率 $r = 0.2$，确定的现款消费需求 $d(p) = 50$。

将以上参数和函数分别代入上文各模型并求解，可得到以下结论：

在集中决策模式下，计算得零售商的最优订货数量 $q^* = 186$，最优期望销售为 $S(q^*) = 139.76$。卖方消费信贷系统的整体利润为 $\Pi(q^*) = 578$。

在分散决策模式下，当零售商和制造商之间采用批发价格契约协调且金融机构不参与决策时，由主从博弈原理计算批发价格 $w = 7.674$，此时零售商的最优订货数量为 $q^* = 96.51$，最优期望销售为 $S(q^*) = 91.10$。零售商的利润为 $\pi_r(q^*,\ w) = 20.36$，制造商的利润为 $\pi_m(q^*,\ w) = 266.28$，金融机构的利润为 $\pi_f(q^*,\ w) = 41.10$。供应链系统的利润为 $\pi_{sc}(q^*,\ w) = 286.64$。卖方消费信贷系统的整体利润为 $\pi(q^*,\ w) = 327.74$。

当零售商和制造商之间采用批发价格契约协调，同时零售商和金融机构之间采用收益共享契约模型协调时，同理根据主从博弈原理计算得出方程 $(13.5 - 2\Phi)S'(q) + (12 - 2\Phi)S''(q)q - 4 = 0$。由 maple 求得结果如表 $12 - 1$ 所示。

表 12 - 1　　　　　　　　　　契约参数 Φ 不同取值下的最优决策

| Φ | $q^*$ | $S(q^*)$ | w | $\pi_{sc}(q^*,$ w, Φ) | $\pi_r(q^*,$ w, Φ) | $\pi_m(q^*,$ w, Φ) | $\pi_f(q^*,$ w, Φ) | $\pi(q^*,$ w, Φ) |
|---|---|---|---|---|---|---|---|---|
| 0.5 | 98.94 | 92.95 | 8.309 | 341.12 | 0.43 | 340.69 | 0 | 341.12 |
| 0.6 | 98.48 | 92.61 | 8.182 | 330.14 | 4.38 | 325.76 | 8.52 | 338.66 |
| 0.7 | 98.02 | 92.25 | 8.055 | 319.20 | 8.35 | 310.85 | 16.90 | 336.10 |
| 0.8 | 97.53 | 91.89 | 7.928 | 308.30 | 12.33 | 295.96 | 25.13 | 333.43 |
| 0.9 | 97.03 | 91.50 | 7.801 | 297.44 | 16.34 | 281.11 | 33.20 | 330.65 |
| 1 | 96.51 | 91.10 | 7.674 | 286.64 | 20.36 | 266.28 | 41.10 | 327.74 |

随着 Φ 从 0.5 逐渐增加到 1，最优订货数量 $q^*$ 逐渐从 98.94 减小到 96.51，最优期望销售 $S(q^*)$ 逐渐从 92.95 减小到 91.10，批发价格 w 逐渐从 8.309 减小到 7.674，零售商的利润 $\pi_r(q^*, w, Φ)$ 逐渐从 0.43 增加到 20.36，制造商的利润 $\pi_m(q^*, w, Φ)$ 逐渐从 340.69 减小到 266.28，金融机构的利润 $\pi_f(q^*, w, Φ)$ 逐渐从 0 增大到 41.10，卖方消费信贷系统的整体利润 $\pi(q^*, w, Φ)$ 逐渐从 341.12 减小到 327.74，供应链系统的利润 $\pi_{sc}(q^*, w, Φ)$ 逐渐从 341.12 减小到 286.64。

在卖方消费信贷的协调模型下，当零售商和制造商之间采用回购契约协调，同时零售商和金融机构之间采用收益共享契约协调时，由 $q^* = \overline{F}^{-1}\left(\dfrac{c-v}{p(1+r)-v+g-c_f}\right)+d(p)$ 计算得零售商的最优订货数量 $q^* = 186$，最优期望销售为 $S(q^*) = 139.76$。由式（12 - 23）、式（12 - 29）、式（12 - 33）可分别化简得：零售商的利润函数为 $\pi_r(q^*, w_b, b) = \dfrac{17066 - 2006b}{25}$，制造商的利润函数为 $\pi_m(q^*, w_b, b) = \dfrac{2006b - 2616}{25}$，金融机构的利润函数为 $\pi_f(q^*, w_b, b) = 0$。

当契约参数 b 以 1 为间隔在 1 和 8 之间取不同的值时，通过 maple 软件可计算出如表 12 - 2 所示的最优决策结果。

表 12 - 2　　　　　　　　　　契约参数 b 不同取值下的最优决策

| b | $w_b$ | $\pi_{sc}(q, w_b, b)$ | $\pi_r(q, w_b, b)$ | $\pi_m(q, w_b, b)$ | $\pi_f(q, w_b, b)$ | $\pi(q, w_b, b)$ |
|---|---|---|---|---|---|---|
| 1.3041 | 4.41 | 578.00 | 578.00 | 0 | 0 | 578.00 |
| 2.0000 | 4.88 | 578.00 | 522.16 | 55.84 | 0 | 578.00 |
| 3.0000 | 5.56 | 578.00 | 441.92 | 136.08 | 0 | 578.00 |
| 4.0000 | 6.24 | 578.00 | 361.68 | 216.32 | 0 | 578.00 |
| 4.6226 | 6.66 | 578.00 | 311.72 | 266.28 | 0 | 578.00 |
| 5.0000 | 6.92 | 578.00 | 281.44 | 296.56 | 0 | 578.00 |
| 5.5500 | 7.29 | 578.00 | 237.31 | 340.69 | 0 | 578.00 |
| 6.0000 | 7.60 | 578.00 | 201.20 | 376.80 | 0 | 578.00 |
| 7.0000 | 8.28 | 578.00 | 120.96 | 457.04 | 0 | 578.00 |
| 8.0000 | 8.96 | 578.00 | 40.72 | 537.28 | 0 | 578.00 |
| 8.2537 | 9.13 | 578.00 | 20.36 | 557.64 | 0 | 578.00 |
| 8.5021 | 9.30 | 578.00 | 0.43 | 577.57 | 0 | 578.00 |
| 8.5075 | 9.31 | 578.00 | 0 | 578.00 | 0 | 578.00 |

由表 12 - 2 中结果可知，随着契约参数 b 的增大，零售商的利润逐渐减小，制造商的利润逐渐增大，金融机构的利润为 0 保持不变。当 b = 8.2537 时，零售商利润 $\pi_r(q^*, w_b, b) = 20.36$，这与分散决策时零售商利润 $\pi_r(q^*, w) = 20.36$ 相同；而此时制造商利润 $\pi_m(q^*, w_b, b) = 557.64$，比分散决策时制造商利润 $\pi_m(q^*, w) = 226.28$ 增加了 291.36；当 b = 4.6226 时，制造商利润 $\pi_m(q^*, w_b, b) = 266.28$ 这与分散决策时制造商利润 $\pi_m(q^*, w) = 226.28$ 相同；而此时零售商利润 $\pi_r(q^*, w_b, b) = 311.72$，比分散决策时零售商利润 $\pi_r(q^*, w) = 20.36$ 增加了 291.36；$b \in [4.6226, 8.2537]$ 时，金融机构利润 $\pi_f(q^*, w_b, b) = 0$，比分散决策时金融机构利润 $\pi_f(q^*, w) = 41.10$ 下降了 41.10；而卖方消费信贷系统的整体利润 $\pi(q^*, w_b, b) = 578.00$，比分散决策时卖方消费信贷系统利润 $\pi(q^*, w) = 327.74$ 增加了 250.26。在考虑对该组合式契约进行调整的情形下，可通过进一步协商规定金融机构将自身收益分享给零售商的比例即调整（1 - Φ）值，使零售商、制造商和金融机构三者获得的收益不少于分散决策时所获得的收益，则可实

现三方利润的完美共赢协调，而 Φ 取值的确定主要取决于零售商和金融机构各自的谈判能力。

当 b = 8.5021 时，零售商利润 $\pi_r(q^*, w_b, b) = 0.43$，这与分散决策当 Φ = 0.5 时零售商利润 $\pi_r(q^*, w, b) = 0.43$ 相同；而此时制造商利润 $\pi_m(q^*, w_b, b) = 577.57$，比分散决策当 Φ = 0.5 制造商利润 $\pi_m(q^*, w, \Phi) = 340.69$ 增加了 236.88。当 w = 5.5500 时，制造商利润 $\pi_m(q^*, w_b, b) = 340.69$，这与分散决策当 Φ = 0.5 时制造商利润 $\pi_m(q^*, w, \Phi) = 340.69$ 相同；而此时零售商利润为 $\pi_r(q^*, w_b, b) = 237.31$，比分散决策当 Φ = 0.5 时零售商利润 $\pi_r(q^*, w, \Phi) = 0.43$ 增加了 236.88，此时金融机构利润 $\pi_f(q^*, w_b, b) = 0$。而卖方消费信贷系统的整体利润 $\pi(q^*, w_b, b) = 578.00$，比分散决策时卖方消费信贷系统利润 $\pi(q^*, w, \Phi) = 341.12$ 有所增加。当 $b \in [5.5500, 8.2537]$ 时，零售商和制造商的最优利润开始同时分别大于分散决策时两者的最优利润，同时，卖方信贷消费系统的最优利润等于集中决策时的最优利润（为 578），即本部分内容所提出的卖方消费信贷组合式契约不仅可实现系统的协调，还可实现利润在零售商、制造商之间的任意分配。

## 12.5 本章小结

卖方消费信贷是指零售商、制造商与金融机构（包括商业银行和消费金融公司）合作开展的允许消费者通过分期付款的形式购买商品，先由金融机构向零售商放款，再由消费者分期偿还所借贷款的信贷销售模式。零售商、制造商和金融机构合作开展卖方消费信贷可实现互利共赢的目标。本章主要针对卖方消费信贷模式下零售商、制造商和金融机构三者之间的最优利润分配问题，研究了零售商、制造商和金融机构的分散决策模型、收益共享决策模型及回购契约模型。研究表明，本章所设计的组合式契约模型不仅可以很好地实现消费信贷系统利润的完美共赢协调，而且在契约参数 $b \in [5.5500, 8.2537]$ 时，零售商和制造商的最优利润开始分别同时大于分散决策时两者的最优利润。数值分析实例表明消费信贷系统的整体绩效得到了较大改善，零售商、制造商和金融机构实现了互利共赢的目标。

# 第13章

# 随机需求依赖手续费率的制造商、零售商及金融机构协调

## 13.1 引 言

消费信贷是金融创新的产物，打破了以往个人与银行单向融资的局限性，开创了个人与银行相互融资的全新的债权债务关系。随着我国消费信贷的迅猛发展和大众消费观念的改变，其已逐步成为释放消费潜力、扩大消费需求的长效机制之一（王勇，2012）。1999 年 2 月，随着中国人民银行《关于开展个人消费信贷的指导意见》的正式发布，该意见要求以商业银行为主的金融机构开始面向城市居民开展个人消费信贷业务，消费金融服务从此迎来了发展的春天。卖方消费信贷会无形地增加消费者的消费需求，促进消费结构的升级，拓宽零售商和金融机构的盈利渠道，进而促进社会主义市场经济的健康发展。

而在卖方消费信贷合作中，其根本目的就是要有效刺激潜在消费，而当产品的价格在一定时期内保持相对稳定时，最有效的手段之一就是使金融机构可以尽可能地降低消费信贷的手续费率，但这势必会导致金融机构的利益受损，因此在缺少激励的情形下，一方面，金融机构基于

自身利润最大化原则所确定的手续费率一定要高于系统的最优手续费率；另一方面，制造商和金融机构总是希望零售商尽可能地多订货，但是零售商的订货决策需要考虑剩余库存积压的风险。特别是对于由制造商、零售商与金融机构组成的三级卖方消费信贷系统而言，如果不考虑金融机构的手续费率决策及其利益，即使零售商倾向于采购的产品数量与制造商利润最大化时的决策相一致（即实现供应链内部的协调），最终结果也将不可避免地使系统整体利润受到损失。因此，有必要对制造商、零售商与金融机构之间的契约协调机制进行研究，以使供应链中各方目标与系统目标相一致。

本章将基于上述实务背景，将消费信贷与供应链协调有机结合，考虑引入收益共享和消费补贴契约作为制造商、零售商与金融机构组成的三级卖方消费信贷系统的协调机制，以系统协调的视角，建立制造商—零售商和金融机构—零售商之间的动态博弈模型，探究在集中模式、分散模式及收益共享和消费补贴契约模式下最优订货和手续费率决策问题，以及收益分配问题，并对三种情形下的最优决策进行了比较和分析。研究结果表明：通过引入收益共享和消费补贴契约，当契约参数满足一定条件时，该契约模型不仅可以实现系统协调，还可以使系统成员达到帕累托改进。最后通过算例验证模型的可靠性和有效性。

## 13.2 问题描述与假设

本章提出的扩展报童模型主要涉及一个制造商、一个零售商和一个金融机构，由以上三者构成卖方消费信贷系统，研究卖方消费信贷系统的利润最优化决策问题。先由金融机构向零售商提供转移支付（转移支付可为负），再由零售商向制造商提供转移支付，制造商和金融机构之间并没有直接的联系，而是由零售商承担协调者的角色。假定在金融机构与零售商之间，金融机构是主导方，零售商是随从方；在制造商与零售商之间，制造商为主导方，零售商为随从方。三者都是以自身利益最大化为目标的理性人，三者满足风险中性且信息完全对称。

模型的符号表示：p 表示零售商的产品销售价格；制造商以 w 的单位产品批发价格出售给零售商；Q 表示零售商的订货数量；$c_R$ 为零售商的单位产品订购成本；$c_M$ 表示制造商的单位产品制造成本，$c = c_R + c_M < p$；金融机构的因开展信贷业务产生的单笔信贷服务成本用 $c_F$ 表示，其中包含办理信贷业务成本、信贷违约风险成本及资金获取成本等；$r_F$ 表示由金融机构制定的手续费率，$c_F < pr_F$；$r_R$ 表示消费者最终支付的手续费率；$r_F - r_R$ 表示零售商给信贷消费者的单位产品补贴额；v 表示销售季末的残值，$v < c$；此外，本章用下标"M"代表制造商，下标"R"代表零售商，下标"F"代表金融机构，用上标"*"代表最优。

假设 13.1：市场的信贷消费需求与现款消费需求相互独立。市场总体需求为 $D(p, r_R, x) = d(p) + D(r_R, x) = d(p) + a - br_R + x$，其中现款消费需求为确定值，用 $d(p)$ 表示，现款消费需求是关于产品零售价格 p 的函数；$D(r_R, x)$ 表示独立的信贷消费需求，其中 x 表示随机信贷消费需求，$f(\xi \mid r_R)$ 表示手续费率相关性下的需求概率密度函数，$F(\xi \mid r_R)$ 表示手续费率相关性下的需求分布函数，$F(\xi \mid r_R)$ 和 $f(\xi \mid r_R)$ 连续可微，$F(\xi \mid r_R) > 0$，$f(\xi \mid r_R) > 0$，由于信贷消费需求是关于手续费率的随机减函数，可知 $\frac{\partial F(\xi \mid r_R)}{\partial r_R} > 0$。本章只对信贷消费需求进行研究，而将现款消费需求视为常数。其中 a、b 均为大于零的常数。

假设 13.2：若 $r_F > r_R$，则 $p(r_F - r_R)$ 表示零售商给信贷消费者的单位产品补贴额；若 $r_F < r_R$，则 $p(r_F - r_R)$ 表示零售商向信贷消费者收取的每单位产品中介费。本章将 $r_R$ 视作为零售商的一个决策变量。

假设 13.3：不单独考虑信贷消费者还款的违约情况，还款违约损失可直接反映在单位信贷服务成本 $c_F$ 中。

假设 13.4：不考虑还款周期内出现的通货膨胀和折现等因素。

# 13.3　基本决策模型

## 13.3.1　集中决策模型

设 $S(Q, r_R)$ 为给定订购数量和手续费率下的期望销售，可推导出

$$S(Q, r_R) = E[\min(Q, D)] = Q - \int_0^{Q-(a-br_R)} F(x)\,dx \text{，设 } I(Q, r_R) \text{ 表示期望}$$

剩余库存，则 $I(Q, r_R) = E(Q - D)^+ = Q - S(Q, r_R)$。

在集中决策情形下，金融机构制定的手续费率即为消费者最终支付的手续费率，因此，用 $r_T$ 表示集中决策情况下消费者最终需要支付的手续费率，即 $r_F = r_R = r_T$。整个卖方消费信贷系统的期望利润 $\Pi_T(Q_T, r_T)$ 为：

$$\Pi_T(Q_T, r_T) = [p(1 + r_T) - c_F - v]S(Q_T, r_T) - (c - v)Q_T \qquad (13-1)$$

为简便起见，令 $A = p(1 + r_T) - c_F - v$，对 $\Pi_T(Q_T, r_T)$ 分别求 $Q_T$ 和 $r_T$ 的二阶偏导及混合偏导，得到：

$$\frac{\partial^2 \Pi_T(Q_T, r_T)}{\partial Q_T^2} = -Af[Q_T - (a - br_T)] < 0$$

$$\frac{\partial^2 \Pi_T(Q_T, r_T)}{\partial r_T^2} = -pbF[Q_T - (a - br_T)] - Ab^2 f[Q_T - (a - br_T)] < 0$$

$$\frac{\partial^2 \Pi_T(Q_T, r_T)}{\partial Q_T \partial r_T} = p\{1 - F[Q_T - (a - br_T)]\} - Af[Q_T - (a - br_T)]b \qquad (13-2)$$

海塞矩阵的行列式 $|H(\Pi_T(Q_T, r_T))| = \dfrac{\partial^2 \Pi_T(Q_T, r_T)}{\partial Q_T^2} \dfrac{\partial^2 \Pi_T(Q_T, r_T)}{\partial r_T^2} - \left(\dfrac{\partial^2 \Pi_T(Q_T, r_T)}{\partial Q_T \partial r_T}\right)^2 > 0$。因此可判断 $\Pi_T(Q_T, r_T)$ 是关于 $Q_T$ 和 $r_T$ 的联合凹函数，故存在唯一的最优解组合 $\{Q_T^*, r_T^*\}$ 使得整个卖方消费信贷系统的利润取得最大值。

那么最优的订货数量和零售价格 $\{Q_T^*, r_T^*\}$ 必须满足以下两个等式：

$$\begin{cases} \dfrac{\partial\Pi_T(Q_T^*,\ r_T)}{\partial Q_T} = [\,p(1+r_T)-c_F-v\,]\dfrac{\partial S(Q_T^*,\ r_T)}{\partial Q_T}-(c-v)=0 \\[4mm] \dfrac{\partial\Pi_T(Q_T,\ r_T^*)}{\partial r_T} = pS(Q_T,\ r_T^*)+[\,p(1+r_T^*)-c_F-v\,]\dfrac{\partial S(Q_T,\ r_T^*)}{\partial r_T}=0 \end{cases}$$

$$(13-3)$$

联立式 (13-2)、式 (13-3), 可求得使整个供应链最优的订货量和最优手续费率 $Q_T^*$、$r_T^*$。$Q_T^*$、$r_T^*$ 分别满足:

$$Q_T^* = a - br_T^* + B \tag{13-4}$$

$$p(a - br_T^* + B - \int_0^B F(x)dx) - [\,p(1+r_T^*)-c_F-v\,]F(B)b = 0$$

$$(13-5)$$

其中 $B = \bar{F}^{-1}((c-v)/(p(1+r_T^*)-c_F-v))$。

关于 $Q_T^*$ 和 $r_T^*$ 的具体解析解则要知晓随机变量 x 的具体所属分布才能给出, 在本章第 4 节的算例分析中, 将以 x 服从均匀分布为例进行计算。

### 13.3.2　分散决策模型

事实上, 卖方信贷消费系统中的各节点企业均为独立的利益体, 一般只会从自身的利益角度出发进行决策。在分散化决策模型下, 假设金融机构与零售商之间为主从博弈关系, 其中金融机构为博弈的主导方, 零售商是随从方; 假设制造商与零售商之间亦为主从博弈关系, 其中制造商为博弈的主方, 零售商为从方。

零售商的利润函数为:

$$\Pi_R^D(Q,\ r_R,\ r_F) = [\,p(1+r_R-r_F)-v\,]S(Q,\ r_R)-(c_R-v+w)Q$$

$$(13-6)$$

制造商的利润函数为:

$$\Pi_M^D(Q) = (w-c_M)Q \tag{13-7}$$

对式 (13-6) 分别求关于 Q 和 $r_R$ 的一阶、二阶偏导数及混合偏导数, 可得:

$$\frac{\partial \Pi_R^D(Q, r_R, r_F)}{\partial Q} = [p(1 + r_R - r_F) - v]\{1 - F[Q - (a - br_R)]\} -$$

$$(c_R - v + w) \qquad (13-8)$$

$$\frac{\partial^2 \Pi_R^D(Q, r_R, r_F)}{\partial Q^2} = -[p(1 + r_R - r_F) - v]f[Q - (a - br_R)] < 0$$

$$\frac{\partial \Pi_R^D(Q, r_R, r_F)}{\partial r_R} = p\left[Q - \int_0^{Q-(a-br_R)} F(x)dx\right] - [p(1 + r_R - r_F) - v]$$

$$F[Q - (a - br_R)]b \qquad (13-9)$$

$$\frac{\partial^2 \Pi_R^D(Q, r_R, r_F)}{\partial r_R^2} = -2pbF[Q - (a - br_R)] - [p(1 + r_R - r_F) -$$

$$v]b^2 f[Q - (a - br_R)] < 0$$

$$\frac{\partial^2 \Pi_R^D(Q, r_R, r_F)}{\partial Q \partial r_R} = p\{1 - F[Q - (a - br_R)]\} - [p(1 +$$

$$r_R - r_F) - v]f[Q - (a - br_R)]b$$

同理，可计算得海塞矩阵的行列式 $|H[\Pi_R^D(Q, r_R, r_F)]| > 0$，则 $\Pi_R^D(Q, r_R, r_F)$ 是关于 $Q$ 和 $r_R$ 的联合凹函数。令式（13-8）、式（13-9）分别等于 0，可得零售商的最优订货量 $Q^{D^*}$、消费者最终支付的最优手续费率 $r_R^{D^*}$ 分别满足：

$$Q^{D^*} = a - br_R^{D^*} + C \qquad (13-10)$$

$$p\left[a - br_R^{D^*} + C - \int_0^C F(x)dx\right] - [p(1 + r_R^{D^*} - r_F^{D^*}) - v]F(C)b = 0$$

$$(13-11)$$

其中 $C = \overline{F}^{-1}\{(c_R - v + w)/[p(1 + r_R^{D^*} - r_F^{D^*}) - v]\}$。

对 $\Pi_R^D(Q, r_R, r_F)$ 求 $r_F$ 的一阶偏导，可得 $\dfrac{\partial \Pi_R^D(Q, r_R, r_F)}{\partial r_F} = -pS(Q, r_R) < 0$。这表示在分散决策的情形下，零售商的利润随着金融机构制定手续费率的提高而单调递减。所以，零售商总是希望金融机构不断降低其制定的手续费率以增加自身的利润。

金融机构的利润函数为：

$$\Pi_F^D(Q, r_R, r_F) = (pr_F - c_F)S(Q, r_R) \qquad (13-12)$$

根据主从原理，金融机构在知道零售商关于手续费率 $r_F$ 的订货数量反应函数为 $Q = a - br_R + \overline{F}^{-1}((c_R - v + w)/(p(1 + r_R - r_F) - v))$ 后，将其代入式（13 - 12），可求得分散决策下金融机构制定的最优手续费率 $r_F^{D^*}$ 满足：

$$p(a - br_R^{D^*} + C - \int_0^C F(x)\,dx) + \frac{p(pr_F^{D^*} - c_F)(1 - F(C))^2}{[p(1 + r_R - r_F) - v]f(C)} = 0$$

$$(13 - 13)$$

关于 $Q^{D^*}$、$r_R^{D^*}$ 和 $r_F^{D^*}$ 的具体解析解要知道随机变量 x 的具体概率分布才能给出。

命题 13.1：若 $r_T^* = r_R^{D^*}$，则 $Q_T^* > Q^{D^*}$；若 $Q_T^* = Q^{D^*}$，则 $r_T^* < r_R^{D^*}$；$\Pi_T^*(Q_T, r_T) > \Pi_R^{D^*}(Q, r_R, r_F) + \Pi_M^{D^*}(Q) + \Pi_F^{D^*}(Q, r_R, r_F)$。

证明：当 $r_T^* = r_R^{D^*}$ 时，比较式（13 - 4）和式（13 - 10），由于总是存在 $c_R + w > c$，$pr_F > c_F$，又 $\overline{F}^{-1}(x)$ 单调递减，因此有 $B > C$，则 $Q_T^* > Q^{D^*}$。

由式（13 - 3）可得 $F[Q_T^* - (a - br_T^*)] = \dfrac{pS(Q_T^*, r_T^*)}{b[p(1 + r_T^*) - c_F - v]}$，令

式（13 - 9）等于 0，可得 $F[Q^{D^*} - (a - br_R^{D^*})] = \dfrac{pS(Q^{D^*}, r_R^{D^*})}{b[p(1 + r_R^* - r_F) - v]}$，当

$Q_T^* = Q^{D^*}$ 时，由于总是存在 $pr_F > c_F$，又 $F(x)$ 单调递增，因此 $r_T^* < r_R^{D^*}$。

要使 $\Pi_T^*(Q_T, r_T) = \Pi_R^{D^*}(Q, r_R, r_F) + \Pi_M^{D^*}(Q) + \Pi_F^{D^*}(Q, r_R, r_F)$，唯有 $r_T^* = r_R^{D^*}$ 和 $Q_T^* = Q^{D^*}$ 同时成立，然而这必然是不可能的；又分散决策时的系统最优利润不大于集中决策时系统的最优利润，因而 $\Pi_T^*(Q_T, r_T) > \Pi_R^{D^*}(Q, r_R, r_F) + \Pi_M^{D^*}(Q) + \Pi_F^{D^*}(Q, r_R, r_F)$。证毕。

由命题 13.1 易知，在分散决策模式且只有批发价格契约的情形下，当消费者最终支付的手续费率与集中决策相等时，零售商的最优订货量总是小于集中模式下的最优订货量；当零售商的最优订货量与集中决策相等时，消费者最终支付的手续费率总是大于集中模式下的最优手续费率。这就导致了供应链的"双重边际化"效应。由于社会福利等于生产者剩余和消费者剩余之和，在本章中，生产者剩余指的是零售商、制造商和金融机构的利润之

和，即系统整体利润；消费者剩余是指消费者通过信贷消费所获得的效用减
去所支付的成本。在卖方消费信贷模式下，消费者总效用不变的情况下，消
费者所支付的总成本与最终支付的手续费率正相关。由命题 13.1 可以看出，
集中决策下的社会福利高于分散决策下的社会福利，因此后者是无效率的。
由此说明单一的批发价契约不能使卖方消费信贷系统达到最优，即没有实现
供应链的协调。下文将提出一种收益共享契约以实现社会福利的增加及零售
商、制造商、金融机构利润的帕累托改进。

## 13.4　基于收益共享和消费补贴的卖方
## 消费信贷系统协调模型

本章研究的卖方消费信贷协调模型如图 13-1 所示。首先，建立金融机
构与零售商的收益共享和消费补贴契约协调模型，定义转移支付函数 $T_1(Q, r_R, r_F, \lambda) = [(1-\lambda)(p-v+pr_R-pr_F)]S(Q, r_R) + (1-\lambda)vQ$，零售商为
激励金融机构降低手续费率将分享因消费信贷带来收益的 $(1-\lambda)$ 给金融
机构，$0 \le \lambda \le 1$。其次，零售商为激励制造商进一步降低批发价格，采用收
益共享契约 $(w_\phi, \phi)$，定义转移支付函数 $T_2(Q, w_\phi, T_1(Q, r_R, r_F, \lambda), \phi) = (1-\phi)\lambda[(p-v+pr_R-pr_F)S(Q, r_R) + vQ]$，将与金融机构分享收益
后所剩收益的 $(1-\phi)$ 分享给制造商，$0 \le \phi \le 1$。

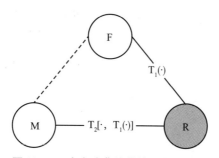

图 13-1　卖方消费信贷协调基本模型

此时卖方消费信贷系统各参与方的期望利润如下：

$$\Pi_R^{RT}(Q, r_R, r_F, w_\phi, \phi, \lambda) = \phi\lambda(p - v + pr_R - pr_F)S(Q, r_R) -$$
$$(c_R - \phi\lambda v + w_\phi)Q \qquad (13-14)$$

$$\Pi_M^{RT}(Q, r_R, r_F, w_\phi, \phi, \lambda) = (1-\phi)\lambda(p - v + pr_R - pr_F)S(Q, r_R)$$
$$- [c_M - w_\phi - (1-\phi)\lambda v]Q \qquad (13-15)$$

$$\Pi_F^{RT}(Q, r_R, r_F, w_\phi, \phi, \lambda) = [pr_F - c_F + (1-\lambda)(p - v + pr_R - pr_F)]$$
$$S(Q, r_R) + (1-\lambda)vQ \qquad (13-16)$$

命题 13.2：使卖方消费信贷系统协调的条件是契约参数满足等式如下：

$$\begin{cases} pr_F = c_F \\ w_\phi = \phi c - c_R \end{cases} \qquad (13-17)$$

证明：根据供应链协作的要求，当收益共享和消费补贴契约下消费者最终支付的最优手续费率 $r_R^{RT^*} = r_T^*$ 和零售商的最优订货量 $Q^{RT^*} = Q_T^*$ 同时成立时，卖方消费信贷系统实现协调。

那么，由式（13-14）可知消费者最终支付的最优手续费率 $r_R^{RT^*}$ 必须满足条件：

$$\frac{\partial\Pi_R^{RT}(Q, r_R^{RT^*}, r_F, w_\phi, \phi, \lambda)}{\partial r_R^{RT}}$$

$$= \phi\lambda pS(Q, r_R^{RT^*}) + \phi\lambda[p(1 + r_R^{RT^*} - r_F) - v]$$

$$\frac{\partial S(Q_T, r_R^{RT^*})}{\partial r_R^{RT}} = 0 \qquad (13-18)$$

比较式（13-3）和式（13-18）可知，当 $pr_F = c_F$ 时，式（13-18）成立 $\left(\dfrac{\partial\Pi_R^{RT}(Q, r_R^{RT^*}, r_F, w_\phi, \phi, \lambda)}{\partial r_R^{RT}} = \phi\lambda\dfrac{\partial\Pi_T(Q_T, r_T^*)}{\partial r_T}\right)$，即 $r_R^{RT^*} = r_T^*$。

又由式（13-14）可知，当供应链协作时，零售商的最优订货量 $Q^{RT^*}$ 须满足条件如下：

$$\frac{\partial\Pi_R^{RT}(Q^{RT^*}, r_R^{RT}, r_F, w_\phi, \phi, \lambda)}{\partial Q^{RT}}$$

$$= \phi\lambda[p(1 + r_R^{RT} - r_F) - v]\frac{\partial S(Q^{RT^*}, r_R^{RT})}{\partial Q^{RT}} - (c_R + w_\phi - \phi\lambda v)$$

$$= 0 \qquad (13-19)$$

　　此外，对于理性的制造商而言，在此收益共享和消费补贴契约协调下其最优生产量必然与零售商的最优订货量相等，即：

$$\frac{\partial \Pi_M^{RT}(Q^{RT^*}, r_R^{RT}, r_F, w_\phi, \phi, \lambda)}{\partial Q^{RT}} = \frac{\partial \Pi_R^{RT}(Q^{RT^*}, r_R^{RT}, r_F, w_\phi, \phi, \lambda)}{\partial Q^{RT}}$$

$$= \frac{\partial \Pi_T(Q_T^*, r_T)}{\partial Q_T} = 0 \qquad (13-20)$$

由式（13 - 15）得：

$$\frac{\partial \Pi_M^{RT}(Q^{RT^*}, r_R^{RT}, r_F, w_\phi, \phi, \lambda)}{\partial Q^{RT}} = (1-\phi)\lambda[p(1 + r_R^{RT} - r_F) - v]$$

$$\frac{\partial S(Q^{RT^*}, r_R^{RT})}{\partial Q^{RT}} - [c_M - w_\phi - (1-\phi)\lambda v] = 0 \qquad (13-21)$$

将 $pr_F = c_F$ 分别代入式（13 - 19）、式（13 - 21）得到：

$$\frac{\partial \Pi_R^{RT}(Q^{RT^*}, r_R^{RT}, r_F, w_\phi, \phi, \lambda)}{\partial Q^{RT}}$$

$$= \phi\lambda[p(1 + r_R^{RT}) - c_F - v]\frac{\partial S(Q^{RT^*}, r_R^{RT})}{\partial Q^{RT}} -$$

$$(c_R + w_\phi - \phi\lambda v) = 0 \qquad (13-22)$$

$$\frac{\partial \Pi_M^{RT}(Q^{RT^*}, r_R^{RT}, r_F, w_\phi, \phi, \lambda)}{\partial Q^{RT}}$$

$$= (1-\phi)\lambda[p(1 + r_R^{RT}) - c_F - v]\frac{\partial S(Q^{RT^*}, r_R^{RT})}{\partial Q^{RT}} -$$

$$[c_M - w_\phi - (1-\phi)\lambda v] = 0 \qquad (13-23)$$

比较式（13 - 2）和式（13 - 22）可知，当 $c_R + w_\phi - \phi\lambda v = \lambda\phi(c - v)$ 时，有 $\dfrac{\partial \Pi_R^{RT}(Q^{RT^*}, r_R^{RT}, r_F, w_\phi, \phi, \lambda)}{\partial Q^{RT}} = \phi\lambda\dfrac{\partial \Pi_T(Q_T^*, r_T)}{\partial Q_T}$，比较式（13 - 2）和式（13 - 23）可知，当 $c_M - w_\phi - (1-\phi)\lambda v = (1-\phi)\lambda(c - v)$ 时，有 $\dfrac{\partial \Pi_M^{RT}(Q^{RT^*}, r_R^{RT}, r_F, w_\phi, \phi, \lambda)}{\partial Q^{RT}} = (1-\phi)\lambda\dfrac{\partial \Pi_T(Q_T^*, r_T)}{\partial Q_T}$，联立 $c_R + w_\phi - \phi\lambda v = \phi\lambda(c - v)$ 和 $c_M - w_\phi - (1-\phi)\lambda v = (1-\phi)\lambda(c - v)$，化简得 $w_\phi = \phi c - c_R$，此时式（13 - 22）和式（13 - 23）必然成立，即 $Q^{RT^*} = Q_T^*$。证毕。

命题13.2说明，当契约参数 $\{w_\phi, \lambda, \phi\}$ 满足式（13-17）时，此收益共享和消费补贴契约能够实现卖方消费信贷系统的协调。将式（13-17）分别代入式（13-14）~式（13-16）并分别进行化简后得：

$$\begin{cases} \Pi_R^{RT} = \phi\lambda\Pi_T \\ \Pi_M^{RT} = (1-\phi)\lambda\Pi_T \\ \Pi_F^{RT} = (1-\lambda)\Pi_T \end{cases} \quad (13-24)$$

也就是说，在手续费率影响信贷消费需求的情形下，收益共享和消费补贴契约可以实现供应链系统的协调，而且能够实现系统整体利润的任意分配。$\lambda$ 和 $\phi$ 的取值取决于零售商、制造商和金融机构各自在卖方消费信贷系统中的地位和谈判能力。而且事实上，金融机构制定的手续费率对该收益共享契约下零售商、制造商和金融机构的最优利润没有影响。

收益共享和消费补贴契约可以在零售商、制造商和金融机构之间实现整体供应链利润的任意分配，但在个体理性的约束下，要使得供应链中各参与方愿意采用该收益共享和消费补贴契约，那么其采用收益共享契约之后的收益必然不能少于其在分散决策模式下各自所获取的收益，故在卖方消费信贷系统的运作实践中还需考虑这一参与约束条件，即对卖方消费信贷系统各方而言，其收益能够实现帕累托改进，即应分别满足：

$$\begin{cases} \Pi_R^{RT}(Q, r_R, r_F, w_\phi, \phi, \lambda) \geq \Pi_R^D(Q, r_R, r_F) \\ \Pi_M^{RT}(Q, r_R, r_F, w_\phi, \phi, \lambda) \geq \Pi_M^D(Q) \\ \Pi_F^{RT}(Q, r_R, r_F, w_\phi, \phi, \lambda) \geq \Pi_F^D(Q, r_R, r_F) \end{cases} \quad (13-25)$$

将式（13-24）代入式（13-25）中，可得：

$$\begin{cases} \phi\lambda\Pi_T \geq \Pi_R^D \\ (1-\phi)\lambda\Pi_T \geq \Pi_M^D \\ (1-\lambda)\Pi_T \geq \Pi_F^D \end{cases} \quad (13-26)$$

由式（13-26）可推出收益共享比例 $\lambda$，$\phi$ 满足参与约束条件：

$$\begin{cases} \dfrac{\Pi_R^D + \Pi_M^D}{\Pi_T} \leq \lambda \leq 1 - \dfrac{\Pi_F^D}{\Pi_T} \\ \dfrac{\Pi_R^D}{\lambda\Pi_T} \leq \phi \leq 1 - \dfrac{\Pi_M^D}{\lambda\Pi_T} \end{cases} \quad (13-27)$$

另外，$w_\phi$ 的取值一般为非负，且 $\lambda$，$\phi \in [0, 1]$，因此由 $w_\phi = \phi c - c_R$ 易推出 $\phi$ 还需满足：$\frac{c_R}{c} \leqslant \phi \leqslant 1$。$\lambda$ 取值越大，$\phi$ 的可取范围越大。

由此可知，金融机构和制造商在设计契约时，须使 $\lambda$ 和 $\phi$ 的取值范围满足式（13-27），只有这样才能在保证自身利益的同时，促使零售商接受该契约，至于 $\lambda$ 和 $\phi$ 的具体数值则要取决于零售商、制造商和金融机构各自在供应链上的地位及相互之间讨价还价的能力。

## 13.5　数　值　分　析

假设信贷消费需求 x 服从均匀分布，$x \sim U(L, H)$，$L = 0$，$H = 100$，$a = 50$，$b = 80$，$p = 10$，$c_R = 1$，$v = 1$，$c_F = 1$，$c_M = 3$，将以上数值分别代入分散决策模型、集中决策模型及收益共享与两部收费联合契约模型并求解，可以得到：

集中决策下，由式（13-4）得，零售商的最优订货量 $Q_T^* = 95.6906$，由式（13-5）得，消费者最终支付的最优手续费率 $r_T^* = 0.3539$，最优期望销售为 $S(Q_T^*, r_T^*) = 68.3101$，卖方消费信贷系统的最优利润为 $\Pi_T^*(Q_T, r_T) = 501.1420$。

分散决策下，根据主从原理计算可得最优批发价格 $w = 4.0011$，由式（13-11）得，零售商的最优订货量 $Q^{D^*} = 35.4623$，由式（13-12）得，消费者最终支付的最优手续费率 $r_R^{D^*} = 0.6882$，由式（13-13）计算得出金融机构制定的最优手续费率 $r_F^{D^*} = 0.7476$，则零售商给信贷消费者的单位产品补贴利费率差额 $r_F^{D^*} - r_R^{D^*} = 0.0593$，最优期望销售 $S(Q^{D^*}, r_R^{D^*}) = 27.2521$。零售商的最优期望利润 $\Pi_R^{D^*}(Q, r_R, r_F) = 51.7830$，制造商的最优期望利润 $\Pi_M^{D^*}(Q) = 70.9246$，金融机构的最优期望利润 $\Pi_F^{D^*}(Q, r_R, r_F) = 176.4839$，分散模式下卖方消费信贷系统的整体利润 $\Pi_R^{D^*}(Q, r_R, r_F) + \Pi_M^{D^*}(Q) + \Pi_F^{D^*}(Q, r_R, r_F) = 299.1915$。由此可以看出 $Q_T^* > Q^{D^*}$，

$r_T^* < r_R^{D^*}$，且 $\Pi_T^*(Q_T, r_T) > \Pi_R^{D^*}(Q, r_R, r_F) + \Pi_M^{D^*}(Q) + \Pi_F^{D^*}(Q, r_R, r_F)$。综上所述，命题 13.1 成立。

在基于收益共享和消费补贴契约的卖方消费信贷系统协调模型下：当契约参数满足式（13-17）时，收益共享契约能够实现供应链的协调，此时零售商的最优订货量 $Q^{RT^*} = Q_T^* = 95.6906$，消费者最终支付的最优手续费率 $r_R^{RT^*} = r_T^* = 0.3539$，最优期望销售 $S(Q^{RT^*}, r_R^{RT^*}) = 68.3101$；由式（13-17）计算得金融机构制定的最优手续费率 $r_F^{RT^*} = \frac{c_F}{p} = 0.1$，制造商的最优批发价格 $w_\phi = 4\phi - 1$。由式（13-24）化简得：零售商的最优利润函数为 $\Pi_R^{RT^*} = \phi\lambda\Pi_T = \phi\lambda501.1420$，制造商的最优利润函数为 $\Pi_M^{RT^*} = (1-\phi)\lambda\Pi_T = (1-\phi)\lambda501.1420$，金融机构的最优利润函数为 $\Pi_F^{RT^*} = (1-\lambda)501.1420$。

当契约参数 $\lambda$ 以 0.1 为间隔在 0.2 和 0.9 之间取不同的值，$\phi$ 的取值在保证式（13-27）成立的基础上酌情给定，另根据式（13-17）有 $w_\phi = 4\phi - 1$，通过 Matlab 软件可计算得出最优决策结果（见表 13-1）。

表 13-1　　　　　　　　　不同契约参数下的最优决策

| $\lambda$ | $\phi$ | $w_\phi$ | $\Pi_R^{RT^*}$ | $\Pi_M^{RT^*}$ | $\Pi_F^{RT^*}$ | $\Pi^{RT^*}$ |
|---|---|---|---|---|---|---|
| 0.2000 | 0.3000 | 0.2000 | 30.0685 | 70.1599 | 400.9136 | 501.1420 |
| 0.2449 | 0.4220 | 0.6880 | 51.7830 | 70.9246 | 378.4344 | 501.1420 |
| 0.3000 | 0.4300 | 0.7200 | 64.6473 | 85.6953 | 350.7994 | 501.1420 |
| 0.4000 | 0.4500 | 0.8000 | 90.2056 | 110.2512 | 300.6852 | 501.1420 |
| 0.5000 | 0.5000 | 1.0000 | 125.2855 | 125.2855 | 250.5710 | 501.1420 |
| 0.6000 | 0.6000 | 1.4000 | 180.4111 | 120.2741 | 200.4568 | 501.1420 |
| 0.6478 | 0.6500 | 1.6000 | 211.0159 | 113.6239 | 176.4839 | 501.1420 |
| 0.7000 | 0.7000 | 1.8000 | 245.5596 | 105.2398 | 150.3426 | 501.1420 |
| 0.8000 | 0.8000 | 2.2000 | 320.7309 | 80.1827 | 100.2284 | 501.1420 |
| 0.9000 | 0.9000 | 2.6000 | 405.9250 | 45.1028 | 50.1142 | 501.1420 |

由表 13-1 可以看出，当 $\phi$ 和 $\lambda$ 的逐渐增大时，制造商的最优批发价

格 $w_\phi$、零售商的最优利润 $\Pi_R^{RT^*}$ 随之逐渐增大，而金融机构的最优利润 $\Pi_F^{RT^*}$ 逐渐减小，制造商的最优利润 $\Pi_M^{RT^*}$ 先增大后减小。当 $\lambda = 0.2449$，$\phi = 0.4220$ 时，零售商的最优利润 $\Pi_R^{RT^*} = 51.7830$，制造商的最优利润 $\Pi_M^{RT^*} = 70.9246$，分别与分散决策时二者的最优利润相等，而此时金融机构的最优利润 $\Pi_F^{RT^*} = 378.4344$，较分散决策时金融机构的最优利润 $\Pi_F^{D^*}(Q, r_R, r_F) = 176.4839$ 增加 $201.9505$。当 $\lambda = 0.6478$，$\phi = 0.65$ 时，金融机构的最优利润 $\Pi_F^{RT^*} = 176.4839$，与分散决策时金融机构的最优利润相等，此时零售商的最优利润 $\Pi_R^{RT^*} = 211.0159$ 比分散决策时零售商的最优利润 $\Pi_R^{D^*}(Q, r_R, r_F) = 51.7830$ 增加了 $159.2329$，制造商的最优利润 $\Pi_M^{RT^*} = 113.6239$ 比分散决策时制造商的最优利润 $\Pi_M^{D^*}(Q) = 70.9246$ 增加了 $42.6993$。通过图 13-2 更直观地描绘了制造商、零售商和金融机构的最优利润与契约参数 $\lambda$ 之间的关系。

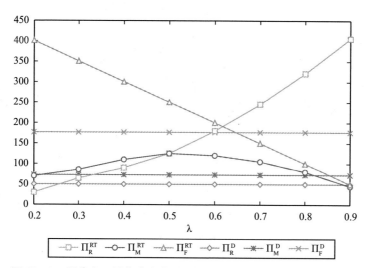

图 13-2　制造商、零售商和金融机构最优利润与契约参数 $\lambda$ 的关系

由图 13-2 可知，当 $\lambda \in [0.2449, 0.6478]$ 时，零售商、制造商和金融机构的最优利润同时大于分散决策时三者的最优利润，同时，卖方消费信

贷系统的最优利润与集中决策模式下系统的最优利润（为 501.1420）相等，即该收益共享和消费补贴契约实现了零售商、制造商和金融机构三者之间的完美共赢协调。并且 $\lambda \in [0.2449, 0.6478]$ 满足激励相容原则，而 $\lambda$ 的取值主要取决于零售商和金融机构各自在卖方消费信贷系统中的地位和谈判能力，另外 $\phi$ 的取值主要取决于零售商和制造商各自在供应链上的地位及相互之间讨价还价的能力。综上所述，本章所设计的收益共享和消费补贴契约不仅能够协调卖方消费信贷系统，同时也能够实现零售商、制造商和金融机构三者利润的帕累托改进。

## 13.6　本章小结

卖方消费信贷作为一种商业模式在国内外得到了广泛的认可，逐渐成为像汽车、家电及电子产品等具有较高价值的消费品行业中的一种重要销售模式，通过开展卖方消费信贷，有利于零售商、制造商启动市场，增加消费品生长，对于金融机构则可以增加创利渠道，可实现互利共赢的目标。

本章主要针对卖方消费信贷模式下零售商的最优订货量和最优手续费补贴的决策问题，金融机构的最优手续费率决策及系统协调等问题，从微视角度研究了零售商、制造商和金融机构的集中决策模型、分散决策模型及收益共享和消费补贴契约模型。研究结果表明，本章所提出的收益共享和消费补贴契约模型不仅能够实现系统的协调，而且当 $\lambda \in [0.2449, 0.6478]$ 时，还可达成零售商、制造商和金融机构三者利润的帕累托改进。最后，通过数值分析实例表明所提出的收益共享和消费补贴契约模型能够使卖方消费信贷系统的整体绩效得到较大提升，有效地促进了零售商、制造商和金融机构三者实现互利共赢。

# 第14章

# 随机需求依赖服务水平的制造商、 零售商及金融机构协调

## 14.1 引　言

现实生活中，商业银行等金融机构在办理信贷业务时所提供的服务水平是影响信贷消费需求的重要因素，如对信贷服务人员进行专业的培训、增加广告投入以宣传其信贷消费产品、对合作企业之间信息流、资金流的管理等。从系统的角度，提高信贷服务水平可以在一定程度上增加信贷消费的需求，使系统中各成员的利益得以增加；而从金融机构的角度，其提高服务水平是要建立在努力成本增加的基础上的。因此，若要金融机构单独承担提高努力水平所带来的服务成本，那么其服务水平一定会低于系统理想的服务水平。

本章进行了需求依赖服务水平的制造商、零售商和金融机构三方协调机制研究。针对制造商、零售商和金融机构组成的三级系统，在信贷服务水平影响零售商的信贷产品消费需求的情形下，建立了有效的契约机制，能够同时协调零售商的订货决策和金融机构的服务水平决策。研究表明，在分散决策情况无法实现系统协调时，通过在收益共享契约的基础上引入成本共担契

约,不仅使得零售商的最优订货量和金融机构的信贷服务水平与集中决策模型下的最优策略保持一致,实现了系统的协调,还实现了制造商和零售商利润的帕累托改进。数值分析结果进一步验证了所提出的联合契约的科学性和可实施性,同时也表明了收益共享和成本共担联合契约实现了卖方消费信贷系统各成员的互利共赢,消费信贷系统利润也得到了较大提升。

## 14.2 问题描述和假设

考虑由单个制造商、单个零售商和单个金融机构所组成的卖方消费信贷系统,其中制造商先以单位批发价格 w 向零售商分销产品,而后零售商和金融机构之间合作开展卖方消费信贷业务,零售商以单位零售价格 p 将产品销售给消费者,此时由金融机构替消费者向零售商先行垫付货款,而消费者以利费率 r 分期向金融机构偿还贷款(利费率是指还款周期内,消费者购买单位产品所产生的总利息以及相关资金费用的总和与价格的比率)。其中制造商和金融机构之间没有直接的合作关系,而是由零售商担当协调者的角色。制造商和零售商的决策行为可用主从博弈来描述(制造商为博弈的领导者,零售商为追随者),零售商和金融机构之间亦为主从博弈关系(金融机构为领导者,零售商为追随者)。三者具体的合作方式如图 14-1 所示。

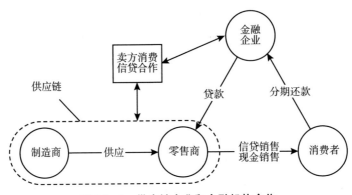

图 14-1 供应链企业和金融机构合作

在销售季节开始前，零售商需要对为满足信贷消费需求的订货数量 q 进行决策，而金融机构则需要对其所提供的信贷服务水平 e 进行决策，信贷服务水平影响信贷消费的需求量，因此影响零售商的订货数量，进而影响零售商和制造商的利润。本章所涉及的符号变量假设如下：制造商的边际生产成本为 $c_m$；零售商的边际成本为 $c_r$，且有 $c = c_m + c_r < p$；$v$ 表示库存商品在销售季末的单位产品残值；金融机构办理单笔信贷消费业务的平均服务成本为 $c_f$（包括还款违约损失、人员培训成本、管理成本等）；$\xi$ 表示销售季节努力水平为 e 时产品信贷消费的随机需求，$f(\xi)$ 为在努力水平 e 时销售季节的需求概率密度函数，$f(\xi) > 0$，$F(\xi)$ 表示与之对应的概率分布函数，$\overline{F}(\xi) = 1 - F(\xi)$，$F^{-1}(\xi)$ 为 $F(\xi)$ 的反函数，$F(\xi)$ 连续可微和单调递增，且有 $F(\xi) \geqslant 0$，$F(0) = 0$；$C(e)$ 表示金融机构在努力水平为 e 时的服务成本，$C(e)$ 在区间 $e \in [1, +\infty)$ 上关于 e 连续可微，且为凸函数，有 $C'(e = 1) = 0$，$C'(e > 1) > 0$，$C''(e) > 0$；$\xi'$ 为金融机构提高信贷服务水平之后相应的市场需求，市场中的信贷消费需求会随着金融机构信贷服务水平的提高而增加，二者之间的关系满足 $\xi' = e\xi$，其中 $e > 1$，$e = 1$ 时表示金融机构原有的信贷服务水平；令 $S(q, e) = E(\min(q, e\xi))$，推导可得 $S(q, e) = q - e \int_0^{q/e} F(\xi) d\xi$，令 $I(q, e)$ 为期望剩余库存，则 $I(q, e) = E(q - e\xi)^+$，可推导出 $I(q, e) = q - S(q, e)$。为保证交易的正常开展，上述参数满足 $v < c_r < p$，$v < c_m < w < p$ 和 $c_f < pr$。

进一步的假设：（1）制造商、零售商和金融机构都是风险中性的完全理性人，即三者进行决策时都以期望利润最大化为根据，且所有信息完全对称；（2）信贷消费和现款消费的需求是相互独立的，零售商可以单独为信贷消费需求补货；（3）信贷服务水平的高低是可观测和度量的。

# 14.3 基本模型的建立

## 14.3.1 集中式决策模型

在集中式决策情形下，制造商、零售商和金融机构相当于一个统一的整体，共同追求卖方消费信贷系统整体利益的最大化，三者将以系统的角度同时进行决策，此情形下的决策结果为全局最优，令 $\Pi(q, e)$ 表示集中决策下整个供应链系统的期望利润函数，则有：

$$\begin{aligned} \Pi(q, e) &= [p(1+r) - c_f] E\min(q, e\xi) + vE(q - e\xi)^+ - cq - C(e) \\ &= [p(1+r) - c_f] S(q, e) + vI(q, e) - cq - C(e) \\ &= [p(1+r) - c_f - v] S(q, e) - (c - v)q - C(e) \quad (14-1) \end{aligned}$$

为便于讨论，令 $A = p(1+r) - c_f - v$，$\Phi(q) = \int_0^q \xi dF(\xi)$。对 $\Pi(q, e)$ 分别求 $q$、$e$ 的二阶偏导数及混合偏导数，可得：

$$B = \partial^2 \Pi(q, e)/\partial q^2 = -Af(q/e)/e < 0$$

$$C = \partial^2 \Pi(q, e)/\partial e^2 = -Af(q/e)/e^3 - C''(e) < 0$$

$$D = \partial^2 \Pi(q, e)/\partial q \partial e = Aqf(q/e)/e^2 \quad (14-2)$$

当 $e > 1$ 时，$BC - D^2 = (Af(q/e)/e)C''(e) < 0$。因此易知 $\Pi(q, e)$ 是关于最优订货量 $q$ 和努力水平 $e$ 的联合二元凹函数，故存在唯一的最优解组合 $(q_0, e_0)$ 使得系统利润取得最大值。设 $e_0$ 为给定订货量下金融机构的最优信贷服务水平，则有：

$$\frac{\partial \Pi(q, e_0)}{\partial e} = A\frac{\partial S(q, e_0)}{\partial e} - C'(e_0) = 0 \quad (14-3)$$

设 $q_0$ 为给定最优信贷服务水平下零售商的最优订货量，则有：

$$\frac{\partial \Pi(q_0, e)}{\partial q} = A\frac{\partial S(q_0, e)}{\partial q} - (c - v) = 0 \quad (14-4)$$

求解式（14-3）、式（14-4）可得最优订货量和最优努力水平应分别满足：

$$q_0 = e_0 \overline{F}^{-1}((c-v)/A) \tag{14-5}$$

$$C'(e_0) = A\Phi(q_0, e_0) \tag{14-6}$$

当 $e = 1$ 时，即金融机构的信贷服务水平保持不变时，系统的最优订货数量为 $\hat{q}_0 = \overline{F}^{-1}[(c-v)/A]$。因此，有 $q_0 = e_0\hat{q}_0$ 和 $C'(e_0) = A\Phi(\hat{q}_0)$。将最优解 $(q_0, e_0)$ 代入式（14-1），化简后系统的最优利润可写为 $\Pi(q_0, e_0) = e_0[p(1+r)-c_f-v]\Phi(\hat{q}_0) - C(e_0)$。

命题 14.1：$e_0 > 1$，$\Pi(q_0, e_0) > \Pi(\hat{q}_0, e=1)$。

证明：因为 $C'(e_0) = A\Phi(\hat{q}_0) > C'(e=1) = 0$，且 $C''(e) > 0$，故 $e_0 > 1$。

由于二元凹函数 $\Pi(q, e)$ 的唯一最优解为 $(q_0, e_0)$，因此可判断 $\Pi(q_0, e_0) > \Pi(\hat{q}_0, e=1)$。证毕。

由命题 14.1 可知，在集中式决策情形下，若金融机构提高信贷服务水平，则可使卖方消费信贷系统的利润得以增加。

## 14.3.2 分散式决策模型

### 1. 基于批发价格契约的协调机制

在分散决策的情形下，制造商、零售商和金融机构为相互独立的个体，以追求自身利益最大化为原则进行决策。制造商、零售商之间采用批发价格契约，此时制造商的期望利润函数为：

$$\pi_m(q, e, w) = (w - c_m)q \tag{14-7}$$

零售商的期望利润函数为：

$$\begin{aligned}\pi_r(q, e, w) &= pS(q, e) - c_r q + v[q - S(q, e)] - wq \\ &= [p-v]S(q, e) - (w + c_r - v)q\end{aligned} \tag{14-8}$$

在主从博弈中，先对第二阶段博弈进行计算，根据式（14-6）求解 $\pi_r(q, e, w)$ 关于 $q$ 的一阶偏导数并令其为 0，有：

$$\frac{\partial \pi_r(q, e, w)}{\partial q} = [p-v][1 - F(q/e)] - (w + c_r - v) = 0 \tag{14-9}$$

求解式（14-9）可得到零售商的订货反应函数为：

$$q_1 = e\,\overline{F}^{-1}\left(\frac{w + c_r - v}{p - v}\right) \tag{14-10}$$

当金融机构的信贷服务水平恒为 $e = 1$ 时，零售商的最优订货量为 $\hat{q}_1 = \overline{F}^{-1}\left(\dfrac{w + c_r - v}{p - v}\right)$，那么零售商的订货反应函数为 $q_1 = e\hat{q}_1$。

计算第一阶段博弈，金融机构的期望利润函数为：

$$\pi_f(q,\ e,\ w) = (pr - c_f)S(q,\ e) - C(e) \tag{14-11}$$

将零售商的订货反应函数 $q_1 = e\hat{q}_1$ 代入式（14-11）中，求解 $\pi_f(q,\ e,\ w)$ 关于努力水平 $e$ 的一阶偏导并令其等于 0，计算得金融机构的最优努力水平满足 $C'(e_1) = (pr - c_f)\left[\hat{q}_1 - \displaystyle\int_0^{\hat{q}_1} F(\xi)\mathrm{d}\xi\right]$，将其代入零售商的订货反应函数当中，得到零售商的最优订货量满足 $q_1 = e\hat{q}_1$。

因为 $\overline{F}^{-1}$ 为单调递减函数，且 $\dfrac{w + c_r - v}{p - v} > \dfrac{c - v}{A}$，故 $\hat{q}_1 < \hat{q}_0$；

由于 $\hat{q}_1 < \hat{q}_0$，$C'(e)$ 单调递增，则易判断 $C'(e_1) < C'(e_0)$，因此 $e_1 < e_0$。由此可以看出，在此情形下收益共享契约不能使供应链系统达到协调。

**2. 制造商、零售商和金融机构三者的收益共享契约协调机制**

假设在零售商和制造商之间采用收益共享契约，零售商将自身收益的 $(1 - \lambda)$ 分享给制造商，定义转移支付 $T_2[q,\ e,\ w,\ T_1(q,\ e,\ \varphi),\ \lambda]$；在零售商和金融机构之间亦采用收益共享契约，金融机构将自身收益的 $(1 - \varphi)$ 分享给零售商，定义转移支付 $T_1(q,\ e,\ \varphi) = (1 - \varphi)prS(q,\ e)$。

$$\begin{aligned}
T_2[q,\ e,\ w,\ T_1(q,\ e,\ \varphi),\ \lambda] &= wq + (1 - \lambda)[pS(q,\ e) + (1 - \varphi)prS(q,\ e)] \\
&= (1 - \lambda)[p + (1 - \varphi)pr]S(q,\ e) + wq
\end{aligned}$$

则此时制造商的期望利润函数为：

$$\begin{aligned}
\pi_m(q,\ e,\ w,\ \varphi,\ \lambda) &= -c_m q + T_2[q,\ e,\ w,\ T_1(q,\ e,\ \varphi),\ \lambda] \\
&= (1 - \lambda)[p(1 + r) - \varphi pr]S(q,\ e) + (w - c_m)q
\end{aligned} \tag{14-12}$$

零售商的期望利润函数为：

$$\begin{aligned}
\pi_r(q,\ e,\ w,\ \varphi,\ \lambda) = {}& pS(q,\ e) - c_r q + v[q - S(q,\ e)] + T_1(q,\ e,\ \varphi) - \\
& T_2[q,\ e,\ w,\ T_1(q,\ e,\ \varphi),\ \lambda]
\end{aligned}$$

$$= \{\lambda[p(1+r) - \varphi pr] - v\} S(q, e) - (w + c_r - v)q$$

$$(14-13)$$

为讨论方便，令 $H = \lambda[p(1+r) - \varphi pr] - v$，由于零售商为博弈中的跟随者，根据式（14-13）求解 $\pi_r(q, e, w, \varphi, \lambda)$ 关于 q 的一阶偏导数并令其为 0，解得零售商的订货反应函数为：$q_2 = e\overline{F}^{-1}\left(\dfrac{w + c_r - v}{H}\right)$。

当金融机构的信贷服务水平恒为 $e = 1$ 时，零售商的最优订货量为 $\hat{q}_2 = \overline{F}^{-1}\left(\dfrac{w + c_r - v}{H}\right)$，那么零售商的订货反应函数为 $q_2 = e\hat{q}_2$。

金融机构的期望利润函数为：

$$\pi_f(q, e, w, \varphi, \lambda) = (pr - c_f)S(q, e) - C(e) - T_1(q, e, \varphi)$$

$$= (\varphi pr - c_f)S(q, e) - C(e) \qquad (14-14)$$

根据主从原理，将零售商的订货反应函数 $q_2 = e\hat{q}_2$ 代入式（14-14）中，有：

$$\frac{\partial \pi_f(q, e, w, \varphi, \lambda)}{\partial e} = (\varphi pr - c_f)\frac{\partial S(q, e)}{\partial e} - C'(e) = 0 \qquad (14-15)$$

求解式（14-13）可计算得出金融机构的最优努力水平满足 $C'(e_2) = (\varphi pr - c_f)\left[\hat{q}_2 - \displaystyle\int_0^{\hat{q}_2} F(\xi)d\xi\right]$，将其代入零售商的订货反应函数当中，得到零售商的最优订货量满足 $q_2 = e_2\hat{q}_2$。

综合以上，可以得到在此契约协调下，制造商、零售商和金融机构的最优期望利润分别为：$\pi_m(q_2, e_2, w, \varphi, \lambda) = e_2(1-\lambda)[p(1+r) - \varphi pr]\left(\hat{q}_2 - \displaystyle\int_0^{\hat{q}_2} F(\xi)d\xi\right) + e_2(w - c_m)\hat{q}_2, \pi_r(q_2, e_2, w, \varphi, \lambda) = e_2 H\left[\hat{q}_2 - \displaystyle\int_0^{\hat{q}_2} F(\xi)d\xi\right] - e_2(w + c_r - v)\hat{q}_2, \pi_f(q_2, e_2, w, \varphi, \lambda) = e_2(\varphi pr - c_f)\left[\hat{q}_2 - \displaystyle\int_0^{\hat{q}_2} F(\xi)d\xi\right] - C(e_2)$。

命题 14.2：（1）$1 < e_2 < e_0$；（2）$\hat{q}_2 < q_2 < q_0$，从而 $\Pi(q_2, e_2) < \Pi(q_0, e_0)$。

证明：（1）首先，因为 $H < A$，$w + c_r - v > c - v$，又 $\overline{F}^{-1}$ 单调递减，所

以 $\hat{q}_0 > \hat{q}_2$，又因为 $\dfrac{\partial \pi_f(q, e, w, \varphi, \lambda)}{\partial e} = \dfrac{\partial \Pi(q, e)}{\partial e}$，故 $e_2 < e_0$；因 $C'(e_2) =$

$(\varphi pr - c_f)\left[\hat{q}_2 - \displaystyle\int_0^{\hat{q}_2} F(\xi)\,d\xi\right] > C'(e = 1) = 0$，故 $e_1 > 1$；综上可判断，

$1 < e_2 < e_0$。

（2）因为 $e_2 > 1$，且 $q_2 = e_2\hat{q}_2$，则可推出 $\hat{q}_2 < q_2$；又由于 $\hat{q}_2 < \hat{q}_0$ 和 $e_2 < e_0$，且 $q_0 = e_0\hat{q}_0$，因此 $q_2 < q_0$；综上可判断 $\hat{q}_2 < q_2 < q_0$。由于联合凹函数 $\Pi(q, e)$ 存在唯一最优策略组合 $(q_0, e_0)$，因此 $\Pi(q_2, e_2) < \Pi(q_0, e_0)$。证毕。

由命题 14.2 可以看出，在收益共享契约下，零售商的最优订货量小于集中决策时的最优订货量，且金融机构的最优信贷服务水平小于集中决策时的最优服务水平，但金融机构有提高信贷服务水平的意愿，因此收益共享契约无法实现供应链系统的协调。这是由于金融机构承担了整个卖方消费信贷系统的努力成本，但只获得了系统的一部分收益，为实现卖方消费信贷系统的协调，本章考虑在收益共享契约的基础上加入成本共担契约。

# 14.4 基于收益共享和成本共担契约的卖方消费信贷系统协调模型

首先，零售商为金融机构分担比例为 $(1-\sigma)$ 的服务成本，以激励金融机构进一步提高信贷服务水平，金融机构也将自身收益的 $(1-\varphi)$ 分享给零售商，以鼓励零售商提高信贷消费渠道的订货数量，定义金融机构给零售商的转移支付 $T_1(q, e, \varphi, \sigma)$；其次，在零售商和制造商之间实施收益共享契约，零售商以单位批发价格 $w_\lambda$ 从制造商处获得产品，并将此时自身收益的 $(1-\lambda)$ 分享给制造商以作为回报，定义零售商给制造商的转移支付 $T_2[q, e, w_\lambda, T_1(q, e, \varphi, \sigma), \lambda]$。可得 $T_1(q, e, \varphi, \sigma) = (1-\varphi)prS(q, e) - (1-\sigma)C(e)$；$T_2[q, e, w_\lambda, T_1(q, e, \varphi, \sigma), \lambda] = w_\lambda q + (1-\lambda)[(1-\varphi)prS(q, e) + vI(q, e)]$。

在此策略情形下，制造商、零售商和金融机构的期望利润函数分别为：

$$\tau_m(q,\ e,\ w_\lambda,\ \sigma,\ \varphi,\ \lambda) = -c_m q + T_2[q,\ e,\ w_\lambda,\ T_1(q,\ e,\ \varphi,\ \sigma),\ \lambda]$$
$$= (1-\lambda)[p-v+(1-\varphi)pr]S(q,\ e) - [c_m - w_\lambda -$$
$$(1-\lambda)v]q \tag{14-16}$$

$$\tau_r(q,\ e,\ w_\lambda,\ \sigma,\ \varphi,\ \lambda) = pS(q,\ e) - c_r q + vI(q,\ e) + T_1(q,\ e,\ \varphi,\ \sigma) -$$
$$T_2[q,\ e,\ w_\lambda,\ T_1(q,\ e,\ \varphi,\ \sigma),\ \lambda]$$
$$= \lambda[p-v+(1-\varphi)pr]S(q,\ e) - (c_r + w_\lambda - \lambda v)q$$
$$- (1-\sigma)C(e) \tag{14-17}$$

$$\tau_f(q,\ e,\ w_\lambda,\ \sigma,\ \varphi,\ \lambda) = (pr-c_f)S(q,\ e) - C(e) - T_1(q,\ e,\ \varphi,\ \sigma)$$
$$= (\varphi pr - c_f)S(q,\ e) - \sigma C(e) \tag{14-18}$$

若此时联合契约能够实现系统的协调，则要求在此契约机制下的最优策略组合与集中决策下的最优策略组合分别同时相等。令 $e_3$ 为此联合契约下金融机构的最优信贷服务水平，则根据式（14-18）得 $e_3$ 满足：

$$\frac{\partial \tau_f(q,\ e_3,\ w_\lambda,\ \sigma,\ \varphi,\ \lambda)}{\partial e} = (\varphi pr - c_f)\frac{\partial S(q,\ e_3)}{\partial e} - \sigma C'(e_3) = \frac{\partial \Pi(q,\ e_0)}{\partial e} \tag{14-19}$$

联立式（14-3）和式（14-19），得：

$$\sigma = \frac{\varphi pr - c_f}{A} \tag{14-20}$$

令 $\hat{q}_3$ 表示 $e=1$ 时零售商的最优订货量，此时因为有 $e_3 = e_0$，要保证 $q_3 = q_0$，只要 $\hat{q}_3 = \hat{q}_0$。根据式（14-17），假设有参数组合（$w_\lambda,\ \lambda$）使得以下等式成立：

$$\lambda[p-v+(1-\varphi)pr] = \theta_1 A \tag{14-21}$$
$$c_r + w_\lambda - \lambda v = \theta_1(c-v) \tag{14-22}$$

将式（14-21）、式（14-22）代入式（14-17）中可得零售商的利润函数为：

$$\tau_r(q,\ e,\ w_\lambda,\ \sigma,\ \varphi,\ \lambda) = \theta_1[\Pi(q,\ e) + C(e)] - (1-\sigma)C(e)$$
$$= \theta_1 \Pi(q,\ e) - (1-\sigma-\theta_1)C(e) \tag{14-23}$$

由式（14-23）可以看出，$\tau_r(q,\ e,\ w_\lambda,\ \sigma,\ \varphi,\ \lambda)$ 为卖方消费信贷

系统利润函数的仿射函数，因此零售商的最优订货决策与系统的最优订货决策相一致。

而对于理性的制造商而言，在此契约协调下其最优生产量必然与零售商的最优订货量相等，即：

$$\frac{\partial \tau_m(q, e, w_\lambda, \sigma, \varphi, \lambda)}{\partial q} = \frac{\partial \tau_r(q, e, w_\lambda, \sigma, \varphi, \lambda)}{\partial q} \qquad (14-24)$$

根据式（14-15），假设有参数组合（$w_\lambda$，$\lambda$）使得以下等式成立：

$$(1-\lambda)[p - v + (1-\varphi)pr] = \theta_2 A \qquad (14-25)$$

$$c_m - w_\lambda - (1-\lambda)v = \theta_2(c - v) \qquad (14-26)$$

将式（14-25）、式（14-26）代入式（14-16）中可得制造商的利润函数为：

$$\tau_m(q, e, w_\lambda, \sigma, \varphi, \lambda) = \theta_2[\Pi(q, e) + C(e)] \qquad (14-27)$$

由此可以看出，制造商的利润函数亦为系统利润函数的仿射函数，故其最优生产量与零售商的最优订货量相等。

联立式（14-22）和式（14-26）求解并化简得：$\theta_2 = 1 - \theta_1$，那么制造商的利润函数可表示为：

$$\tau_m(q, e, w_\lambda, \sigma, \varphi, \lambda) = (1-\theta_1)[\Pi(q, e) + C(e)] \qquad (14-28)$$

联立式（14-20）~式（14-22）、式（14-25）和式（14-26）组成方程组，求解得：

$$\varphi = \frac{c_f}{pr} \qquad (14-29)$$

$$w_\lambda = c_m - (1-\lambda)c \qquad (14-30)$$

$$\theta_1 = \lambda \qquad (14-31)$$

将式（14-29）代入式（14-20）中得 $\sigma = 0$，则将式（14-29）~式（14-31）和 $\sigma = 0$ 分别代入制造商、零售商和金融机构的利润函数中，可得：

$$\left.\begin{array}{l} \tau_m(q, e, w_\lambda, \sigma, \varphi, \lambda) = (1-\lambda)[\Pi(q, e) + C(e)] \\ \tau_r(q, e, w_\lambda, \sigma, \varphi, \lambda) = \lambda\Pi(q, e) - (1-\lambda)C(e) \\ \tau_f(q, e, w_\lambda, \sigma, \varphi, \lambda) = 0 \end{array}\right\} \qquad (14-32)$$

式（14-32）表明了本章设计的收益共享和成本共担契约不仅可以实现卖方消费信贷系统的有效协调，而且可以实现系统利润在零售商和制造商之间任意分配：$\tau_m(q, e, w_\lambda, \sigma, \varphi, \lambda)$ 随 $\lambda$ 的增大而增加，而 $\tau_r(q, e, w_\lambda, \sigma, \varphi, \lambda)$ 随 $\lambda$ 的增大而减少。

当 $\lambda = 1$ 时，零售商占有制造商的全部利润；当 $\lambda = 1 - \dfrac{\Pi(q, e)}{\Pi(q, e) + C(e)} \leqslant 1$ 时，制造商占有零售商的全部利润。另外，在此契约机制中，各契约参数之间是相互影响制约的，而各参数值的确定要依赖于制造商、零售商和金融机构三者之间讨价还价的能力和在供应链系统中的地位。

# 14.5　数值分析

为证明本章所设计的契约能够有效地协调卖方消费信贷系统，将通过算例进一步分析。假设当金融机构维持信贷服务水平不变时，随机信贷消费需求服从均匀分布：$\xi \sim U(0, 20)$。其他参数设定如下：$p = 10$，$c_r = 3$，$v = 1$，$c_m = 4$，$c_f = 2$，$r = 0.4$，$C(e) = 5(e-1)^2$。

**1. 集中式决策模型**

由以上参数值计算可得，在集中式决策情形下，当金融机构维持原有信贷水平，即 $e = 1$ 时，卖方消费信贷系统的最优订货量为 $\hat{q}_0 = 9.0909$，此时系统的利润为 $\Pi(\hat{q}_0, e = 1) = 22.7273$；当金融机构提高信贷服务水平时，系统的最优信贷服务水平、最优订货数量及最优利润分别为：$q_0 = 29.7518$，$e_0 = 3.2727$，$\Pi(q_0, e_0) = 48.5542$。由此可以看出 $\Pi(q_0, e_0) > \Pi(\hat{q}_0, e = 1)$，命题 14.1 成立。

**2. 分散式决策模型**

当制造商和零售商之间采用批发价格契约，金融机构和零售商之间没有契约进行协调时，若金融机构维持努力水平不变，计算得制造商的最优批发价格为 $w = 4.75$，零售商的最优订货量为 $\hat{q}_1 = 5$，制造商、零售商和金融机构的最优利润分别为：$\pi_m(\hat{q}_1) = 3.75$，$\pi_r(\hat{q}_1, e = 1) = 5.625$，$\pi_f(\hat{q}_1, e =$

1) $=8.75$，系统的利润 $\Pi(\hat{q}_1, e=1)=18.125$；当金融机构努力提高信贷服务水平时，计算得金融机构的最优努力水平为 $e_1=1.875$；零售商的最优订货量为 $q_1=9.375$，制造商、零售商和金融机构的最优利润分别为：$\pi_m(q_1, e_1)=7.0313$，$\pi_r(q_1, e_1)=10.5469$，$\pi_f(q_1, e_1)=12.5782$，系统的最优利润 $\Pi(q_1, e_1)=\pi_m(q_1, e_1)+\pi_r(q_1, e_1)+\pi_f(q_1, e_1)=30.1564$。

当零售商和制造商之间采用收益共享契约，同时零售商和金融机构之间也采用收益共享契约时，通过 maple 软件可计算出在契约参数 $\varphi$ 和 $\lambda$ 分别取不同值时的最优决策（见表 14 - 1）。

表 14 - 1　　　　　　　　　不同参数取值下的最优决策结果

| $\varphi$ | $\lambda$ | w | $e_2$ | $q_2$ | $\pi_m$ | $\pi_r$ | $\pi_f$ | $\Pi$ |
|---|---|---|---|---|---|---|---|---|
| 0.55 | 0.5 | 0.7222 | 1.1383 | 10.1183 | 13.2654 | 11.0175 | 1.4783 | 25.7612 |
| 0.6 | 0.6 | 1.3736 | 1.2719 | 11.0401 | 11.1143 | 14.2754 | 3.0881 | 28.4778 |
| 0.7 | 0.7 | 2.0235 | 1.5232 | 12.5439 | 8.6774 | 17.6647 | 6.6004 | 32.9426 |
| 0.8 | 0.8 | 2.6776 | 1.7502 | 13.5729 | 5.6840 | 20.1045 | 10.3158 | 36.1043 |
| 0.9 | 0.9 | 3.3362 | 1.9481 | 14.0928 | 2.6506 | 21.3071 | 13.9759 | 37.9336 |
| 1.0 | 0.9 | 3.3333 | 2.1111 | 14.0741 | 2.3457 | 18.7654 | 17.2840 | 38.3951 |

由表 14 - 1 可以看出，随着契约参数 $\varphi$ 和 $\lambda$ 的逐渐增大，批发价格 w、最优信贷服务水平 $e_2$、最优订货量 $q_2$、零售商和金融机构的最优利润以及系统的最优利润都逐渐增加，而制造商的最优利润随之逐渐减少。订货量 $q_2$、信贷服务水平 $e_2$ 和系统的最优利润始终小于集中决策模式下的最优决策结果 $[q_0=29.7518, e_0=3.2727, \Pi(q_0, e_0)=48.5542]$。当 $\varphi \in [0.55, 0.8]$ 时和 $\lambda \in [0.5, 0.8]$ 时，单纯的收益共享契约下的最优信贷服务水平低于批发价格契约下的最优服务水平，但是零售商因受到金融机构对其收益共享的激励，其订货量仍要高于批发价格契约下的最优订货量。当 $\varphi \in [0.7, 1.0]$ 时和 $\lambda \in [0.7, 0.9]$ 时，单纯收益共享契约下卖方消费信贷系统的最优利润高于批发价格契约下系统的最优利润。

**3. 基于收益共享和成本共担契约的卖方消费信贷系统协调模型**

在收益共享和成本共担契约下，将上述参数值代入第 14.4 节的模型中，计

算得最优努力水平 $e_3 = e_0 = 3.2727$，最优订货量 $q_3 = e_3 \overline{F}^{-1}\left(\dfrac{c-v}{A}\right) = 29.7518$，根据式（14－31）解得制造商、零售商和金融机构的利润函数分别为：$\tau_m = 74.3800(1-\lambda)$，$\tau_r = 74.3800\lambda - 25.8258$，$\tau_f = 0$。由于批发价格 $w_\lambda$ 与 $\lambda$ 之间相互影响制约，且一一对应，因此下面将通过契约参数 $\lambda$ 在 0.5 和 1 之间以 0.1 为间隔取不同的值，其他参数满足式（14－29）~式（14－31）进行相关分析。通过应用maple软件可以得出如表 14－2 所示的不同 $\lambda$ 取值下的最优决策策略。

**表 14－2　　　　　　契约参数 λ 不同取值时的最优决策**

| $\lambda$ | $w_\lambda$ | $\tau_m$ | $\tau_r$ | $\tau_f$ | $\Pi$ |
|---|---|---|---|---|---|
| 0.3472 | −0.5694 | 48.5542 | 0 | 0 | 48.5542 |
| 0.4 | −0.2 | 44.6280 | 3.9261 | 0 | 48.5542 |
| 0.4890 | 0.4231 | 38.0073 | 10.5469 | 0 | 48.5542 |
| 0.5 | 0.5 | 37.1900 | 11.3642 | 0 | 48.5542 |
| 0.6 | 1.2 | 29.7520 | 18.8022 | 0 | 48.5542 |
| 0.7 | 1.9 | 22.3140 | 26.2402 | 0 | 48.5542 |
| 0.8 | 2.6 | 14.8760 | 33.6782 | 0 | 48.5542 |
| 0.9 | 3.3 | 7.4380 | 41.1162 | 0 | 48.5542 |
| 0.9055 | 3.3383 | 7.0313 | 41.5229 | 0 | 48.5542 |
| 1.0 | 4 | 0 | 48.5542 | 0 | 48.5542 |

由表 14－2 中的最优决策结果可知，当契约参数 $\lambda$ 的值逐渐增大时，制造商的单位批发价格 $w_\lambda$ 和零售商的最优利润随之逐渐增加，而制造商的最优利润随之逐渐减少，金融机构的最优利润始终为 0。

图 14－2 描绘了利润分配系数 $\lambda$ 对制造商和零售商最优利润的影响。由图 14－2 可知，当 $\lambda$ 趋近于 0.5 时，制造商和零售商的最优利润开始同时分别大于其分散决策下的最优利润，即实现了制造商和零售商两者的帕累托改进；当契约参数 $\lambda \in [0.4890, 0.9055]$ 时，金融机构的利润为 0，零售商为其分担了全部的信贷服务成本，同时作为回报，金融机构也将自身的全部收益分享给了零售商，此时金融机构的利润小于分散决策时的最优利润，但

制造商和零售商的最优利润均大于二者分散决策时的最优利润，而且卖方消费信贷系统的最优利润等于集中决策时系统的最优利润。因此，可以通过对金融机构将自身收益分享给零售商的比例（$1-\varphi$）作进一步的协商调整，使得系统中各成员所获利润分别大于其分散决策下的最优利润，以实现制造商、零售商和金融机构三者的帕累托改进。而参数 $\varphi$ 的取值大小要依赖于零售商和金融机构之间讨价还价的能力。

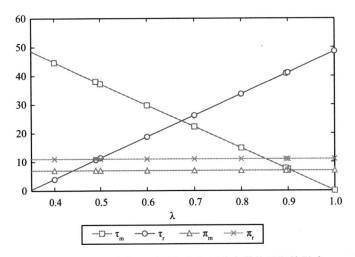

图 14-2 契约参数 $\lambda$ 对零售商和制造商最优利润的影响

## 14.6 本 章 小 结

卖方消费信贷的开办凸显了金融机构转变经营观念的重要性，也凸显了国民经济日益增长对金融产品多元化需要的迫切性。而金融机构的信贷服务水平也成为影响信贷消费需求的重要因素。研究发现，在由制造商、零售商和金融机构构成的卖方消费信贷系统中，若让金融机构独自承担服务成本，单纯地使用收益共享契约无法实现系统的协调。因此，本章通过在收益共享契约的基础上引入成本共担契约，不仅使得零售商的最优订货量和金融机构的信贷服务水平与集中决策模型下的最优策略保持一致，实现了系统的协调，还实现了制造商和零售商利润的帕累托改进。数值分析结果进一步验证了本章所提出的联合契约的科学性和可实施性，同时也表明了收益共享和成本共担联合契约实现了卖方消费信贷系统各成员的互利共赢，消费信贷系统利润也得到了较大提升。但需要指出的是，本章是建立在利费率为外生变量的假设基础上进行研究的，因此下一步将假设利费率为内生变量进行相关研究。

# 第15章

# 随机需求依赖促销努力的制造商、
# 零售商及金融机构协调

## 15.1 引　言

如今，越来越多的互联网企业、电商平台等与金融机构和商业银行合作，消费信贷业务也因此成为金融界的热点题材。消费信贷的到来，不仅很大程度提高了商家销售业绩，而且提高了消费者尤其是低收入群体（如学生）的消费质量和生活质量。

到目前为止，在国内围绕个人消费信贷的相关研究中，郭慧和周伟民（2007）比较了中国和美国的个人消费信贷法律制度和信用体系的差异，并指出中国消费信贷需要在业务创新、手续复杂等方面做出改进。在此基础上，刘洋和王会战（2017）研究发现，个人消费信贷合理有效地对社会闲散资金进行了再分配，促进了国内金融理论体系的完善和进步。由此可见，国内消费信贷的学术研究主要集中在有关个人信贷消费的道德、法律制度及政府调控的探讨上面，而没有具体对信贷消费模式和方式进行研究。

国外方面，由于消费信贷发展较早，因此学术界已经有较多相关研究成果。克里斯特尔和米森（Chrystal and Mizen, 2005）用消费、货币和贷款建立了相互依赖的系统模型，并通过数据证实一个稳定的信用等式的确存在货币需求和消费方程。在此基础上，埃基吉和邓恩（Ekici and Dunn，2010）结合家庭层面的数据资料研究了信用卡债务与消费之间的关系。布兰克森等（Blankson et al.，2012）针对大学生使用信贷消费的动机及信贷消费需求对于大学生的重要性进行了实证研究。由此可见，国外有关消费信贷的研究，较多从信贷消费行为、消费需求及消费人群和消费心理等视角对消费信贷的模式进行了研究和探讨。通过查阅国内外有关消费信贷的文献，发现现有研究均未从供应链视角来研究消费信贷系统，而本章拟考虑将卖方消费信贷系统与供应链协调模型相结合，并引入供应链协调契约展开深入研究。

在有关供应链收益共享契约方面，卡雄和拉里维埃（Cachon and Lariviere，2005）对收益共享契约做了进一步研究并指出其局限性。王勇和裴勇（2005）考虑了价格对市场需求的影响，并研究了需求函数为乘法模式时收益共享契约的协调条件。姚和陈（Yao and Chen，2005）研究了基于利润共享契约的供应链协调机制。在前几篇文献的基础上，为了改善单一供应链契约的局限性，胡本勇和陈旭（2012）分析了努力水平和决策风险偏好双重因素对制造商和零售商的决策供应链协调的影响，提出了结合努力成本共担和收益共享策略的期权销量担保协调契约。在有关供应链两部收费契约方面，劳（Lau，2008）研究了零售商处于支配地位时的两部收费契约。在此基础上，冯等（Feng et al.，2017）利用两部收费合同和收益共享合同协调了双回收渠道逆向供应链。总体而言，目前供应链契约的运用均处在传统的现金消费模式中，而本章拟将上述文献中的供应链契约和协调方式引入信贷消费模式中，协调由制造商、零售商与金融机构组成的卖方消费信贷服务供应链，与相关文献（王勇和裴勇，2005）类似的还有考虑促销努力水平对信贷消费需求的影响，通过模型的建立得出零售商对订购量及促销努力水平的最优决策。

## 15.2 基本假设与参数说明

本章考虑由单个制造商、单个零售商和单个金融机构组成的卖方消费信贷服务供应链的最优决策和协调问题。假设制造商、零售商和金融机构均为追求利益最大化的理性人，风险中性，且三者之间信息对称。金融机构为零售商的信贷销售提供货款支撑，消费者选择零售商提供的信贷消费方式购买商品，零售商销售的产品不存在差异性，制造商生产及零售商销售的产品为完全相同的单一产品，结构关系如图 15-1 所示。零售商对其产品订购量和促销努力水平进行决策，提高促销努力水平可增加信贷消费市场需求，而促进销售业绩的努力行为需要付出一定的努力成本。同时，假设制造商、零售商和金融机构之间服从主从博弈，零售商处于主导地位，主要决定其订购量和促销努力水平，而制造商和金融机构处于随从地位，主要决定制造商的进货价格和金融机构的信贷利费率。

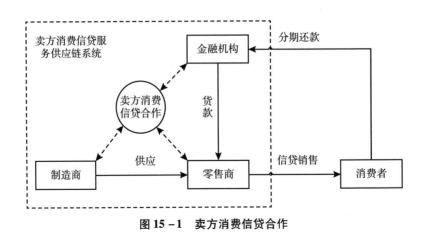

**图 15-1 卖方消费信贷合作**

为了方便模型的建立和分析，相关符号假设如下：

$q$ 表示零售商的订货数量（即订购量）；$p$ 表示单位产品的零售价格；$w$ 表示单位产品的进货价格；$c_r$ 表示零售商单位产品的边际成本；$c_m$ 表示制造商单位产品的生产成本，且 $c = c_m + c_r < p$；$c_f$ 表示金融机构单位产品的信贷消费服务成本；$r$ 表示利费率，即信贷还款周期内购买商品所产生的总利息与相关费用之和与商品价格的比率，且 $pr > c_f$；$v$ 表示季末单位产品的残值；$e$ 表示零售商的促销努力水平；$g(e)$ 表示零售商的促销努力成本函数，且 $g(0) = 0$，$g'(e) > 0$，$g''(e) > 0$；$\varepsilon$ 表示商品的随机信贷消费需求，其密

度函数为 $f(\varepsilon)$，分布函数为 $F(\varepsilon)$，且 $f(\varepsilon)$ 和 $F(\varepsilon)$ 在区间 $(0, +\infty)$ 上连续可导，$f(\varepsilon) > 0$，$F(\varepsilon) > 0$，$F(0) = 0$；$\Pi^c(q, e)$ 表示卖方消费信贷服务供应链系统的期望利润；$\pi_m(q, e)$ 表示制造商的期望利润；$\pi_r(q, e)$ 表示零售商的期望利润；$\pi_f(q, e)$ 表示金融机构的期望利润。

假设 15.1：本章只考虑消费者采用信贷消费的情形，借鉴文献（胡本勇和陈旭，2012）中采用加法模式对产品需求进行的假设，本章所提到的信贷消费需求，与现金消费需求、产品需求性质一致，受到促销努力水平的影响，消费信贷的市场需求（布兰克森等，2012）为 $D(e, \varepsilon) = ae + \varepsilon$，其中 $a > 0$，且为常数。

假设 15.2：在季末零售商存在一定的销售残值，且不考虑零售商和金融机构的缺货成本。

假设 15.3：不另外考虑消费者未按约定规则还款的情形，此情形下的经济损失可以直接囊括在金融机构的信贷服务成本 $c_f$ 内。

## 15.3　模型建立

### 15.3.1　集中决策模型

为了达到卖方消费信贷服务供应链整体的优化目标，实现其整体利润的最大化，首先讨论卖方消费信贷服务供应链系统的集中决策模型。

期望销售为：

$$S(q, e) = q - \int_0^{q-ae} F(x)\,dx \qquad (15-1)$$

系统整体期望利润为：

$$\Pi^c(q, e) = (p - v + pr - c_f)S(q, e) + (v - c)q - g(e) \qquad (15-2)$$

由式（15-2）可以得到系统的期望利润关于 q，e 的海塞矩阵行列式为：
$$|H(\Pi(q, e))| = \begin{vmatrix} \dfrac{\partial^2\Pi^c(q, e)}{\partial q^2} & \dfrac{\partial^2\Pi^c(q, e)}{\partial q\partial e} \\[3mm] \dfrac{\partial^2\Pi^c(q, e)}{\partial e\partial q} & \dfrac{\partial^2\Pi^c(q, e)}{\partial e^2} \end{vmatrix} = \dfrac{\partial^2\Pi^c(q, e)}{\partial q^2} \dfrac{\partial^2\Pi^c(q, e)}{\partial e^2} -$$

$\left(\dfrac{\partial^2\Pi^c(q, e)}{\partial q\partial e}\right)^2 > 0$，且 $\dfrac{\partial^2\Pi^c(q, e)}{\partial q^2} < 0$，即 $H(\Pi^c(q, e))$ 为负定，则可判定 $\Pi^c(q, e)$ 是关于 $q$, $e$ 的严格联合凹函数，模型存在唯一最优解。

设卖方消费信贷服务供应链系统最优订购量为 $q_c^*$，最优促销努力水平为 $e_c^*$，为了使卖方消费信贷服务供应链协调，必须同时满足以下条件：

$$\frac{\partial\Pi^c(q_c^*, e_c^*)}{\partial q} = (p - v + pr - c_f)[1 - F(q_c^* - ae_c^*)] + (v - c) = 0$$

$$(15-3)$$

$$\frac{\partial\Pi^c(q_c^*, e_c^*)}{\partial e} = (p - v + pr - c_f)aF(q_c^* - ae_c^*) - g'(e_c^*) = 0 \quad (15-4)$$

进一步计算，由式（15-3）可得最优订购量：

$$q_c^* = \overline{F}^{-1}\left(\frac{c - v}{p - v + pr - c_f}\right) + ae_c^* \qquad (15-5)$$

根据供应链协调理论，可知式（15-3）、式（15-4）为实现卖方消费信贷服务系统整体利润最大化的必要条件。

### 15.3.2　分散决策模型

在分散决策模式下，假设零售商与制造商之间采用批发价格契约。零售商既不考虑制造商和金融机构利润的多少，也不考虑卖方消费信贷服务供应链系统利润是否最大化。零售商以自身利润为出发点，仅考虑自身利润的优化从而对其订货量和促销努力水平进行决策。

此时，制造商的期望利润函数为：

$$\pi_m(q, e) = (w - c_m)q \qquad (15-6)$$

零售商的期望利润函数为：

$$\pi_r(q, \ e) = (p - v)S(q, \ e) + (v - w - c_r)q - g(e) \qquad (15 - 7)$$

金融机构的期望利润函数为：

$$\pi_f(q, \ e) = (pr - c_f)S(q, \ e) \qquad (15 - 8)$$

由式（15 - 7）计算可以得到零售商的期望利润关于 q，e 的海塞矩阵

行列式为 $|H(\pi_r(q, \ e))| = \begin{vmatrix} \dfrac{\partial^2 \pi_r(q, \ e)}{\partial q^2} & \dfrac{\partial^2 \pi_r(q, \ e)}{\partial q \partial e} \\ \dfrac{\partial^2 \pi_r(q, \ e)}{\partial e \partial q} & \dfrac{\partial^2 \pi_r(q, \ e)}{\partial e^2} \end{vmatrix} = \dfrac{\partial^2 \pi_r(q, \ e)}{\partial q^2}$

$\dfrac{\partial^2 \pi_r(q, \ e)}{\partial e^2} - \left( \dfrac{\partial^2 \pi_r(q, \ e)}{\partial q \partial e} \right)^2 > 0$，且 $\dfrac{\partial^2 \pi_r(q, \ e)}{\partial q^2} < 0$，即 $H(\pi_r(q, \ e))$ 为负

定，可以得知 $\pi_r(q, \ e)$ 是关于 q，e 的严格联合凹函数，存在唯一最优解。

设在分散决策模型下零售商的最优订购量为 $q_r^*$，最优促销努力水平为 $e_r^*$，则要使得卖方消费信贷服务供应链协调，必须同时满足以下条件：

$$\frac{\partial \pi_r(q_r^*, \ e_r^*)}{\partial q} = (p - v)[1 - F(q_r^* - ae_r^*)] + (v - w - c_r) = 0 \quad (15 - 9)$$

$$\frac{\partial \pi_r(q_r^*, \ e_r^*)}{\partial e} = (p - v)aF(q_r^* - ae_r^*) - g'(e_r^*) = 0 \quad (15 - 10)$$

命题 15.1：在分散决策情形下，若 $q_r^* = q_c^*$，则 $e_r^* > e_c^*$；若 $e_r^* = e_c^*$，则 $q_r^* < q_c^*$，即分散决策模型不能实现卖方消费信贷服务供应链的协调。

证明：根据式（15 - 9）进一步计算可得 $q_r^* = \overline{F}^{-1}\left( \dfrac{c_r + w - v}{p - v} \right) + ae_r^*$。比

较集中决策模型与分散决策模型下的最优订购量 $q_c^* = \overline{F}^{-1}\left( \dfrac{c - v}{p - v + pr - c_f} \right) +$

$ae_c^*$ 与 $q_r^* = \overline{F}^{-1}\left( \dfrac{c_r + w - v}{p - v} \right) + ae_r^*$。由假设已知 $\overline{F}(x)$ 和 $\overline{F}^{-1}(x)$ 均为（0，$+\infty$）

上的单调减函数，且 $pr - c_f > 0$，故 $\dfrac{c - v}{p - v + pr - c_f} = \dfrac{c_m + c_r - v}{p - v + pr - c_f} < \dfrac{c_r + w - v}{p - v}$，

$\overline{F}^{-1}\left( \dfrac{c_r + w - v}{p - v} \right) < \overline{F}^{-1}\left( \dfrac{c - v}{p - v + pr - c_f} \right)$。又 $a > 0$，故当 $q_r^* = q_c^*$ 时，$e_r^* > e_c^*$；

当 $e_r^* = e_c^*$ 时，$q_r^* < q_c^*$。即在分散决策模型下，不能同时满足 $q_r^* = q_c^*$ 和 $e_r^* = e_c^*$，说明分散决策模型不能实现卖方消费信贷服务供应链的协调。

证毕。

在分散决策模型下，若零售商所决策的产品最优订购量等于系统集中决策的最优订购量，则最优促销努力水平大于系统集中决策的最优促销努力水平；若零售商所决策的最优促销努力水平等于系统集中决策的最优促销努力水平，则最优产品订购量小于系统集中决策的最优订购量。故分散决策下不能达到卖方消费信贷服务供应链的协调，需要采用相关供应链契约对分散决策模型进行改进。

### 15.3.3　收益共享与成本共担契约模型

考虑零售商与制造商采用收益共享契约，零售商与金融机构采用成本共担契约。假设制造商为了提高零售商的订货量及销售业绩，按比例 $\alpha$ 向零售商分享其收益；而金融机构为了激励零售商提高促销努力水平，按比例 $(1-\beta)$ 为零售商分担促销努力成本。因此，制造商与零售商之间的转移支付是 $T_1 = \alpha(w-c_m)q$，金融机构与零售商之间的转移支付是 $T_2 = \beta g(e)$。

此时，制造商的期望利润函数为：

$$\pi_m(q,\ e) = (1-\alpha)(w-c_m)q \tag{15-11}$$

零售商的期望利润函数为：

$$\pi_r(q,\ e) = (p-v)S(q,\ e) + [v-w-c_r+\alpha(w-c_m)]q - \beta g(e) \tag{15-12}$$

金融机构的期望利润函数为：

$$\pi_f(q,\ e) = (pr-c_f)S(q,\ e) - (1-\beta)g(e) \tag{15-13}$$

设在收益共享与成本共担契约模型下，零售商的最优订购量为 $q_1^*$，最优促销努力水平为 $e_1^*$，要使卖方消费信贷服务供应链协调，必须同时满足以下条件：

$$\frac{\partial \pi_r(q_1^*,\ e_1^*)}{\partial q} = (p-v)[1-F(q_1^*-ae_1^*)] + v - (1-\alpha)w - c_r - \alpha c_m + v = 0 \tag{15-14}$$

$$\frac{\partial \pi_r(q_1^*,\ e_1^*)}{\partial e} = (p-v)aF(q_1^* - ae_1^*) - \beta g'(e_1^*) = 0 \qquad (15-15)$$

命题 15.2：在收益共享与成本共担契约情形下，若 $q_1^* = q_c^*$，则 $e_1^* \neq e_c^*$；若 $e_1^* = e_c^*$，则 $q_1^* \neq q_c^*$，即收益共享与成本共担契约不能实现卖方消费信贷服务供应链的协调。

证明：根据式（15-3）和式（15-14）可得，在集中决策模型、收益共享与成本共担契约情形下的最优订购量、最优促销努力水平分别满足 $q_c^* = \overline{F}^{-1}\left(\frac{c-v}{p-v+pr-c_f}\right) + ae_c^*$ 与 $q_1^* = \overline{F}^{-1}\left(\frac{c_r + w - \alpha(w-c_m) - v}{p-v}\right) + ae_1^*$。若能够实现卖方消费信贷服务供应链的协调，需要同时满足 $q_1^* = q_c^*$ 和 $e_1^* = e_c^*$。此时必然满足等式如下：

$$\frac{c_r + w - \alpha(w-c_m) - v}{p-v} = \frac{c-v}{p-v+pr-c_f} \qquad (15-16)$$

将式（15-16）化简，可以得到 $(1-\alpha)(w-c_m) = \frac{p-v}{p-v+pr-c_f}(c-v) - (c-v) = (\beta-1)(c-v) < 0$，即 $w < c_m$，制造商的批发价格低于生产成本导致无法获利，与假设相矛盾。故当 $q_1^* = q_c^*$ 时，$e_1^* \neq e_c^*$；若 $e_1^* = e_c^*$，则 $q_1^* \neq q_c^*$。即在收益共享与成本共担契约模型下，不能同时满足 $q_1^* = q_c^*$ 和 $e_1^* = e_c^*$，说明收益共享与成本共担契约模型不能实现卖方消费信贷服务供应链的协调。证毕。

在收益共享与成本共担契约下，若零售商所决策的产品最优订购量等于集中决策下的系统最优订购量，则其最优促销努力水平无法与集中决策时的系统最优促销努力水平相等；若零售商所决策的产品最优促销努力水平等于集中决策下的系统最优促销努力水平，则其最优订购量无法与集中决策时的系统最优订购量相等。故收益共享与成本共担契约不能实现卖方消费信贷服务供应链的协调，需要考虑其他优化策略对模型进行改进。

问题分析：在此情形下，制造商向零售商分享收益仅激励了零售商提高订购量，而金融机构为零售商分担努力成本仅激励了零售商提高促销努力水平，因此模型还存在一定的局限性，需要进一步采取组合契约对零售商的订购量和促销努力水平共同激励。

### 15.3.4 基于成本共担的收益共享与两部收费组合契约模型

进一步考虑零售商与金融机构采用基于成本共担的两部收费契约，金融机构为了与零售商搭建平台、寻求合作，向零售商转移支付费用 $L + kq$（其中 $L$ 和 $k$ 为常数且 $k > 0$）。其中，若 $L > 0$，则表示零售商为金融机构提供业务渠道，向金融机构收取固定的通道费（slotting fee）；若 $L < 0$，则表示金融机构因与零售商合作开展消费信贷业务，向零售商收取的特许经营费。$k$ 表示金融机构按零售商的订购量为零售商转移支付费用的比例系数。此外，为了提高零售商的促销努力水平，金融机构按比例 $\beta_2$ 为零售商分担促销努力成本。制造商与零售商之间采用基于成本共担的收益共享契约，制造商为了鼓励零售商订货，按比例 $\alpha$ 向零售商分享其收益，同时按比例 $\beta_1$ 为零售商分担促销努力成本。则制造商和零售商之间的转移支付是 $T_3 = \alpha(w - c_m)q + \beta_1 g(e)$，金融机构和零售商之间的转移支付是 $T_4 = \beta_2 g(e) + kq + L$（见图 15 - 2）。

**图 15 - 2　供应链成员契约关系**

此时，制造商的期望利润函数为：

$$\pi_m(q, c) = (1 - \alpha)(w - c_m)q - \beta_1 g(e) \qquad (15 - 17)$$

零售商的期望利润函数为：

$$\pi_r(q, e) = (p - v)S(q, e) + [\alpha(w - c_m) + v - w - c_r + k]q -$$
$$(1 - \beta_1 - \beta_2)g(e) + L \qquad (15 - 18)$$

金融机构的期望利润函数为：

$$\pi_f(q, e) = (pr - c_f)S(q, e) - \beta_2 g(e) - kq - L \qquad (15 - 19)$$

设在基于成本共担的收益共享与两部收费组合契约下零售商的最优订购量为 $q_2^*$，最优促销努力水平为 $e_2^*$，那么要使卖方消费信贷服务供应链协调，必须同时满足以下条件：

$$\frac{\partial \pi_r(q_2^*,\ e_2^*)}{\partial q} = (p-v)\left[1 - F(q_2^* - ae_2^*)\right] + v - (1-\alpha)w - c_r - \alpha c_m + k = 0$$

$$(15-20)$$

$$\frac{\partial \pi_r(q_2^*,\ e_2^*)}{\partial e} = (p-v)aF(q_2^* - ae_2^*) - (1-\beta_1-\beta_2)g'(e_2^*) = 0$$

$$(15-21)$$

命题 15.3：在基于成本共担的收益共享与两部收费组合契约下，实现卖方消费信贷服务供应链协调及利润任意分配的条件是

$$\begin{cases} 1-\beta_1-\beta_2 = \dfrac{p-v}{p-v+pr-c_f} \\[2mm] k > (\beta_1+\beta_2)(c-v) \\[2mm] \alpha = \dfrac{1}{w-c_m}\left((1-\beta_1-\beta_2)(v-c)-k+c_r-v+w\right)。 \end{cases}$$

证明：首先，比较式（15-20）、式（15-21）和式（15-3）、式（15-4）可知，要使卖方消费信贷服务供应链协调，必须同时满足以下条件：

$$\begin{cases} \dfrac{p-v+pr-c_f}{c-v} = \dfrac{p-v}{c_r+(1-\alpha)w+\alpha c_m - k - v} \\[2mm] \dfrac{p-v}{1-\beta_1-\beta_2} = p-v+pr-c_f \end{cases} \qquad (15-22)$$

对式（15-22）变形后得 $1-\beta_1-\beta_2 = \dfrac{p-v}{p-v+pr-c_f}$，$\alpha = \dfrac{1}{w-c_m}[(1-\beta_1-\beta_2)(v-c)-k+c_r-v+w]$。根据式（15-3）和式（15-20）可以求得在集中决策模型、基于成本共担的收益共享与两部收费组合契约模型情形下的最优订购量、最优促销努力水平分别满足 $q_c^* = \overline{F}^{-1}\left(\dfrac{c-v}{p-v+pr-c_f}\right) + ae_c^*$，

$q_2^* = \overline{F}^{-1}\left(\dfrac{c_r+w-\alpha(w-c_m)-v-k}{p-v}\right) + ae_2^*$。能够实现卖方消费信贷服务供应链的协调，需要同时满足 $q_2^* = q_c^*$ 和 $e_2^* = e_c^*$。此时必然满足等式 $\dfrac{c-v}{p-v+pr-c_f} =$

$\dfrac{c_r + (1-\alpha)w + \alpha c_m - v - k}{p - v}$，化简得 $(1-\alpha)w = (1-\beta_1-\beta_2)(c-v) - (c_r + \alpha c_m - v - k)$，那么，令 $(1-\alpha)(w-c_m) = (1-\beta_1-\beta_2)(c-v) - (c-v-k) > 0$，即 $k > (\beta_1+\beta_2)(c-v)$。此为卖方消费信贷服务供应链协调的必要条件。

将 $\beta_1$，$\beta_2$ 和 $\alpha$ 的相关表达式代入 $\pi_m(q_2^*, e_2^*)$、$\pi_r(q_2^*, e_2^*)$、$\pi_f(q_2^*, e_2^*)$ 以及 $\Pi^c(q_2^*, e_2^*)$ 进行代数计算，可得：

$$\begin{cases} \pi_m(q_2^*, e_2^*) = [(1-\alpha)(w-c_m) + k]q - \beta_1 g(e_2^*) \\ \pi_r(q_2^*, e_2^*) = (\beta_1+\beta_2)\Pi^c(q_2^*, e_2^*) + L \\ \pi_f(q_2^*, e_2^*) = (1-\beta_1-\beta_2)\Pi^c(q_2^*, e_2^*) - [(1-\alpha)(w-c_m)+k]q + \beta_1 g(e_2^*) - L \end{cases},$$

即证卖方消费信贷服务供应链系统的利润可以在契约参数的变化下达到任意分配，从而实现了卖方消费信贷服务供应链的协调（见表 15-1）。证毕。

表 15-1　　　　　　不同契约情形下的决策变量及利润的比较

| 项目 | 集中决策 | 收益共享与成本共担契约 | 基于成本共担的收益共享与两部收费契约 |
|---|---|---|---|
| 订购量 | $q_c^* = \overline{F}^{-1}\left(\dfrac{c-v}{p-v+pr-c_f}\right) + ae_c^*$ | $q_1^* = \overline{F}^{-1}$ $\left(\dfrac{c_r + w - \alpha(w-c_m) - v}{p-v}\right) + ae_1^*$ | $q_2^* = \overline{F}^{-1}$ $\left(\dfrac{c_r + w - \alpha(w-c_m) - v - k}{p-v}\right) + ae_2^*$ |
| 促销努力水平 | $e_c^*$ | $e_1^* \neq e_c^*$ | $e_2^* = e_c^*$ |
| 卖方消费信贷系统利润 | $\Pi^c(q_c^*, e_c^*)$ | $\Pi^c(q_1^*, e_1^*) < \Pi^c(q_c^*, e_c^*)$ | $\Pi^c(q_2^*, e_2^*) = \Pi^c(q_c^*, e_c^*)$ |

比较分析：在本章 15.3.3 中所提出的契约下，零售商决策的订购量和促销努力水平不能同时达到集中决策时的最优解，而在本章 15.3.4 中所提出的契约下可以同时达到，因此在基于成本共担的收益共享与两部收费契约下，可以实现卖方消费信贷系统利润的最大化。

综上所述，基于成本共担的收益共享与两部收费组合契约模型在一定的参数范围内，既实现了卖方消费信贷服务供应链协调，又达到了卖方消费信贷服务供应链系统利润任意分配的目的，从而保证了供应链三个主体利润的帕累托改进。

# 15.4　数 值 分 析

为了验证上述模型的实用性和有效性，下面将通过数值分析来计算和分析。

假设卖方消费信贷的市场需求 $\varepsilon$ 服从均匀分布，即 $\varepsilon \sim U(0, 100)$。零售商的产品销售单价 $p = 100$，零售商的单位产品成本 $c_r = 20$，制造商的单位产品生产成本 $c_m = 30$，金融机构的信贷利费率 $r = 0.4$，金融机构的信贷单位成本 $c_f = 5$，单位产品的残值 $v = 20$。同时，假设参数 $a = 1$，则信贷消费市场需求 $D(e, \varepsilon) = e + \varepsilon$。假设零售商的促销努力成本函数 $g(e) = \frac{1}{2}e^2$。将以上假设代入文中的各个模型求解：

（1）集中决策模型。此时，卖方消费信贷市场需求 $\varepsilon \sim U(0, 100)$。经计算，可以得到集中决策下零售商的最优订货数量 $q_c^* = 158.91$，最优促销努力水平 $e_c^* = 85.00$，最优期望销售 $S(q_c^*, e_c^*) = 131.60$，卖方消费信贷服务供应链系统的整体最优期望利润为 $\Pi^c(q_c^*, e_c^*) = 6754.20$。

（2）分散决策模型。此时，零售商考虑自身利润最大化，而无视卖方消费信贷服务供应链其他成员和卖方消费信贷服务供应链系统的利润是否最优。经计算，零售商最优订货量、最优促销努力水平满足 $q_r^* = 2.25e_r^*$。若 $q_r^* = q_c^* = 158.91$，则 $e_r^* = 70.63 < e_c^*$；若 $e_r^* = e_c^* = 85.00$，则 $q_r^* = 191.25 > q_c^*$。

由表 15 – 2 可知，无论是 $q_r^* = q_c^*$ 或者 $e_r^* = e_c^*$，均为卖方消费信贷服务供应链系统的期望利润 $\Pi^c(q_r^*, e_r^*) < \Pi^c(q_c^*, e_c^*)$，可见卖方消费信贷服务供应链系统的总体利润并未达到最优。命题 15.1 成立。

表 15 - 2                                          两种情况下的期望销售和利润

| 变量 | $S(q_r^*, e_r^*)$ | $\pi_m(q_r^*, e_r^*)$ | $\pi_r(q_r^*, e_r^*)$ | $\pi_f(q_r^*, e_r^*)$ | $\Pi^c(q_r^*, e_r^*)$ |
|------|------|------|------|------|------|
| $q_r^* = q_c^*$ | 119.94 | 158.91w − 4767.30 | 7100.90 − 158.91w | 4197.90 | 6531.50 |
| $e_r^* = e_c^*$ | 134.80 | 191.25w − 5737.50 | 7171.50 − 191.25w | 4718.00 | 6152.00 |

（3）收益共享与成本共担契约模型。在采用收益共享与成本共担契约模式下，可求得 $\beta = 0.70$，若 $q_1^* = q_c^* = 158.91$，$e_1^* = e_c^* = 85.00$，则 $(1-\alpha)(w - c_m) = -9.00 < 0$，此时 $\alpha > 1$ 或者 $w < c_m$，均无法符合参数设置，与假设矛盾。因此收益共享与两部收费契约不能协调卖方消费信贷服务供应链。命题 15.2 成立。

（4）基于成本共担的收益共享与两部收费组合契约。在此情形下，由推算可知参数 $\beta = 0.70$，为固定值。将数值代入式（15 - 20）可以进一步求得 $\alpha = \dfrac{w - 21 - k}{w - 30}$。此时，若 $q_2^* = q_c^* = 158.91$，将 $\alpha = \dfrac{w - 21 - k}{w - 30}$ 代入 $q_2^* = \overline{F}^{-1}\left(\dfrac{c_r + w - \alpha(w - c_m) - v - k}{p - v}\right) + ae_2^*$，则 $e_2^* = 85.00 = e_c^*$。因此，卖方消费信贷服务供应链系统的期望利润 $\Pi^c(q_r^*, e_r^*) = 6754.20 = \Pi^c(q_c^*, e_c^*)$，实现了卖方消费信贷系统供应链整体利润最大化的目标。

由于基于成本共担的收益共享与两部收费组合契约参数较多，下面固定一部分参数的取值，以便求解在不同契约参数下的最优策略。

由表 15 - 3，当 $\alpha$ 逐渐增大时，$k$ 和 $\pi_m(q_2^*, e_2^*)$ 逐渐减小，$\pi_f(q_2^*, e_2^*)$ 逐渐增大。卖方消费信贷服务供应链三个主体的利润随契约参数 $\alpha$ 和 $k$ 的变化如图 15 - 3、图 15 - 4 所示，可求得 $\alpha \in [0.94, 1)$，$k \in [9, 9.12]$。若 $\alpha$ 趋近于 1，且 $w = 32.00$，$\beta_1 = 0.26$，$\beta_2 = 0.04$，$L = -2700.00$ 时，与分散决策模型相比较：$\pi_m(q_2^*, e_2^*) = 490.94 > \pi_m(q_r^*, e_r^*) = 317.82$，$\pi_r(q_2^*, e_2^*) = 2027.94 > \pi_r(q_r^*, e_r^*) = 2015.78$，且 $\pi_f(q_2^*, e_2^*) = 4235.32 > \pi_f(q_r^*, e_r^*) = 4197.90$。即在基于成本共担的收益共享与两部收费组合契约下，实现了卖方消费信贷服务供应链三个主体各自利润的帕累托改进。制造商、零售商和金融机构的利润分别提高了 54.47%，0.60% 和 0.89%，而卖

方消费信贷服务供应链系统的利润提高了 3.41% 。命题 15.3 成立。

表 15 – 3　卖方消费信贷服务供应链在不同契约参数取值下的最优策略

| α | k | w | $\beta_1$ | $\beta_2$ | L | $\pi_m$ $(q_2^*, e_2^*)$ | $\pi_r$ $(q_2^*, e_2^*)$ | $\pi_f$ $(q_2^*, e_2^*)$ | $\Pi^c$ $(q_2^*, e_2^*)$ |
|---|---|---|---|---|---|---|---|---|---|
| 0 | 11.00 | 32.00 | 0.26 | 0.04 | − 2700.00 | 1126.58 | 2027.94 | 3599.68 | 6754.20 |
| 0.10 | 10.80 | 32.00 | 0.26 | 0.04 | − 2700.00 | 1063.02 | 2027.94 | 3663.24 | 6754.20 |
| 0.20 | 10.60 | 32.00 | 0.26 | 0.04 | − 2700.00 | 999.45 | 2027.94 | 3726.81 | 6754.20 |
| 0.30 | 10.40 | 32.00 | 0.26 | 0.04 | − 2700.00 | 935.89 | 2027.94 | 3790.37 | 6754.20 |
| 0.40 | 10.20 | 32.00 | 0.26 | 0.04 | − 2700.00 | 872.32 | 2027.94 | 3853.94 | 6754.20 |
| 0.50 | 10.00 | 32.00 | 0.26 | 0.04 | − 2700.00 | 808.76 | 2027.94 | 3917.50 | 6754.20 |
| 0.60 | 9.80 | 32.00 | 0.26 | 0.04 | − 2700.00 | 745.20 | 2027.94 | 3981.06 | 6754.20 |
| 0.70 | 9.60 | 32.00 | 0.26 | 0.04 | − 2700.00 | 681.63 | 2027.94 | 4044.63 | 6754.20 |
| 0.80 | 9.40 | 32.00 | 0.26 | 0.04 | − 2700.00 | 618.07 | 2027.94 | 4108.19 | 6754.20 |
| 0.90 | 9.20 | 32.00 | 0.26 | 0.04 | − 2700.00 | 554.50 | 2027.94 | 4171.76 | 6754.20 |
| 1.00 | 9.00 | 32.00 | 0.26 | 0.04 | − 2700.00 | 490.94 | 2027.94 | 4235.32 | 6754.20 |

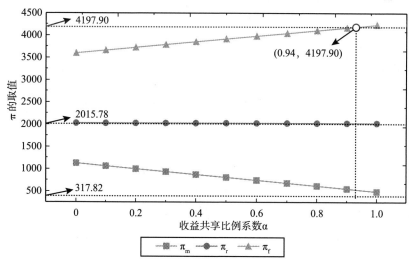

图 15 – 3　参数 α 不同取值下的利润函数

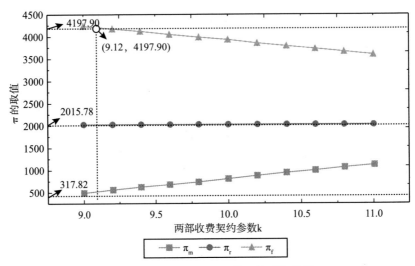

图 15 - 4　参数 k 不同取值下的利润函数

比较分析：由于在本章 15.3.3 中所提出的模型下不能实现卖方消费信贷服务供应链协调，因此表 15 - 4 中假设收益共享与成本共担契约下决策变量能够同时取得集中决策下的最优订购量和促销努力水平，并假设满足条件的参数取值（w = 20，α = 0.087，β = 0.5），然后计算此情形下的利润。比较发现，在收益共享与成本共担契约下制造商的利润为负，即订购量和促销努力水平不能与集中决策同时相等，与本章 15.3.3 中所提出的模型中的判断一致；在本章 15.3.4 中所提出的模型下，卖方消费信贷服务系统实现了利润的最大化。

表 15 - 4　　　　不同契约情形下的决策变量及利润的数值比较

| 变量 | 集中决策 | 收益共享与成本<br>共担契约 | 基于成本共担的收益共享与<br>两部收费契约 |
|---|---|---|---|
| 订购量 | 158.91 | 158.91 | 158.91 |
| 促销努力水平 | 85.00 | 85.00 | 85.00 |
| 制造商利润 | 317.82 | - 1479.45 | 490.94 |
| 零售商利润 | 1830.38 | 5405.30 | 2027.94 |
| 金融机构利润 | 4606.00 | 2799.75 | 4235.32 |
| 卖方消费信贷系统利润 | 6754.20 | 6725.60 | 6754.20 |

当然，这只是一组具体的参数模拟，制造商、零售商和金融机构在基于各自谈判能力的实际约定中，往往会有更多不同的参数决策，在实现供应链的协调的同时，为各自赢得更多的利润。

# 15.5　本 章 小 结

本章从供应链视角，建立了制造商、零售商与金融机构之间的卖方消费信贷服务供应链系统模型，并得到以下结论：

（1）在分散决策下，若零售商所决策的产品订购量等于集中决策下的最优条件，则其促销努力水平大于集中决策下的最优条件；若零售商所决策的促销努力水平等于集中决策下的最优条件，则其产品订购量小于集中决策下的最优条件。通过对比可以发现，分散决策下的系统利润小于集中决策，因此分散决策不能协调卖方消费信贷服务供应链。

（2）在收益共享与成本共担契约下，若零售商所决策的订购量等于集中决策下的最优条件，则其促销努力水平无法与集中决策下的最优条件相等；若零售商所决策的产品促销努力水平等于集中决策下的最优条件，则其订购量无法与集中决策下的最优条件相等。即零售商决策的订购量和促销努力水平不能与集中决策下同时相等，因此收益共享与成本共担契约不能协调卖方消费信贷服务供应链。

（3）基于成本共担的收益共享与两部收费契约可以实现供应链的协调以及利润的帕累托改进。随着制造商向零售商收益共享比例的逐渐增大，金融机构与零售商之间两部收费契约的比例系数逐渐减小，在保证供应链整体利润最大化的前提下，制造商、零售商与金融机构之间的利润在一定的参数范围内可以实现任意分配。通过这种协调方式，制造商、零售商与金融机构三方的盈利都得到了较大幅度的提高，实现了协同发展的战略目标。

# 第16章

# 研究总结和未来展望

## 16.1 研究总结

本书以金融机构和供应链企业构成的卖方消费信贷系统为研究对象,从供应链协调的微观视角,在系统总结国内外关于消费信贷和供应链协调契约的研究文献并借鉴相关理论的最新研究成果的基础上,研究不同情形下金融机构与供应链企业之间的契约协调机制。本书的研究结论主要有以下几个方面。

(1)在市场经济下企业实施消费信贷政策能有效地提高顾客购买产品的概率,增大产品的市场销量,但为此支付的成本可能会降低自身收益。因此,合理地实施消费信贷政策将改善零售企业收益,同时,也为购买力不足或感知价值偏低的消费者提供购买机会。以实施消费信贷政策的固定成本、期初库存量、销售周期及单位顾客补贴为关键指标,研究零售商实施消费信贷政策的条件及具体的信贷补贴水平。研究表明:第一,在面对复合泊松需求和自身库存约束时,消费信贷政策的实施与否与固定成本、期初库存量及销售周期有关。第二,零售商在始终实施消费信贷政策时的最优单笔信贷补贴存在两种情形。第三,若不存在固定成本且库存合理,则零售商会将销售周期分为不实施和实施消费信贷两个阶段进行销售。

（2）针对信贷消费需求与现款需求互相独立情况下，研究卖方消费信贷模式中金融企业关于利费率和服务水平的最优决策问题，以及零售商关于利费补贴的最优决策问题。研究表明，所设计的收益共享契约不仅可以很好地实现零售商和金融企业双方利润的帕累托改进，而且在特定的条件下还可达成消费信贷系统的完美共赢协调。数值分析实例表明消费信贷系统的整体绩效得到了较大改善，零售商和金融企业实现了互利共赢的目标。

（3）针对利费率的变动会引起信贷消费需求向现金消费需求转移的现象，研究了零售商和银行关于利费率的决策与协调问题。研究了零售商和银行的分散决策、集中决策，以及基于收益共享契约决策情形下的最优决策行为。研究表明，在分散决策情形下，银行制定的利费率和零售商提供的利费补贴会随着需求流失系数的增大而增大，而信贷消费者实际支付的利费率会随着需求流失系数的增大而减小；收益共享契约可实现信贷消费系统的协调，但需要银行进一步将协调后的部分利润分享给零售商才能实现系统的完美共赢协调。数值分析实例很好的验证了零售商和银行的决策行为，并表明消费信贷系统的整体绩效得到了较大改善，零售商和金融企业实现了互利共赢的目标。

（4）针对现款消费折扣和信贷消费利费率的变动引起的消费信贷需求与现款消费需求相互转移的现象，研究单一零售商和银行关于利费率的决策与协调问题。研究表明，在分散决策模式中，银行制定的利费率和零售商提供的利费补贴会随着需求流失系数的增大而增大，而信贷消费者实际支付的利费率会随着需求流失系数的增大而减小；收益共享契约可实现信贷消费系统的协调，但需要银行进一步将协调后的部分利润分享给零售商，才能实现系统的完美共赢协调。

（5）针对信贷消费利费率和客户赖账概率的变动引起的消费信贷需求变动的现象，研究单一零售商和银行关于利费率的决策与协调问题。研究表明，在分散决策模式中，银行制定的利费率会随着客户赖账概率的增大而增大，而信贷消费者实际支付的利费率会随着客户赖账概率的增大而减小；收益共享契约可实现信贷消费系统的协调，但需要银行进一步将协调后的部分利润分享给零售商，才能实现系统的完美共赢协调。

（6）针对零售商—金融机构组成的二级卖方消费信贷系统，在信贷消费需求依赖消费信贷的手续费率、信贷消费需求依赖信贷服务努力水平、信贷消费需求依赖促销努力水平、信贷消费需求同时依赖手续费率和信贷服务努力水平四种的情况下，分别研究零售商的最优订货决策和最优手续费率决策、零售商的最优订货决策和金融机构最优服务水平决策，以及零售商的最优订货决策和最优促销努力水平决策。研究表明：第一，所设计的收益共享与两部收费联合契约可以协调由单个零售商和单个金融机构组成的二级卖方消费信贷系统，并且当契约参数符合一定的条件时可以实现系统的完美共赢协调。第二，在收益共享契约的基础上引入成本共担契约，不仅使得零售商的最优订货量和金融机构的信贷服务水平与集中决策模型下的最优策略保持一致，实现了系统的协调，而且在特定条件下制造商和零售商利润较分散决策可以实现较大的改善。数值分析结果进一步验证了所提出的联合契约的科学性和可实施性，同时也表明了收益共享和成本共担联合契约实现了卖方消费信贷系统各成员的互利共赢，消费信贷系统利润也得到了较大提升。第三，基于成本共担的两部收费改进契约可以实现卖方消费信贷服务供应链的协调，而且在一定的契约参数范围内，可以实现零售商和金融机构利润的帕累托改进。通过数值分析可以看出，零售商和金融机构双方的利润都得到了较大幅度提高，实现了卖方消费信贷服务供应链成员"双赢"的目标。第四，提出收益共享与成本共担联合协调契约，并将其协调结果与分散式决策和传统的收益共享契约进行比较。研究表明，该联合契约既可以实现零售商的订货和手续费率决策的协调，也可以实现金融机构的信贷服务努力水平决策的协调，并且可以在零售商和金融机构之间实现系统利益的任意分配，达成二者的共赢。最后算例验证了所提出结论的正确性，另外也证明了，在契约机制下，卖方消费信贷系统的利益及最优决策会随着手续费率的弹性系数 b 的增大而减少，即呈正比关系。

（7）针对卖方消费信贷模式下零售商、制造商和金融机构三者之间的最优利润分配问题，研究了零售商、制造商和金融机构的分散决策模型、收益共享决策模型及回购契约模型。研究表明，所设计的组合式契约模型不仅可以很好地实现消费信贷系统利润的完美共赢协调，而且在契约参数满足一定范围时，零售商和制造商的最优利润开始分别同时大于分散决策时两者的最优利润。数值分析实例表明消费信贷系统的整体绩效得到了较大改善，零售商、制造商和金融机构实现了互利共赢的目标。

（8）针对制造商—零售商—金融机构构成的三级卖方消费信贷系统，在信贷消费需求依赖消费信贷的手续费率、信贷消费需求依赖信贷服务努力水平、信贷消费需求依赖促销努力水平的三种情况下，分别建立了收益共享与消费补贴契约协调机制、收益共享与成本共担联合契约机制及成本共担的收益共享与两部收费契约，运用主从博弈理论建立了卖方消费信贷的数学结构模型，论证了契约协调的条件。研究表明，在收益共享契约与消费补贴协调机制下，由单一制造商、单一零售商及金融机构组成的三级卖方消费信贷系统可以得到有效协调，并证明了存在三者均实现利润改善的情形，即实现了三者互利共赢的目标；在收益共享契约的基础上引入成本共担契约，不仅使得零售商的最优订货量和金融机构的信贷服务水平与集中决策模型下的最优策略保持一致，实现了系统的协调，而且在特定条件下制造商和零售商利润较分散决策可以实现较大的改善；基于成本共担的收益共享与两部收费契约可以实现供应链的协调及利润的帕累托改进。随着制造商向零售商收益共享比例的逐渐增大，金融机构与零售商之间两部收费契约的比例系数逐渐减小，在保证供应链整体利润最大化的前提下，制造商、零售商与金融机构之间的利润在一定的参数范围内可以实现任意分配。通过这种协调方式，制造商、零售商与金融机构三方的盈利都得到了较大幅度的提高，实现了协同发展的战略目标。

# 16.2　未来展望

将金融机构引入传统的供应链协调具有很强的现实意义，值得研究的问题有很多，本书仅研究了信息对称且不考虑现款消费的情形下，金融机构和供应链企业的协调优化问题，存在一定的局限性，同时在模型建立方面也存在一定不足，在后续的研究中可以针对以下几方面的问题：

（1）在随机需求下同时考虑零售商的现款销售渠道和消费信贷业务渠道的卖方消费信贷系统协调优化问题。一般情况下，零售商的期望销售受市场多方因素所影响，此外，零售商的现款销售和消费信贷业务是同时存在的，并且两渠道会相互影响，发生需求的转移，在随机需求下，如何设计有效的协调机制实现双渠道下卖方消费信贷系统收益的提升，更符合现实的情况。

（2）零售商存在风险态度时对消费信贷政策实施的影响。在第 3 章的基本假设中本书考虑零售商为风险中性，但在实践中零售企业往往具有风险态度，零售商的风险态度将会影响消费信贷政策的实施。除此之外，多零售商共同销售会对各自实施消费信贷政策产生的影响也值得思考。

（3）金融机构存在信息隐藏风险时的卖方消费信贷系统协调优化问题。金融机构和供应链企业进行合作时，很可能会将自身信息进行隐蔽而不对外不公开，那么在设计协调机制时就要考虑利用委托代理理论来实现对金融机构的有效激励，从而提高系统的整体收益。

（4）多个（单个）金融机构和单个（多个）零售商的卖方消费信贷系统协调问题。当随机需求依赖金融机构的手续费率或服务水平时，零售商可以考虑如何设计一种机制使得金融机构间相互竞争，从而降低手续费率或提高信贷服务水平。

# 参 考 文 献

[1] 柏庆国，徐健腾，张玉忠．基于收益共享的多周期易变质产品供应链协调模型 [J]．运筹与管理，2016，25（2）：15 – 23．

[2] 包晓英，唐志英，唐小我．基于回收再制造的闭环供应链差异定价策略及协调 [J]．系统管理学报，2010，19（5）：546 – 552．

[3] 蔡明超，费一文．商业银行消费信贷中的提前偿还风险影响因素与风险管理——理论与实证 [J]．金融研究，2007（7a）：25 – 35．

[4] 曹二保，郑健哲，马玉洁．双渠道供应链应对需求扰动的协调机制研究 [J]．管理学报，2014，11（2）：267 – 273．

[5] 曹葵．VaR 理论及在商业银行消费信贷风险管理中的实践 [J]．西安金融，2004（9）：46 – 48．

[6] 陈菊红，郭福利，史成东．需求具有价格敏感性的供应链收益共享契约设计研究 [J]．中国管理科学，2008，16（3）：78 – 83．

[7] 陈祥锋，朱边立．Markovian 模型在供应链合同管理中的应用 [J]．科研管理，2002，23（2）：94 – 99．

[8] 但斌，王瑶，王磊，等．考虑制造商服务努力的异质产品双渠道供应链协调 [J]．系统管理学报，2013，22（6）：835 – 840．

[9] 高文军，陈菊红．零售商竞争环境下供应链定价策略与收益共享契约 [J]．工业工程，2010，13（6）：14 – 17．

[10] 公彦德．基于博弈分析的供应链协调激励机制及外包策略研究 [D]．南京：南京航空航天大学，2009．

[11] 郭慧，周伟民．个人消费信贷：中美比较与借鉴 [J]．金融论坛，2007，12（8）：17 – 22．

[12] 国胜铁, 刘文勇. 居民消费信贷决策的影响因素分析 [J]. 学习与探索, 2011 (3): 159 – 161.

[13] 韩小花, 杨倩霞, 后锐. 成本扰动下零售商主导型闭环供应链生产与协调决策 [J]. 工业工程与管理, 2015, 20 (1): 100 – 107.

[14] 何丽红, 廖茜, 刘蒙蒙. 两层供应链系统最优广告努力水平与直接价格折扣的博弈分析 [J]. 中国管理科学, 2017, 25 (2): 130 – 138.

[15] 何楠. 天津滨海新区居民消费的微观特征及政策扶持 [J]. 时代金融, 2012 (26): 50 – 51.

[16] 何勇, 吴清烈, 杨德礼, 等. 基于努力成本共担的数量柔性契约模型 [J]. 东南大学学报 (自然科学版), 2006, 36 (6): 1045 – 1048.

[17] 何勇, 杨德礼, 孟丽菊. 考虑努力因素的退货政策模型 [J]. 系统管理学报, 2005, 14 (6): 568 – 571.

[18] 何勇, 杨德礼, 吴清烈. 基于努力因素的供应链利益共享契约模型研究 [J]. 计算机集成制造系统, 2006, 12 (11): 1865 – 1868.

[19] 何勇, 杨德礼, 张醒洲. 需求与价格具有相关性下的退货政策模型研究 [J]. 系统工程, 2004, 22 (9): 27 – 30.

[20] 侯雅莉, 周德群, 田稽艺. 收益共享契约下的供应链订购决策分析 [J]. 工业工程, 2009, 12 (1): 24 – 27.

[21] 胡本勇, 陈旭. 考虑努力水平和决策风险偏好的供应链期权销量担保模型 [J]. 管理工程学报, 2012, 26 (3): 184 – 190.

[22] 胡本勇, 雷东, 陈旭. 基于收益共享与努力成本共担的供应链期权销量担保契约 [J]. 管理工程学报, 2010, 24 (3): 33 – 38.

[23] 胡本勇, 王性玉. 考虑努力因素的供应链收益共享演化契约 [J]. 管理工程学报, 2010, 24 (2): 135 – 138.

[24] 黄河, 徐鸿雁, 王旭. 短生命周期产品动态定价下供应链协调问题分析 [J]. 重庆大学学报 (自然科学版), 2007, 30 (6): 150 – 154.

[25] 姬小利. 伴随销售商促销努力的供应链契约设计 [J]. 中国管理科学, 2006, 14 (4): 46 – 49.

[26] 戢守峰, 刘铭嘉, 丁伟, 等. 基于三级供应链的收益共享契约协

调研究 [J]. 东北大学学报（自然科学版），2008，29（11）：1652 – 1656.

[27] 贾涛，徐渝，等. 零售货架的线性补贴策略与供应链协调 [J]. 中国管理科学，2006（2）：52 – 57.

[28] 江世银. 论信息不对称条件下的消费信贷市场 [J]. 经济研究，2000（6）：19 – 26.

[29] 李广子，王健. 消费信贷如何影响消费行为？——来自信用卡信用额度调整的证据 [J]. 国际金融研究，2017，366（10）：54 – 55.

[30] 李绩才，周永务，肖旦. 考虑损失厌恶一对多型供应链的收益共享契约 [J]. 管理科学学报，2013，16（2）：71 – 82.

[31] 李江一，李涵. 消费信贷如何影响家庭消费？[J]. 经济评论，2017（2）：113 – 126.

[32] 李乐德. 在管理科学论坛上的演讲 [J]. 管理科学学报，2005，8（1）：88 – 96.

[33] 李莉英. 外包物流渠道合同对供应链协调与绩效的影响研究 [D]. 重庆：重庆大学，2013.

[34] 林略，杨书萍，但斌. 收益共享契约下鲜活农产品三级供应链协调 [J]. 系统工程学报，2010，25（4）：54 – 61.

[35] 林强，叶飞，陈晓明. 随机弹性需求条件下基于 CVaR 与收益共享契约的供应链决策模型 [J]. 系统工程理论与实践，2011，31（12）：2296 – 2307.

[36] 刘南，吴桥，鲁其辉，等. 物流服务商参与时两级供应链的协调策略研究 [J]. 软科学，2011，25（10）：125 – 129.

[37] 刘鹏飞，谢如鹤，刘广海. 基于收益共享机制的 VMI 协调 [J]. 系统工程，2008，26（7）：81 – 85.

[38] 刘鹏飞. 需求依赖零售商努力水平的 VMI 协调 [J]. 系统工程学报，2012，27（5）：679 – 684.

[39] 刘洋，王会战. 互联网视角下我国民间借贷的风险评价与控制——以 P2P 平台为例 [J]. 宏观经济研究，2017（3）：146 – 157.

［40］刘永胜. 供应链协调理论与方法［M］. 北京：中国物资出版社，2006.

［41］刘志成. 转售价格维持、不对称信息与反垄断执法［J］. 经济研究，2012，47（s2）：94 - 105.

［42］柳键，马士华. 供应链合作及其契约研究［J］. 管理工程学报，2004，18（1）：85 - 87.

［43］龙菊. 对消费信贷均衡利率水平的探讨［J］. 统计与决策，2004（1）：15 - 16.

［44］罗利，俞言兵，刘德文. 基于需求转移的易逝性产品最优动态定价策略［J］. 管理工程学报，2006，20（2）：38 - 42.

［45］马慧，杨德礼，王建军. 随机需求下基于商业信用的回购与收入共享联合契约协调研究［J］. 运筹与管理，2011，20（5）：79 - 85.

［46］马利军. 关于我国消费信贷与经济增长研究——基于 VECM 模型的分析［J］. 价格理论与实践，2017（1）：121 - 124.

［47］牟宗玉，曹德弼，刘晓冰，等. 突发事件下两部收费契约协调闭环供应链研究［J］. 运筹与管理，2013，22（5）：35 - 42.

［48］庞庆华，蒋晖，侯岳铭. 需求受努力因素影响的供应链收益共享契约模型［J］. 系统管理学报，2013，22（3）：371 - 378.

［49］庞庆华，张月，胡玉露. 突发事件下需求依赖价格的三级供应链收益共享契约［J］. 系统管理学报，2015，24（6）：887 - 896.

［50］庞庆华. 收益共享契约下三级供应链应对突发事件的协调研究［J］. 中国管理科学，2010，18（4）：101 - 106.

［51］秦学志，李静一，吴灏文. 房屋中介的两部收费定价［J］. 系统管理学报，2014，23（1）：42 - 48.

［52］邱黎源，胡小平. 正规信贷约束对农户家庭消费结构的影响——基于全国 4141 户农户的实证分析［J］. 农业技术经济，2018（8）：16 - 25.

［53］邱若臻，黄小原. 供应链订货与营销协调的主从对策模型［J］. 工业工程与管理. 2007，12（1）：25 - 28.

［54］曲道钢，郭亚军. 分销商需求与其努力相关时混合渠道供应链协

调研究 [J]. 中国管理科学, 2008, 16 (3): 89 – 94.

[55] 时茜茜, 朱建波, 盛昭瀚. 重大工程供应链协同合作利益分配研究 [J]. 中国管理科学, 2017, 25 (5): 42 – 51.

[56] 孙庆文, 栾晓慧, 槐柳. 基于需求转移存在的衰退期产品赊销决策优化模型研究 [J]. 管理学报, 2012, 9 (8): 1190 – 1195.

[57] 汤向俊, 任保平. 信贷偏好与中国低消费、高投资的经济增长结构——基于中美两国数据的比较分析 [J]. 经济评论, 2011 (1): 96 – 104.

[58] 王道平, 苏红霞, 欧阳强国. 需求价格相关的供应链的联合契约研究 [J]. 管理学报, 2009, 6 (4): 440 – 443.

[59] 王光玉. 中国消费信贷发展的理论研究与实践分析 [D]. 成都: 西南交通大学, 2004.

[60] 王迎军. 顾客需求驱动的供应链契约问题综述 [J]. 管理科学学报, 2005, 8 (2): 68 – 76.

[61] 王勇, 李莉英. 需求依赖服务水平和价格的外包物流协调合同 [J]. 系统工程学报, 2013, 28 (6): 775 – 785.

[62] 王勇, 裴勇. 需求具有价格敏感性的供应链的利益共享合约 [J]. 中国管理科学, 2005, 13 (6): 29 – 33.

[63] 王勇. 通过发展消费金融扩大居民消费需求 [J]. 经济学动态, 2012 (8): 75 – 78.

[64] 吴庆, 但斌. 低值易逝品的第三方物流收入共享协调合同研究 [J]. 管理工程学报, 2009, 23 (3): 40 – 44.

[65] 吴庆, 但斌. 物流服务水平影响市场需求变化的 TPL 协调合同 [J]. 管理科学学报, 2008, 11 (5): 64 – 75.

[66] 谢巧华. 随机需求下供应链数量折扣和价格补贴的联合契约研究 [D]. 成都: 西南交通大学, 2006.

[67] 熊中楷, 唐彦昌, 李根道. 基于价格和库存博弈的线性定价合同研究 [J]. 科技管理研究, 2006, 26 (11): 227 – 229.

[68] 徐广业, 但斌, 肖剑. 基于改进收益共享契约的双渠道供应链协调研究 [J]. 中国管理科学, 2010, 18 (6): 59 – 64.

[69] 徐慧, 达庆利, 黄永. 基于随机需求和顾客退货的供应链协调机制 [J]. 东南大学学报 (自然科学版), 2012, 42 (1): 194-198.

[70] 徐灵超. 中国信贷市场利率与经济波动: 2004-2010 [J]. 投资研究, 2012 (1): 84-97.

[71] 徐贤浩, 原白云. 基于短生命周期产品的零售商努力程度影响需求条件下的销售量激励契约研究 [J]. 预测, 2008 (6): 62-66.

[72] 徐最, 朱道立, 朱文贵. 销售努力水平影响需求情况下的供应链回购契约 [J]. 系统工程理论与实践, 2008 (4): 1-11.

[73] 徐最, 朱道立, 朱文贵. 需求受到价格影响下的供应链回购契约研究 [J]. 系统工程学报, 2009, 24 (2): 173-177.

[74] 杨蓬勃, 董敬敬, 王学勤. 普惠金融视角下的农资赊销可得性和覆盖率分析 [J]. 统计与决策, 2018 (1): 116-119.

[75] 杨鹏, 陈秋双, 孙俊清. 无缺陷退货问题的建模与供应链协作 [J]. 计算机集成制造系统, 2007, 13 (6): 1071-1075.

[76] 易伯明. 小额信贷利率定价市场化问题探析 [J]. 金融经济 (理论版), 2010 (2): 26-28.

[77] 易余胤, 梁家密. 不确定需求下具奖惩机制的闭环供应链模型 [J]. 计算机集成制造系统, 2012, 18 (9): 2040-2051.

[78] 于辉, 陈剑, 于刚. 回购契约下供应链对突发事件的协调应对 [J]. 系统工程理论与实践, 2005, 25 (8): 38-43.

[79] 于辉, 陈剑. 需求依赖于价格的供应链应对突发事件 [J]. 系统工程理论与实践, 2007, 27 (3): 36-41.

[80] 禹爱民, 刘丽文. 随机需求和联合促销下双渠道供应链的竞争与协调 [J]. 管理工程学报, 2012, 26 (1): 151-155.

[81] 臧旭恒, 李燕桥. 消费信贷、流动性约束与中国城镇居民消费行为——基于 2004~2009 年省际面板数据的经验分析 [J]. 经济学动态, 2012 (2): 61-66.

[82] 张艾莲, 杜梦娟, 刘柏. 消费信贷与居民收入水平对经济发展影响差异性研究——基于 29 个省份的面板数据分析 [J]. 价格理论与实践,

2018 (4)：118 –121.

［83］张成堂，杨善林. 双渠道回收下闭环供应链的定价与协调策略
［J］. 计算机集成制造系统，2013，19（7）：1676 –1683.

［84］张廷龙，梁樑. 不同渠道权力结构和信息结构下供应链定价和销
售努力决策［J］. 中国管理科学，2012（2）：68 –77.

［85］张廷龙，梁樑. 销售努力和价格影响需求时的供应链协调研究
［J］. 软科学，2012，26（1）：132 –136.

［86］张峣. 我国互联网消费信贷风险及其法律防范［J］. 金融理论与
实践，2018（8）：77 –81.

［87］张赞，郁义鸿. 零售商垄断势力、通道费与经济规制［J］. 财贸
经济，2006（3）：60 –65.

［88］赵天智，金以慧. 供需链协调控制机制［J］. 清华大学学报（自
然科学版），2001，41（10）：123 –126.

［89］赵正佳. 需求不确定且依赖于价格下全球供应链数量折扣及其组
合契约［J］. 管理工程学报，2015，29（3）：90 –99.

［90］周显志，夏少敏. 英美消费信贷法律制度的历史考察［J］. 消费
经济，2000（2）：41 –45.

［91］朱明月，李海央. 消费信贷政策对经济增长质量传导关系的测算
［J］. 统计与决策，2018，34（6）：123 –126.

［92］Andrade F. W. M. D.，Thomas L. Structural models in consumer credit
［J］. European Journal of Operational Research，2007，183（3）：1569 –1581.

［93］Anupindi R.，Bassok Y.，Zemel E. A general framework for the
study of decentralized distribution systems［J］. Manufacturing and Service Opera-
tions Management，2001，3（4）：349 –368.

［94］Anupindi R.，Bassok Y. Centralization of stocks：retailers vs manu-
facturer［J］. Management Science，1999，45（2）：178 –191.

［95］Bai Q.，Chen M.，Xu L. Revenue and promotional cost-sharing con-
tract versus two-part tariff contract in coordinating sustainable supply chain systems
with deteriorating items［J］. International Journal of Production Economics，

2017, 187: 85 – 101.

［96］Bernstein F. , Federgruen A. Coordination mechanisms for Supply chains under price and service competition ［M］. Informs, 2007.

［97］Bernstein F. , Federgruen A. Decentralized supply chains with competing retailers under demand uncertainty ［J］. Management Science, 2005, 51 (1): 18 – 29.

［98］Bijvank M. , Johansen S. G. Periodic review lost-sales inventory models with compound Poisson demand and constant lead times of any length ［J］. European Journal of Operational Research, 2012, 220 (1): 106 – 114.

［99］Blankson C. , Paswan A. , Boakye K. G. College students' consumption of credit cards ［J］. International Journal of Bank Marketing, 2012, 30 (7): 567 – 585.

［100］Bo V. , Van D. , Venugopal V. , et al. A new revenue sharing mechanism for coordinating multi-echelon supply chains ［J］. Operations Research Letters, 2010, 38 (4): 296 – 301.

［101］Brady R. R. Structural breaks and consumer credit: Is consumption smoothing finally a reality? ［J］. Journal of Macroeconomics, 2008, 30 (3): 1246 – 1268.

［102］Cachon G. , Lariviere M. A. Supply chain coordination with revenue-sharing contracts: strengths and limitations ［J］. Management Science, 2005, 51 (1): 30 – 44.

［103］Cachon G. P. Supply chain coordination with contracts ［J］. Handbooks in Operations Research & Management Science, 2003, 11 (11): 227 – 339.

［104］Candela G. , Figini P. , Scorcu A. E. Destination management and tourists' choice with a two-part tariff price of the holiday ［J］. Social Science Electronic Publishing, 2009, 99 (2).

［105］Carling K. , Jacobson T. , Roszbach K. Dormancy risk and expected profits of consumer loans ［J］. Journal of Banking & Finance, 2001, 25 (4):

717 –739.

[106] Chatterjee S. , Corbae D. , Ríos – Rull J. V. A finite-life private-information theory of unsecured consumer debt [J]. Journal of Economic Theory, 2008, 142 (1): 149 –177.

[107] Chauhan S. S. , Proth J. M. Analysis of a supply chain partnership with revenue sharing [J]. International Journal of Production Economics, 2005, 97 (1): 44 –51.

[108] Chen H. , Chen Y. , Chiu C. H. Coordination mechanism for the supply chain with leadtime consideration and price-dependent demand [J]. European Journal of Operational Research, 2010, 203 (1): 70 –80.

[109] Chen J. , Bell P. C. Coordinating a decentralized supply chain with customer returns and price-dependent stochastic demand using a buyback policy [J]. European Journal of Operational Research, 2011, 212 (2): 293 –300.

[110] Chiu C. H, Choi T. M, Tang C. S. Price, rebate, and returns supply contracts for coordinating supply chains with price-dependent demands [J]. Production and Operations Management, 2011, 20 (1): 81 –91.

[111] Chrystal K. A, Mizen P. A dynamic model of money, credit, and consumption: A joint model for the UK household sector [J]. Journal of Money Credit & Banking, 2005, 37 (1): 119 –143.

[112] Cochrane J. H. A simple test of consumption insurance [J]. Journal of Political Economy, 1988, 99 (5): 957 –976.

[113] Corbett C. J, Tang C. S. Designing supply contracts: Contract type and information asymmetry [J]. Management Science, 2004, 50 (4): 550 – 559.

[114] Crook J. The demand for household debt in the USA: evidence from the 1995 aurvey of consumer finance [J]. Applied Financial Economics, 2001, 11 (1): 83 –91.

[115] Dan A. , Norrman A. Procurement of logistics services——a minutes work or a multi-year project? [J]. European Journal of Purchasing & Supply Man-

agement, 2002, 8 (1): 3 – 14.

[116] Dana J., Spier K. E. Revenue sharing and vertical control in the video rental industry [J]. Journal of Industrial Economics, 2010, 49 (3): 223 –245.

[117] Dong L., Rudi N. Who benefits from transshipment? Exogenous vs endogenous wholesale prices [M]. INFORMS, 2004.

[118] Donohue K. Efficient supply contracts for fashion goods with forecast updating and two production modes [J]. Management Science, 2000, 46 (11): 1397 – 1411.

[119] Ekici T., Dunn L. Credit card debt and consumption: evidence from household-level data [J]. Applied Economics, 2010, 42 (4): 455 –462.

[120] Emmons H., Gilbert S. M. Returns policies in pricing and inventory decisions for catalogue goods [J]. Management Science, 1998, 44 (2): 276 – 283.

[121] Feng L., Govindan K., Li C. Strategic planning: Design and coordination for dual-recycling channel reverse supply chain considering consumer behavior [J]. European Journal of Operational Research, 2017, 260 (2): 601 – 612.

[122] Gan X., Sethi S., Yan H. Supply chain coordination with a risk-averse retailer and a risk-neutral supplier [J]. Productions and Operations Management, 2004, 13 (2): 135 – 149.

[123] Gerchak Y., Cho R. K., Ray S. Coordination and dynamic shelf-space management of video movie rentals [D]. University of Waterloo, 2001.

[124] Gerchak Y., Wang Y. Revenue-sharing vs wholesale-price contracts in assembly systems with random demand [J]. Production and Operations Management, 2004, 13 (1): 23 –33.

[125] Giannoccaro I., Pontrandolfo P. Supply chain coordination by revenue sharing contracts [J]. International Journal of Production Economics, 2004, 89 (2): 131 –139.

[126] Gilbert S. M., Cvsa V. Strategic commitment to price to stimulate

downstream innovation in a supply chain [J]. European Journal of Operational Research, 2003, 150 (3): 617 – 639.

[127] Giri B. , Bardhan S. , Maiti T. Coordinating a two-echelon supply chain through different contracts under price and promotional effort-dependent demand [J]. Journal of Systems Science and Systems Engineering, 2013, 22 (3): 295 – 318.

[128] Graeve F. D. , Jonghe O. D. , Vennet R. V. Competition, transmission and bank pricing policies: Evidence from Belgian loan and deposit markets [J]. Journal of Banking & Finance, 2007, 31 (1): 259 – 278.

[129] Granot D. , Yin S. On the effectiveness of returns policies in the price-dependent newsvendor model [J]. Naval Research Logistics, 2005, 52 (8): 765 – 779.

[130] Hand D. J. , Henley W. E. Statistical classification methods in consumer credit scoring: a review [J]. Journal of the Royal Statistical Society, 2010, 160 (3): 523 – 541.

[131] He Y. , Zhao X. , Zhao L. Coordinating a supply chain with effort and price dependent stochastic demand [J]. Applied Mathematical Modelling, 2009, 33 (6): 2777 – 2790.

[132] Hou J. , Zeng A. Z. , Zhao L. Achieving better coordination through revenue sharing and bargaining in a two-stage supply chain [J]. Computers & Industrial Engineering, 2009, 57 (1): 383 – 394.

[133] Johansen S. G. , Thorstenson A. Emergency orders in the periodic-review inventory system with fixed ordering costs and compound Poisson demand [J]. International Journal of Production Economics, 2014, 157: 147 – 157.

[134] Katehakis M. N. , Melamed B. , Shi J. J. Optimal replenishment rate for inventory systems with compound Poisson demands and lost sales: a direct treatment of time-average cost [J]. Annals of Operations Research, 2015: 1 – 27.

[135] Kouki C. , Babai M. Z. , Jemai Z. , et al. Solution procedures for

lost sales base-stock inventory systems with compound Poisson demand [J]. International Journal of Production Economics, 2018, 209 (MAR): 172 – 182.

[136] Koulamas C. A newsvendor problem with revenue sharing and channel coordination [J]. Decision Sciences, 2006, 37 (1): 91 – 100.

[137] Krishnan H., Kapuscinski R., Butz D. A. Coordinating contracts for decentralized supply chains with retailer promotional effort [J]. Management Science, 2004, 50 (1): 48 – 63.

[138] Kunter M. Coordination via cost and revenue sharing in manufacturer-retailer channels [J]. European Journal of Operational Research, 2012, 216 (2): 477 – 486.

[139] Labiad N., Beidouri Z., Bouksour O. Evaluation of coordination contracts for a two stage Supply Chain under price dependent demand [J]. International Journal of Computer Science Issues, 2012, 9 (1): 145 – 167.

[140] Lariviere M. A., Porteus E. L. Selling to the newsvendor: An analysis of price-only contracts [J]. Manufacturing & Service Operations Management, 2001: 3 (4).

[141] Lau A., Lau H. S., Wang J. C. How a dominant retailer might design a purchase contract for a newsvendor-type product with price-sensitive demand [J]. European Journal of Operational Research, 2008, 190 (2): 443 – 458.

[142] Leece D. Choice of mortgage instrument, liquidity constraints and the demand for housing debt in the UK [J]. Applied Economics, 2000, 32 (9): 1121 – 1132.

[143] Lee H. L., Padmanabhan V., Taylor T., et al. Price protection in the personal computer industry [J]. Management Science, 2000, 46 (4): 467 – 482.

[144] Lee H. L., Rosenblatt M. J. A gengeralized quantity discount pricing model to increase supplier's profits [J]. Management Science, 1986, 30: 1179 – 1187.

[145] Li S., Hua Z. A note on channel performance under consignment

contract with revenue sharing [J]. European Journal of Operational Research, 2008, 184 (2): 793 –796.

[146] Li S., Zhu Z., Huang L. Supply chain coordination and decision making under consignment contract with revenue sharing [J]. International Journal of Production Economics, 2009, 120 (1): 88 –99.

[147] Li Y., Zhang Q., Zhang Q., Liu B., et al. Substitution effect of New – Energy Vehicle Credit Program and Corporate Average Fuel Consumption Regulation for Green-car Subsidy [J]. Energy, 2018, 152: 223 –236.

[148] Lu H., Shi J. J. Stockout risk of production-inventory systems with compound poisson demands [J]. Omega, 2018.

[149] Maja Š., Mramor D., Zupan J. Consumer credit scoring models with limited data [J]. Expert Systems with Applications, 2009, 36 (3): 4736 – 4744.

[150] Malik M., Thomas L. C. Modelling credit risk of portfolio of consumer loans [J]. Journal of the Operational Research Society, 2009, 61 (3): 411 – 420.

[151] Mattessich P. W., Monsey B. R. Collaboration—what makes it work [J]. Fieldstone Alliance, 2001.

[152] Mchugh S., Ranyard R., Lewis A. Understanding and knowledge of credit cost and duration: Effects on credit judgements and decisions [J]. Journal of Economic Psychology, 2011, 32 (4): 609 –620.

[153] Mortimer J. H. The effects of revenue-sharing contracts on welfare in vertically-separated markets: evidence from the video rental industry [J]. Harvard University Working Paper, 2002: 28.

[154] Mukherjee A., Tsai Y. Does two-part tariff licensing agreement enhance both welfare and profit? [J]. Journal of Economics, 2015, 116 (1): 63 –76.

[155] Netessine S., Rudi N. Supply chain structures on the internet [J]. Handbook of Quantitative Supply Chain Analysis. Springer US, 2004: 607 –641.

[156] Padmanabhan V. , Png I. P. Manufacturer's returns policy and retail competition [J]. Marketing Science, 1997, 16 (1): 81 –94.

[157] Padmanabhan V. , Png I. P. Returns policies: make money by making good [J]. Sloan Management Review, 1995, 37: 65 –72.

[158] Pasternack B. A. Optimal pricing and return policies for perishable commodities [J]. Marketing Science, 1985, 4 (2): 166 –176.

[159] Petruzzi N. C, Dada M. Pricing and the Newsvendor Problem: A Review with Extensions [J]. Operations Research, 1999, 47 (2): 183 –194.

[160] Ranyard R. , Mchugh S. Defusing the risk of borrowing: The psychology of payment protection insurance decisions [J]. Journal of Economic Psychology, 2012, 33 (4): 738 –748.

[161] Ray S. , Li S. , Song Y. Tailored supply chain decision making under price-sensitive stochastic demand and delivery uncertainty [J]. Management Science, 2005, 51 (12): 1873 –1891.

[162] Reisinger M. Unique equilibrium in two-part tariff competition between two-sided platforms [J]. European Economic Review, 2010, 68 (3): 168 –180.

[163] Romano P. Co-ordination and integration mechanisms to manage logistics processes across supply networks [J]. Journal of Purchasing & Supply Management, 2003, 9 (3): 119 –134.

[164] Rudi N. , Kapur S. , Pyke D. F. A two-location inventory model with transhipment and local decision making [J]. Management Science, 2001, 47 (12): 1668 –1680.

[165] Sana S. S. Optimal contract strategies for two stage supply chain [J]. Economic Modelling, 2013, 30 (1): 253 –260.

[166] Schlereth C. , Stepanchuk T. , Skiera B. Optimization and analysis of the profitability of tariff structures with two-part tariffs [J]. European Journal of Operational Research, 2010, 206 (3): 691 –701.

[167] Shi J. , Katehakis M. N. , Melamed B. , et al. Production-inventory

systems with lost sales and compound poisson demands [J]. Operations Research, 2014, 62 (5): 1048 – 1063.

[168] Simatupang T. M. , Wright A. C. , Sridharan R. The knowledge of coordination for supply chain integration [J]. Business Process Management Journal, 2002, 8 (3): 289 – 308.

[169] Smith B. C. Stability in consumer credit scores: Level and direction of FICO score drift as a precursor to mortgage default and prepayment [J]. Journal of Housing Economics, 2011, 20 (4): 285 – 298.

[170] Somefun D. J. A. , Gerding E. H. , Poutré J. A. L. Efficient methods for automated multi-issue negotiation: Negotiating over a two-part tariff [J]. International Journal of Intelligent Systems, 2006, 21 (1): 99 – 119.

[171] Spengler J. J. Vertical integration and antitrust policy [J]. Journal of Political Economy, 1950, 58 (4): 347 – 352.

[172] Stenius O. , Karaarslan A. G. , Marklund J. , et al. Exact analysis of divergent inventory systems with time-based shipment consolidation and compound Poisson demand [J]. Operations Research, 2016, 64 (4): 906 – 921.

[173] Stewart R. T. A profit-based scoring system in consumer credit: making acquisition decisions for credit cards [J]. Journal of the Operational Research Society, 2011, 62 (9): 1719 – 1725.

[174] Tagaras G. , Cohen M. A. Pooling in two-location inventory systems with no negligible replenishment lead times [J]. Management Science, 1992, 38 (8): 1067 – 1083.

[175] Taylor T. A. Supply chain coordination under channel rebates with sales effort effects [J]. Management Science, 2002, 48 (8): 992 – 1007.

[176] Taylor T. Coordination under channel rebates with sales effort effect [J]. Stanford University Working Paper, Stanford CA, 2000.

[177] Toolsema L. A. Competition in the dutch consumer credit market [J]. Journal of Banking & Finance, 2002, 26 (11): 2215 – 2229.

[178] Tsay A. A. Managing retail channel overstock: markdown money and

return policies [J]. Journal of Retailing, 2001, 77 (4): 457 – 492.

[179] Wang J. Consumption of debt: An interpersonal relationship approach [D]. The University of Arizona, 2006.

[180] Wang Y. , Gerchak Y. Supply chain coordination when demand is shelf-space dependent [J]. INFORMS, 2001.

[181] Wang Y. , Jiang L. , Shen Z. J. Channel performance under consignment contract with revenue sharing [J]. Management Science, 2004, 50 (1): 34 – 47.

[182] Webster M. Merriam Webster's 11th Collegiate Dictionary [M]. Merriam – Webster, 2003.

[183] Wei S. L. A lemons market? An incentive scheme to induce truth-telling in third party logistics providers [J]. European Journal of Operational Research, 2000, 125 (3): 519 – 525.

[184] Weng Z. K. Channel coordination and quantity discounts [J]. Management Science, 1995, 41 (9): 1509 – 1522.

[185] Weng Z. K. Modeling quantity discounts under general price-sensitive demand functions: Optimal policies and relationships [J]. European Journal of Operational Research, 1995, 86 (2): 300 – 314.

[186] Xiaoqing, Eleanor, Jiong. Consumer credit risk management in an emerging market: The case of China [J]. China & World Economy, 2006, 14 (3): 86 – 94.

[187] Xing D. , Liu T. Sales effort free riding and coordination with price match and channel rebate [J]. European Journal of Operational Research, 2012, 219 (2): 264 – 271.

[188] Yang D. , Choi T. M. , Xiao T. Coordinating a two-supplier and one-retailer supply chain with forecast updating [J]. Automatica, 2011, 47 (7): 1317 – 1329.

[189] Yang R. , Ma L. Two-part tariff contracting with competing unreliable suppliers in a supply chain under asymmetric information [J]. Annals of Opera-

tions Research, 2015, 257: 1 –31.

[190] Yao L. , Chen F. , Yan H. Analysis of a supply contract for coordinating the newsvendor with price dependent demand [J]. Research Gate, 2005.

[191] Yao Z. , Leung S. , Lai K. K. Analysis of the impact of price-sensitivity factors on the returns policy in coordinating supply chain [J]. European Journal of Operational Research, 2008, 187 (1): 275 –282.

[192] Yao Z. , Leung S. C. , Lai K. K. Manufacturer's revenue-sharing contract and retail competition [J]. European Journal of Operational Research, 2008, 186 (2): 637 –651.

[193] Yao Z. , Leung S. C. H. , Lai K. K. The effectiveness of revenue-sharing contract to coordinate the price-setting newsvendor products' supply chain [J]. Supply Chain Management, 2008, 13 (4): 263 –271.

[194] Zeldes S. P. Consumption and liquidity constraints: An empirical investigation [J]. Journal of Political Economy, 1989, 97 (2): 305 –346.